TÜRKEI

W0233187

Al-Hasaka

Raqqa

*Euphrat*

Deir ez-Zor

SYRIEN

N

W        O

S

IRAK

0        50 km

S. FISCHER

AEHAM AHMAD

# Und die Vögel
# werden singen

## Ich, der Pianist aus den Trümmern

Aufgeschrieben von
Sandra Hetzl und Ariel Hauptmeier

S. FISCHER

Einige Namen wurden geändert,
um die Betreffenden zu schützen.

Erschienen bei S. FISCHER
2. Auflage Oktober 2017

© 2017 S. Fischer Verlag GmbH,
Hedderichstr. 114, D-60596 Frankfurt am Main

Satz: Dörlemann Satz, Lemförde
Druck und Bindung: GGP Media GmbH, Pößneck
Printed in Germany
ISBN 978-3-10-397317-4

# Inhalt

# Die drei Vögel

Bilder erzählen nie einen Anfang. Und sie verschweigen, was nach ihnen kommt. So auch jenes Foto von mir, auf dem ich am Klavier sitze und singe, inmitten der Ruinen meines Viertels. Zeitungen in aller Welt haben es gedruckt. Bis heute höre ich raunend sagen, dass es eines jener Fotos sei, die man vom syrischen Krieg erinnern werde. Weil es größer als der Krieg sei. Doch wenn ich an den Augenblick denke, an dem es entstand, schiebt sich ein Bild vor alle anderen: das Bild dreier Vögel. Aber auch das ist nicht der Anfang.

Es begann im Morgengrauen. Zusammen mit meinen beiden Freunden Marwan und Raed war ich mal wieder Wasser holen gewesen. Das bedeutete, in der Dämmerung aufzubrechen und einen dreirädrigen Karren mit einem 1000-Liter-Tank drauf zur nächsten Wasserstelle zu schleifen, zu einer der letzten Leitungen, die noch funktionierten, den Tank dort zu befüllen und das schwere Gefährt schwitzend zurückzuschieben.

Wir lebten in Yarmouk, einem Viertel von Damaskus. Assads Armee hatte uns von allem abgeschnitten. Von Wasser und Strom, von Brot und Reis. Über 100 Menschen waren verhungert.

Nachdem wir den Tank bei uns in der Straße abgestellt hatten, legte ich mich noch mal hin. Kurze Zeit später weckte mich mein Sohn Ahmad, er war fast zwei, brabbelte mir etwas ins Ohr und steckte mir verspielt sein Fingerchen ins Auge. Das tat höllisch weh. Ich sprang auf. An Schlaf war nicht mehr zu denken.

Auch Kaffee oder Tee gab es schon lange nicht mehr. Also hatte ich mir angewöhnt, mir morgens einen Trunk aus Zimt zu brühen. Zimt gab es reichlich, seit Bewaffnete ein Gewürzdepot gestürmt hatten. Eigentlich keine schlechte Beute. Doch wer brauchte schon Zimt, wenn es nicht mal Brot gab? So wurde er verkauft für einen Spottpreis. Da es auch keinen Zucker gab, waren manche dazu übergegangen, Enthaarungspaste zum Süßen zu nehmen, erbeutet von irgendeiner anderen Gruppe. Zimt-Kaffee mit Enthaarungspaste. So tief waren wir gesunken.

Einige Monate zuvor hatte ich begonnen, zusammen mit einigen Jungs aus dem Viertel auf der Straße zu singen. Wir hatten mein Klavier auf einen Transportwagen gehievt, es vor die Ruinen geschoben und gemeinsam gegen den Hunger angesungen. Auf YouTube bekamen wir viele Klicks. Aber die meisten Leute bei uns im Viertel interessierte das nur kurz. Ich konnte es ihnen nicht verübeln. Wer hungrig ist, hat andere Sorgen.

Nun hatte sich unser Chor aufgelöst. Die einen sagten, sie hätten keine Zeit, neben all dem Wasserholen und dem tagelangen Anstehen für ein paar Kilo Reis von der UN. Die anderen wollten, dass wir uns einen Sponsor suchten. Ich war strikt dagegen. Ich würde mich vor keinen Karren spannen lassen. Da sprangen auch die letzten ab. Übrig blieben nur Marwan und ich. Marwan, mein Nachbar und mein Freund, mit dem ich morgens immer Wasser holte.

An diesem Tag hatten wir beide uns mit einem Fotografen verabredet. Ich wollte allein vor den Ruinen singen. Ich hatte noch nie allein gesungen. Es musste sein. Ich wollte etwas tun.

Bei Marwan bin ich, trotz unserer Freundschaft, immer der »Prof«. Oder genauer: Geht es ums Wasserholen, heiße ich Aeham, aber wenn das Klavier ins Spiel kommt, bin ich der Prof. Ich habe ihm dreitausendmal gesagt, dass ich das komisch finde. Worauf er immer sagt: »Ach so, geht klar. Aeham!« Und fünf Minuten später nennt er mich wieder Prof.

Ich ging hinüber, ihn zu wecken. »Marwan! Komm, steh auf, wir sind verabredet!«, rief ich von unten herauf.

Und noch mal. »Na, Marwan? Wie sieht's aus? Kommst du mit, das Klavier schieben?«

Normalerweise ist Marwan um jede Zeit bereit für mich. Das war das erste Mal, dass ich von ihm so etwas wie Unwillen hörte. »Na gut, ich komme«, brummte er aus dem Fenster.

Gemeinsam gingen wir zum Musikladen, hievten den Transportwagen mit dem 250 Kilo schweren Klavier über die Schwelle und schoben los zum Haus von Niraz, dem Fotografen.

Jeder in Yarmouk kannte ihn. Er trug Kinnbart und Nickelbrille und hatte seine langen Haare zu einem Zopf zusammengebunden, ein Künstlertyp mit einem Hammer-und-Sichel-Tattoo auf dem Handrücken. Große Agenturen veröffentlichten seine Bilder, bis nach Ramallah hatte er Ausstellungen gemacht.

Auch Niraz hatte keine Klingel, aber wir hatten ein Zeichen vereinbart: Wir würden ein Steinchen gegen sein Fenster werfen. Es durfte nicht zu groß sein, seine Scheiben gehörten zu den wenigen im Viertel, die noch heil waren. Vielleicht hatte er bis jetzt Glück gehabt, aber er war auch besonders vorsichtig: Sobald Bomben fielen, riss er die Fenster auf, damit sie nicht zersprangen.

Ganz sanft warf ich das erste Steinchen. Und noch eins. Und noch eins. Doch Niraz kam nicht. Da verlor Marwan die Geduld: »Wieso wacht denn der nicht auf? Dein Freund hier hält sich wohl für was Besseres!«

Vor der Revolution war Marwan Bodybuilder, er hat kurzrasierte Haare, ein rundes Gesicht und ziemlich breite Schultern. Schon griff er nach einem Betonbrocken und warf ihn gegen das Fenster. Klirrend fielen die Scherben ins Zimmer. Sekunden später stand Niraz fluchend am Fenster. Eine Tirade hagelte auf uns nieder nach dem Motto: »Verflixter Gott, der euch erschaffen hat, Himmelherrgottnochmal! Nicht mal was zu fressen haben wir, nix zu trinken …«, und so weiter – da war man schnell beim Propheten.

Schon stürmte Niraz aus der Haustür, um auf Marwan loszugehen. Der krempelte sich angriffslustig die Ärmel hoch. Ich warf mich dazwischen. »Challas, genug!«

»Ich bezahle dir dein blödes Fenster!«, rief Marwan.

»Als ob du Geld hättest!«, zischte Niraz zurück. Übellaunig ging er schließlich ins Haus, um seine Kameras zu holen.

Wir zogen los. Marwan und ich schoben den Wagen mit dem Klavier. Verdammt, war der schwer. Sonst hatten wir ihn immer zu sechst oder siebt über die kaputten Straßen befördert. Ich fühlte mich noch verlassener. Niraz ging derweil um uns herum und fotografierte. Marwan schnaubte wütend vor sich hin.

»Hilf uns gefälligst«, schnauzte er Niraz an, »du kannst noch genug fotografieren!« Doch der dachte gar nicht dran.

Niraz' Wohnhaus lag am Rand von Yarmouk. Von da waren es nur wenige Minuten zur Front. Wir bogen in die Palästinastraße, die früher voller Geschäfte gewesen war und nun verlassen dalag. Bis Niraz stehenblieb und im Brustton der Überzeugung sagte: »Das ist es. Hier drehen wir.«

Die Zerstörung war hier besonders schlimm. Betongerippe ragten in den Himmel wie riesige Grabmale, das Innerste der Häuser war nach außen gekehrt. Kreuz und quer hingen Rohre, Kabel und Jalousien aus den Höhlen. Zwischen den Trümmerstücken, die auf der Straße herumlagen, wuchs Unkraut.

Ich setzte mich ans Klavier und überlegte, was ich singen sollte. In den vergangenen Monaten hatte ich Dutzende Lieder geschrieben. Die Musik war nur so aus mir herausgesprudelt. Mir fiel ein Gedicht ein, das mir vor einigen Tagen ein Mann gegeben hatte.

Er hieß Ziad al-Charraf und war einst der Honigverkäufer in unserem Viertel gewesen, ein wohlhabender, gebildeter Mann. Ich kannte ihn nur flüchtig. Ziad hatte einen Doktortitel, Honig verkaufte er aus Leidenschaft. Er machte Exkursionen zu Imkern in den Bergen oder reiste in ferne Länder wie den Jemen, um eine neue Honigmischung zu kosten. Damals. Vor dem Krieg.

Nun war er zu mir gekommen und hatte mir einen Zettel gereicht. Ziad sah schrecklich aus, er wirkte wehrlos und verloren. Seine Lider waren halb geschlossen, seine Augen müde und leer. Und ich Idiot las die Zeilen durch und bemerkte altklug: »Das ist wunderschön geschrieben, aber ich glaube nicht, dass sich das singen lässt. Ich könnte es vielleicht als Gedicht vortragen und dazu Klavier spielen, aber singen?« Es ging so:

> Ich habe meinen Namen vergessen,
> die Buchstaben und den Sinn,
> Ich habe die Wörter vergessen,
> aus denen ich Lieder zu formen pflegte.

> Ich habe meine Stimme vergessen
> und mein Bild,
> meinen Ort.
> Ich habe die Mühen des Wegs vergessen,
> zum Himmel, zum Menschen,
> zum Ruhm, der einmal war.
> Palästinenser,
> Palästinenser.

> Und hier steht die Zeit still
> vor einem Laib Brot,
> vor einem Hilfsgüterkarton.

> Oh, mein Ruhm.
> Palästina.
> Oh, meine Mutter.
> Palästina.

»Bitte, versuch es, Aeham«, sagte Ziad matt. »Es ist für meine Frau.« Und dann erzählte er mir die Geschichte: Seine Frau war hochschwanger gewesen. Sie hatte einen Passierschein, um nach Damaskus zu gehen und dort das Kind zur Welt zu bringen. Doch als sie zum Checkpoint kam, ließen die Soldaten sie nicht durch. Irgendein Büro-

krat hatte den Namen in ihrem Passierschein falsch geschrieben. Alle anderen Angaben stimmten. Bis auf diesen
Buchstabendreher. Die Soldaten kannten kein Pardon.

Stundenlang wartete sie am Checkpoint, dass irgendwer
den Passierschein korrigierte. Setzte sich. Stand wieder auf.
Und brach irgendwann zusammen, fiel vornüber auf ihren
Bauch. Sie starb auf dem Weg in die Klinik. Das Baby hatte
überlebt. Niemand wusste, ob es gesund sein würde.

Ziad hatte seine Frau über alles geliebt. Das war keine
arrangierte Ehe gewesen, sondern eine Liebesheirat. Seine
Frau war seine beste Freundin. Sie hatten drei Töchter.
Dieses war ihr erster Sohn.

Und nun stand Ziad vor mir mit diesen unendlich müden
Augen, und ich stammelte: »Es tut mir leid. Bitte vergiss,
was ich gesagt habe. Ich werde es vertonen. Ich werde ein
Lied für deine Frau machen.« Abends setzte ich mich ans
Klavier und überlegte mir eine Melodie.

Während Niraz noch seine Kameras aufbaute, tauchte
plötzlich eine Frau auf, in der Hand ein Tablett. Dass jemand mit einem Klavier an diesem trostlosen Ort auf-
kreuze, erklärte sie uns, habe sie so sehr begeistert, dass sie
ihren letzten Kaffee aufgebrüht habe. Den sie seit langem
aufspare für einen besonderen Anlass. Und der sei jetzt.
Hier und jetzt wolle sie ihren letzten Kaffee trinken und
mir dabei zuhören. »Was ihr macht, ist sehr, sehr wichtig«,
sagte sie und goss mir eine Tasse ein. Dankbar lächelte ich
sie an und genoss den bitteren Kaffeegeschmack.

In diesem Augenblick bemerkte ich das Zwitschern
dreier Vögel. Sie saßen auf einem Balkongeländer im ersten Stock, direkt vor mir. Und das war ein kleines Wunder.
Jede Granate, jeder Schuss lässt als Erstes die Vögel fliehen,

verirrten sich doch mal welche nach Yarmouk, wurden sie gleich heruntergeschossen, die Mägen waren schließlich leer. Als ich anfing zu spielen, begannen die Vögel wieder zu singen.

Das Vogelgezwitscher, das ich so lange nicht gehört hatte, der Duft von Kaffee, den ich seit Monaten vermisste, die Wut über unsere leeren Mägen, mein Auge, das noch immer tränte vom Finger meines Sohnes: All das vermischte sich mit dem Zimtgeschmack in meinem Bauch, der Müdigkeit vom Wasserschleppen und dem leeren Blick von Ziad al-Charraf. Ich schloss die Augen und begann:

> Ich habe meinen Namen vergessen,
> die Buchstaben und den Sinn.
> Ich habe die Wörter vergessen,
> aus denen ich Lieder zu formen pflegte.

Ich lehnte mich zurück und sang. Ich hatte die Nase so dermaßen voll, ich war so angewidert von allem, bis zum Hals voll mit Kummer und Sorgen. Ziads Schmerz riss in mir, die verhungerten Kinder rissen in mir, das Verschwinden meines Bruders riss in mir. Ich war wütend auf das verstimmte Klavier und auf meine kaputten Hände, ich fühlte mich allein, was machte ich hier draußen zwischen den Ruinen, wo waren die anderen, warum hatten sie mich im Stich gelassen? All meine Verzweiflung legte ich in diese Zeilen.

Als ich spielte, musste die Frau weinen. Der Text brachte die ganze Verlorenheit zum Klingen, in der wir uns befanden, die Frau, die drei Vögel, Niraz, Marwan und ich. Mein Gesang kam wie ein Schrei von jemandem, der in einen Abgrund stürzt und der Höllenfahrt eine Melodie gibt.

In diesem Moment muss Niraz auf den Auslöser gedrückt haben.

Heute, in Deutschland, werde ich manchmal gefragt: Welche Farbe hatte dein Zelt dort im Palästinenserlager? Ach du lieber Himmel! In einem Zelt soll ich gesessen haben? Mir gehörte eine Eigentumswohnung, eine große und schöne! Unser Musikladen florierte. Bis der Krieg kam und alles zerstörte. Bis eine Granate mir die Sehnen zweier Finger durchschnitt. Bis ein Mädchen neben meinem Klavier erschossen wurde. Bis der IS mein Klavier verbrannte. Bis ich in einen Kerker geworfen wurde. Bis ich abhauen konnte.

Wenn du vor Hunger und Bomben fliehst, lässt du deine Welt zurück. Und verwandelst dich in eine jener grauen Gestalten, die schon immer im Elend gelebt haben müssen und nun nach Europa kommen, um teilzuhaben am großen Reichtum. So behaupten es jene, die nicht verstehen, wer wir sind und woher wir kommen. Die Angst haben vor uns. Doch meine Geschichte ist eine ganz andere.

Hier erzähle ich sie. Gegen die falschen Vorstellungen. Gegen die Vereinfachungen. Gegen die Bilder, die lügen, auch wenn sie ein Fünkchen Wahrheit enthalten.

## Meine Augen werden
## deine Augen sein

Wie alt war ich? Zwei? Gab es diesen Augenblick? Oder hat meine Erinnerung, diese listige Schmeichlerin, ihn aus vielen Mosaiksteinchen zusammengesetzt? Wer weiß das schon. Ich kann nur sagen: Ich erinnere mich. Ich sehe ihn genau vor mir, diesen Morgen. Und darum sage ich: Hier begann es. Und es begann mit Musik.

Mein Bett stand unter dem Fenster, die Sonne schien herein. Schräg über mir lag mein Vater und spielte Geige. Den Kopf der Geige hatte er in die Matratze gedrückt, ihren Korpus unter sein Kinn geklemmt, der Geigenbogen kam auf mich zu und strich wieder davon. Ein süßer Duft wehte durch den Raum, vom Jasminbaum, der unter meinem Fenster wuchs, das Gurren von Tauben mischte sich in die Musik, von den Volieren nebenan. So hörte ich meinem Vater zu, klein, geborgen, glücklich.

Dass er anders war als andere Männer, wurde mir schnell klar. Er hatte keine Augen, nur diese schwarzen Gläser, in denen ich mich spiegelte. Vor die Tür ging er nie allein, doch im Haus kannte er sich bestens aus. Nachts schaltete mein Vater immer den Strom in unserer Wohnung aus, um zu sparen. Schwarz wie ein Tunnel war die Wohnung dann; musste ich auf die Toilette, rief ich nach ihm. Er stand auf und begleitete mich. Nirgends stieß er an, nichts warf er um, ruhigen, sicheren Schrittes ging er voran. Und ich war es, der blind hinter ihm hertappste.

Noch etwas erstaunte mich: Konnte Mutter etwas nicht finden, die Streichhölzer, die Topflappen, die große Schere, dann fragte sie meinen Vater. »Abu Aeham, hast du das gesehen?« Und mein Vater antwortete: »Schau doch mal in der Küchenschublade ganz rechts.« Und da war das Teil dann auch.

Ein halbes Dutzend Blindenstöcke besaß mein Vater, doch er weigerte sich, sie zu benutzen. Die Straßen unseres Viertels waren für einen Blinden voller Hindernisse: Die Bürgersteige schief gepflastert, die Autos wild geparkt, und die Arbeiter, die die Gullis reinigten, mussten vielleicht mal dringend weg und ließen das Loch im Boden stundenlang offen. Einmal, lange vor meiner Geburt, tastete sich mein Vater mit seinem Blindenstock die Straße entlang, erspürte nicht, dass ein Gullideckel fehlte, und stürzte ab. Einen Zahn schlug er sich aus, zerschrammt, orientierungslos, verdreckt lag er im Gulli. Das war das letzte Mal, dass er allein hinausging.

Mit drei Jahren kam ich in den Kindergarten, von da an war ich es, der ihn führte. Er nahm mich an die Hand, wir zogen los, ich kommentierte, was ich sah: ein Auto von rechts, ein Schlagloch, ein rennender Mann. Mit den Jahren verstanden wir uns auch ohne Worte. Es genügte eine leise Bewegung nach rechts, um ihn nach rechts zu bewegen, nach links, damit er dorthin ging. Als würde uns ein unsichtbares Band verbinden. Als seien meine Augen seine Augen.

So liefen wir durch Yarmouk, eines der lebendigsten, überfülltesten Viertel von Damaskus. Die Häuser roh und unverputzt, die Hauptstraßen verstopft mit hupenden Autos, die Gassen, die davon abzweigten, immer kleiner und verwinkelter, bis irgendwann nur noch Fußgänger hindurchpassten. Über alles Mögliche plauderten wir, während wir durch das Geflecht der Gassen gingen, und dann sagte mein Vater plötzlich: »An dieser Ecke rechts.« Und das stimmte dann! Nicht ein Mal haben wir uns verlaufen. Ich fragte mich manchmal, ob er tatsächlich blind sei.

Wir gingen zum Kiosk, die starken, langen al-Hamra-Zigaretten kaufen, zwei Päckchen rauchte mein Vater pro Tag. Zu seiner Lieblingsschwester Amina, die Biologie studiert hatte, er liebte es, auf eine Tasse Tee bei ihr vorbeizuschauen. Zum Krankenhaus, als ihn einmal Herzrasen plagte. Und jeden Tag zum Kindergarten, morgens um acht. Zwischendurch besuchte er einen Freund, der um die Ecke wohnte, um elf holte er mich ab, und wir gingen gemeinsam zurück.

Gegen Mittag kam meine Mutter heim, sie unterrichtete an einer Grundschule bei uns im Viertel, und dann aßen wir Labneh, eine Art Frischkäse, mit Brot und Olivenöl. Oder Shanklish, die würzig-pikanten levantinischen Käsebällchen. Oder mein Vater machte mir ein Spiegelei. Bis er einmal fast das Haus abgefackelt hätte. Er hatte schon den Gasherd aufgedreht und das Öl in die Pfanne gegeben, da wurde er abgelenkt. Er ging ins Wohnzimmer. Plötzlich roch er das verbrannte Öl. Wir stürmten in die Küche. Die Pfanne stand in Flammen, der Plastikgriff war geschmolzen. In seiner Panik machte mein Vater, was man auf keinen Fall tun sollte: Er schüttete Wasser auf das brennende Öl.

Es gab eine kleine Explosion und eine riesige Rauchwolke, er schrie: »Hol dein Kopfkissen!«, ich rannte los und brachte es ihm, und damit erstickte er endlich den Brand.

Hustend rannten wir auf die Straße. Nachbarn kamen

angelaufen, sie hatten den Rauch gesehen. »Ist alles in Ordnung?«, riefen sie und reichten uns Wasser. Da kam meine Mutter zurück, sah, was los war, und begann zu zetern. »Ahmad, habe ich dir nicht tausendmal gesagt, dass du auf mich warten sollst mit dem Essen«, schimpfte sie, »das ganze Haus hättest du niederbrennen können.«

»Challas«, schon gut, sagte mein Vater. »Lass uns reingehen.«

Wir begannen, die Wohnung aufzuräumen. Bis meine Mutter sagte: »Abu Aeham, lass uns draußen etwas essen gehen.« Alles war wieder gut. Bei seinem eigentlichen Namen, Ahmad, nannte sie ihn nur, wenn sie wütend auf ihn war. Meist nannte sie ihn liebevoll Abu Aeham, Vater von Aeham.

Am meisten bestürzt hatte dieses Missgeschick meinen Vater selbst. Dass ihm das passieren konnte. Ihm, dem Perfektionisten. Der alles genauestens im Voraus plante. Der erst Geigenspieler wurde und dann Tischler. Der auf Hochzeiten Geige spielte und Schränke baute. Einmal die Säge nicht richtig angesetzt und es wäre vorbei gewesen mit den Auftritten.

Nur einmal habe ich ihn verletzt gesehen und beobachtet, wie er sich stundenlang den Finger leckte. Wie ein Löwe, der sich einen Dorn in die Tatze gerammt hat. Aber er fand den Dorn nicht. Er rief mich zu sich und bat mich, den Finger anzuschauen. Ein winziger Holzspan steckte darin und hatte sich entzündet. Mit einer Pinzette zog ich ihn heraus.

Auch die Möbel in unserer kleinen Wohnung hatte mein Vater selbst geschreinert. Sie waren massiv und solide, einzig mit den Farben stimmte hier und da etwas nicht. Ich liebte es, auf den riesigen Schrank aus Walnussholz zu klettern und mich dort zu verstecken. Sogar ein Fernsehteam war einmal bei uns und porträtierte meinen Vater. Den blinden Tischler aus Yarmouk.

Und dann das: Wir gingen eine Straße entlang, wie immer dirigierte ich ihn mal nach rechts, mal nach links, den Hindernissen ausweichend – da gab es plötzlich einen dumpfen Schlag. Mit der Stirn war mein Vater gegen einen offenstehenden Fensterladen gerannt. Ich hatte nur auf das geachtet, was vor unseren Füßen war, nicht darauf, ob es ein Hindernis auf seiner Augenhöhe gab. Aus einer Platzwunde an der Stirn lief Blut, seine Brille war heruntergefallen.

»Papa, es tut mir leid!«, rief ich und brach in Tränen aus. Noch immer hielt er mit der Linken meine Hand umklammert, auf keinen Fall wollte er die Orientierung verlieren. Inzwischen waren Passanten auf uns aufmerksam geworden, einer bückte sich, hob die Brille auf und funkelte mich böse an. Mein Vater setzte die Brille wieder auf. Ein Glas hatte einen Sprung. Jemand reichte ihm ein Tuch, er wischte das Blut ab. Ich schluchzte. »Alles ist gut, Aeham«, sagte er, »alles ist gut, lass uns nach Hause gehen.«

Dort holte er sich reinen Alkohol und einen Wattebausch aus einem Schrank, setzte sich auf einen Stuhl und tupfte die Wunde sauber. Wir schwiegen. Schüchtern beobachtete ich ihn. Ich hatte ihn verletzt! Das war meine Schuld! Doch dann stand er auf, gab mir einen Kuss und sagte: »Aeham, mach dir keine Sorgen! Das wird noch viele Male passieren.«

An den Wochenenden fuhren wir in jenen Jahren oft nach Duma, vor den Toren von Damaskus. Schon zur Zeit der alten Römer wurde dort Wein angebaut, die Tafeltrauben aus der Gegend galten als die saftigsten im Nahen Osten. Die Häuser in Duma waren neu, auch wir besaßen dort ein kleines Apartment, meine Mutter zweigte jeden Monat ein Fünftel ihres Gehalts ab, um es abzuzahlen.

Eines Morgens, die Sonne war gerade aufgegangen, bin ich zusammen mit meinem Vater in die Weinberge gegangen. Zuerst am Ufer eines kleinen Flusses entlang und dann hinauf in die Hügel. Plötzlich rief uns einer der Weinbauern zu sich. »Ahmad« – er kannte meinen Vater – »komm herüber, lass uns zusammen Tee trinken!« Wir betraten seinen Hof.

Im Islam heißt es: Gott erhört die Blinden. Auf dem Land war solcher Glaube besonders verbreitet, weshalb mein Vater hier auffallend höflich behandelt wurde. Wir setzten uns unter einen der knorrigen Rebstöcke. Der Bauer schenkte meinem Vater Tee ein, ich lehnte mich gegen den Stamm und aß mich satt an süßen Trauben. Sie hingen über mir, die Strahlen der Morgensonne brachen sich in ihnen und ließen sie leuchten, als seien es Kristalle. Und während die beiden Männer über Männerdinge sprachen, freute ich mich über das Funkeln, und auch dieses Bild gehört zu den schönsten meiner Kindheit.

Habe ich als Kind meinen Vater gemalt, dann als ein Strichmännchen mit einer großen, schwarzen Brille. Nur so kannte ich ihn. Hatte er keine Augen? Oder doch? Wenn ja, wie sahen sie aus? Ich wollte es wissen. Und so fragte ich ihn eines Tages, da ging ich schon zur Schule: »Papa, was ist mit deinen Augen?« Erstaunt schaute er mich an. Und lachte dann sein lautes, tiefes Lachen. Ich stimmte ein mit meinem hellen Kinderlachen, wir lachten, er im Bariton, ich im Kontertenor. »Willst du es wirklich wissen?«, fragte er dann. »Ich zeige sie dir. Aber du musst mir versprechen, keine Angst zu haben.« Ich versprach es.

Er nahm die Brille ab und drehte sein Gesicht langsam von rechts nach links. »Papa ...«, stockte ich. Es war schrecklich.

Sein linkes Auge sah grau und wässrig aus. Iris, Pupille und weiße Augenhaut verschwammen zu einer stumpfen Kugel ohne Blick. Wo das rechte Auge hätte sein müssen, gähnte ein Loch. In der Sekundarstufe, erfuhr ich nun, war ein anderer Schüler versehentlich in ihn hineingelaufen, den gestreckten Zeigefinger voran. Und stach ihm damit in das Auge, in dem mein Vater einen Rest Sehkraft besaß. Mit dem er Hell und Dunkel unterscheiden konnte. So verletzt war der Augapfel, dass er entfernt werden musste.

Ich war geschockt. Mein Vater, mein allmächtiger Held, hatte nur ein Auge – und das sah furchterregend aus. Fast hätte ich geweint. »Ich werde immer für dich da sein«, stammelte ich. »Meine Augen werden deine Augen sein.«

Mein Vater setzte die Brille wieder auf. Schweigend saßen wir eine Weile beieinander. Dann wurde die Spannung zu groß, und wir sprachen über ein belangloses Thema.

Und wenn ich heute an diesen Moment denke, heute, in meiner Wohnung in Wiesbaden, dann bricht es mir das Herz. Ich habe mein Versprechen gebrochen. Ich habe ihn alleingelassen, allein in Yarmouk. Ich bin davongelaufen.

**Später erfuhr ich, wie sich alles zugetragen hatte.** Mein Vater war acht Jahre alt, da entzündete sich sein Auge. Ärzte? Augenspezialisten? Die gab es damals nicht. Nicht für eine palästinensische Flüchtlingsfamilie in einem Dorf irgendwo in Syrien. Mehrere Kinder im Dorf hatten solche entzündeten Augen, erinnert er sich, es muss ein Virus gewesen sein. Seine Mutter behandelte ihn mit Kräuterumschlägen und brachte ihn, als das nichts nützte, zu traditionellen Heilern, die Kranke mit dem Wissen der Ahnen und allerlei Hokuspokus kurieren wollten. Doch die Entzündung wurde nur schlimmer.

Sein Vater, mein Großvater, gehörte zu jenen Palästinensern, die 1948 aus dem heutigen Israel vertrieben wurden. Mehr als 700 000 Menschen mussten ihre Heimat verlassen. In den Strom der Vertriebenen reihte sich auch die Familie meines Großvaters ein. Sie stammte aus der Gegend von Safad und baute dort Feigen und Aprikosen an, Zitronen und Orangen, besaß Kamele und Schafe. Und weil sie glaubte, der Krieg würde nicht lange dauern, ließ sie fast alles dort. Doch es gab kein Zurück. Am Ende landete die Familie mit leeren Händen in Dili, einem Dorf im Süden Syriens.

Alle mussten nun in einem Raum wohnen. Außen war das Haus aus Stein, innen aus getrocknetem Schlamm, zum Wasserholen gingen die Frauen einen Kilometer weit zu einem Bach, die Krüge auf dem Kopf balancierend. Inmitten dieser Armut heirateten meine Großeltern, und ein Jahr später, das war 1952, wurde mein Vater geboren, der erste von zehn Geschwistern.

Er weiß, wie die Welt aussieht. Acht Jahre lang hat er sie sehen können. Dann kam die Entzündung. Und nichts half. Eine Gruppe von Beduinen glaubte, ihn heilen zu können, indem sie seinen Hinterkopf und Nacken mit einem glühenden Eisen brandmarkten; die Narben hat er heute noch. Seine Mutter brachte ihn zu Zigeunern, sie behandelten ihn mit einer Art Kajalstift, den sie um das Auge auftrugen. Mein Vater glaubt, dass es der Sand darin war, der die Hornhaut seines Auges vollends zerstörte. Ganze fünf Prozent betrug seine Sehkraft am Ende noch, er konnte nur noch Lichter erkennen, nur Hell und Dunkel. Alles musste er neu lernen, wie ein Kleinkind tapste er durch die Gegend und stieß überall an. War zu nichts zu gebrauchen.

Kurz darauf kamen Krankenschwestern in das Dorf, für eine Impfkampagne. Sie erzählten meinen Großeltern von einer Blindenschule in Damaskus. Eine Woche später fuhr ein Auto vor im Dorf. Radia al-Rikabi saß darin, die Tochter von Rida Pascha al-Rikabi, dem ersten Premierminister des Königreichs Großsyrien. Sie hatte in Damaskus eine Blindenschule gegründet. Inspiriert von ihrem blinden Bruder, der studierte und im Fernsehen Geige spielte.

Frau Rikabi sprach mit meinen Großeltern – und nahm meinen Vater mit. Er hatte große Angst. Er wusste nicht, wohin sie fuhren, er war acht Jahre alt und erst seit kurzem blind, nie hatte er das Dorf verlassen. Nach zwei Stunden kamen sie in der Blindenschule an. Er wurde geduscht, bekam neue Kleider und ein frisch bezogenes Bett. Es gab Tische und Stühle, alles war sauber und frisch. Doch wochenlang waren seine Augen nass von Tränen. Er vermisste seine Eltern. Er hatte Angst, dass sie nicht wüssten, wo er sei.

Sein Vater besuchte ihn an den Wochenenden, so oft er sich die Fahrt nach Damaskus leisten konnte. Doch eine Erzieherin verbot ihm, seinen blinden Sohn anzusprechen. Nur aus der Ferne durfte er ihn ansehen und musste dann still wieder gehen. Und später wunderte sich mein Vater, wer ihm die teuren Süßigkeiten mitgebracht hatte.

Er hat sich schrecklich einsam gefühlt. Bis eines Tages einmal meine Großmutter mitkam und es nicht aushielt und zu ihm stürmte und ihn in den Arm nahm und ihn küsste und gar nicht wieder loslassen wollte. Es gab richtig viele Tränen. Fortan durfte mein Vater übers Wochenende nach Hause fahren.

In der Schule lernte mein Vater, was ein Blinder lernen muss: Lesen nach der Brailleschrift, durch eine unbekannte Straße gehen, Teppiche knüpfen, Tischdecken weben, Korbstühle flechten, Bürsten und Besen anfertigen. Radia al-Rikabi war wie eine Mutter zu den Kindern, flickte ihre Kleider und nahm sie auf den Schoß. Aber sie war auch streng: Abends machte sie ihren Kontrollgang durch den Schlafsaal, hatte jemand seine Füße nicht gewaschen, dann gab es ein Donnerwetter. Alle fürchteten sich davor.

Mein Vater war unendlich neugierig, er untersuchte alles mit seinen Händen. Zuerst schlich er sich heimlich in die Holzwerkstatt, schließlich mit Erlaubnis der Direktorin. Er bastelte ein Flugzeug, eine kleine Kutsche, einen Handkarren – alles aus Holz. Zu meinem Vater sagte Frau Rikabi immer wieder: »Ahmad, du hast eine große Zukunft vor dir.« Das hat ihn sehr angespornt.

Eines Tages kam ein neuer Lehrer an die Schule. Er unterrichtete Musik. Welches Instrument magst du am liebsten?, fragte er meinen Vater. Der antwortete, Geige, er liebe den Klang der Geige. Wenn deine Eltern dir eine Geige kaufen, sagte der Lehrer, gebe ich dir Unterricht. Ja, das wollte mein Vater. Am Wochenende darauf fuhr er heim zu seinen Eltern und bestürmte sie, ihm eine Geige zu kaufen.

Doch die schüttelten den Kopf. Nicht nur, weil sie bitterarm waren. Eine Geige würde so viel wie 40 Liter Olivenöl kosten, rechnete ihm sein Großvater vor, so viel, wie er in drei Monaten verdiente. Er wollte auch nicht, dass mein Vater Musiker wird. Musiker waren für ihn Landstreicher, bessere Bettler, die an der Straßenecke standen und für ein Almosen Geige spielten. »Willst du so ein Zigeuner werden?«

Mein Vater gab nicht auf. So sehr wünschte er sich, Geige zu lernen, dass er zu einer Notlüge griff. Er erzählte seinem Vater, jeder an der Schule müsse nun ein Instrument spielen. Wer keines habe, müsse die Blindenschule verlassen. Das wirkte. Das wollte mein Großvater auf keinen Fall. Er gab nach und lieh sich von Verwandten Geld und besorgte meinem Vater eine Geige. Made in East Germany.

Mein Vater legte sie nicht mehr aus der Hand. Zwölf, 15 Stunden übte er an manchen Tagen. Bald trat er auf, zuerst in der Blindenschule, später in Restaurants. So konnte er es sich leisten, Abitur zu machen – und sich an der Universität von Damaskus für Arabische Literatur einzuschreiben. Zu Prüfungen brachte er einen Freund mit, dem er die Antworten diktierte. Lehrbücher ließ er sich von Freunden vorlesen und nahm sie auf Kassette auf. So kam, im Lauf der Jahre, eine Bibliothek von mehreren tausend Kassetten zusammen. Nach seinem Studium gab er sie an andere sehbehinderte Studenten weiter. Es heißt, die Kassetten kursieren heute noch.

Einige Jahre lang versuchte er sich als Arabischlehrer, doch das gefiel ihm nicht. Lieber wollte er sein Leben der Musik widmen. Eines Tages beschloss er, er wolle Instrumente bauen. Ein Blinder, der Instrumente baut? Alle zeigten ihm einen Vogel. Was hat ein Blinder in einer Tischlerei zu suchen? Umgeben von Hämmern, Sägen, Bohrern,

Hobeln, Raspeln – Gerätschaften, mit denen sich selbst Menschen verletzen, die zwei gesunde Augen haben!

Aber mein Vater war stur. Er kaufte sich mit Hilfe seiner Brüder Holz, fragte in Tischlereien nach, wie man bestimmte Arbeiten ausführt, besorgte sich Werkzeuge und machte sich daran, seine erste Oud zu bauen – jenes dickbäuchige arabische Instrument, von dem die europäische Laute abstammt. Er verschnitt das Holz und ruinierte die erste Laute. Aber er kaufte sich neues Holz. Lernte, wie man die drei Schalllöcher präzise in das Deckblatt schneidet. Wie man Hals und Griffbrett anleimt. Wieder und wieder machte er alles falsch. Und schaffte es irgendwann doch: Nach drei Jahren stellte er seine erste Laute her.

Und so ging es weiter. Als sein Akkordeon einmal kaputt war, baute er es auseinander, um auch hier herauszufinden, wie es funktioniert. Im westlichen Tonsystem ist jede Oktave in zwölf gleiche Halbtonschritte unterteilt, im arabischen in 18 Vierteltöne. Ein halbes Jahr lang werkelte mein Vater, dann hatte er aus dem westlich gestimmten Akkordeon ein orientalisch gestimmtes gemacht. Aus ganz Syrien kamen nun Leute zu ihm, die ihr Instrument umstimmen lassen wollten. Der Nächste, der das konnte, saß in Ägypten.

Eines Tages im Jahr 1985 kam eine junge Lehrerin zu ihm, um ihr chinesisches Akkordeon bei ihm reparieren zu lassen. Nach einigen Tagen kehrte sie zurück, um ihr Instrument abzuholen. Aber so einfach ließ mein Vater sie nicht gehen. Er verwickelte sie in ein Gespräch und lud sie ein, Akkordeonunterricht bei ihm zu nehmen. Es war – meine Mutter.

Sie war Grundschullehrerin für Musik und Kunst, sie

sang im Schulchor und war eine hervorragende Sopranistin. All das imponierte meinem Vater. Er spielte damals in etlichen Bands, zahlreiche Frauen hatten ihr Interesse an ihm bekundet, immer hatte er abgelehnt. Genau wie meine Mutter, die immer wieder von Kollegen umworben wurde und stets Nein gesagt hatte. Mein Vater imponierte ihr. Alles schien er zu können. Sie vergaß beinahe, dass er blind war. Und während sie Akkordeon spielten, lernten sie einander kennen. Und beide stellten fest: Das ist der Mensch, den sie seit langem suchten.

In einer der Akkordeonstunden fragte mein Vater sie, ob sie seine Frau werden wolle. Sie sagte Ja.

Kurz darauf zog er sein feinstes Hemd und eine gebügelte Hose an und machte sich auf, bei ihren Eltern vorzusprechen. Ihr Vater war nicht abgeneigt. Doch ihre Mutter war dagegen. Unverrichteter Dinge zog er wieder ab. »Du kannst doch keinen Blinden heiraten!«, sagte sie später zu meiner Mutter. »Einen Behinderten! Willst du ein Leben lang Krankenschwester spielen?«

Aber meine Mutter bestand darauf. Und auch mein Vater – seine Dickköpfigkeit sei gepriesen! – ließ nicht locker. Einmal nahm er seine Geige mit und spielte seiner zukünftigen Schwiegermutter ein Ständchen, und am Ende saßen alle da und sangen Lieder von Fairouz, der Schlagerdiva aus Beirut. Zwei Monate später stimmte die Mutter der Verlobung zu.

Ein Jahr später, am 5. Juni 1987, haben meine Eltern geheiratet.

Und zehn Monate später bin ich auf die Welt gekommen.

**Auch von meiner Mutter** habe ich ein frühes Bild und auch das erstaunlich scharf: Ich sitze im Kinderwagen, wir sind auf dem Markt von Yarmouk, meine Mutter hat mich zum Einkaufen mitgenommen. Die Rufe der Menschen, das Feilschen der Händler, die Gerüche nach Blumen und Fisch, Gewürzen und verfaultem Obst – und mittendrin ich, ein Prinz auf seinem winzigen Thron. Ich beobachte meine Mutter, wie sie von Stand zu Stand geht, hier die besten Paprikaschoten auswählt, dort die frischeste Petersilie. Dann schiebt sie mich zu einem Brunnen – Damaskus war berühmt dafür, dass an vielen Straßenecken Wasser sprudelte –, nimmt einen Kamm Weintrauben und spült ihn im frischen Wasser. Sie beugt sich zu mir, steckt mir eine Traube in den Mund und sagt strahlend: »Habibi«, mein Liebling. Und noch eine Traube. Und noch einen Kuss.

Morgens, ehe sie zur Arbeit ging, legte meine Mutter oft eine Kassette von Fairouz ein, ihrer Lieblingssängerin, und sang mit ihr ein Duett, ehe sie sich ein Kopftuch umband und beschwingt das Haus verließ. Nach dem Mittagessen musizierte sie oft mit meinem Vater zusammen. Hochzeitsgäste lieben es, zu den neuesten Hits zu tanzen, und so hörte mein Vater die angesagten Lieder morgens von Kassetten ab und spielte sie nachmittags auf der Geige nach. Meine Mutter sang dazu, während sie abwusch oder die Wäsche zusammenlegte.

In der orientalischen Musik gibt es nicht die festgelegten Halbtöne der westlichen Musik, die Tonfolgen gehen frei moduliert ineinander über, und meine Mutter war eine Meisterin darin, mit den Melodien zu spielen, die Themen immer neu zu improvisieren. Sie sang, wenn sie unseren

Kanarienvogel fütterte, und manchmal legte der dann den Kopf schief und flötete mit ihr gemeinsam. Sie sang, wenn sie kochte.

Einmal schreinerte mein Vater einen großen Tisch samt Stühlen. Ehe er die Stücke auslieferte, lud meine Mutter ihre Kollegen aus der Schule zum Abendessen ein. Den ganzen Nachmittag über stand sie in der Küche und bereitete die Speisen vor: Hummus, Ofenkartoffeln, gebratene Zucchini, Baba Ghannousch, ein Auberginen-Sesam-Mus, Tabbouleh, Kafta. Und sang und sang. Und legte dann kostbare Aghabani-Spitzendecken auf den Tisch, mit denen ihr Vater handelte. Es wurde ein ausgelassener Abend. Und ich habe das erste Mal an einem Tisch gesessen.

Abends, vor dem Zubettgehen, las meine Mutter mir aus Büchern vor, die sie in der Bibliothek ihrer Schule auslieh. Ich liebte die Geschichten von Aladin und der Wunderlampe und von Sindbad, dem Seefahrer. Und ich liebte es, ihrem feinen Hocharabisch zu lauschen.

Als ich drei Jahre alt war, bekam ich einen Bruder. Einige Tage vor der Geburt legte meine Mutter meine Hand auf ihren Bauch. Ich fühlte die winzigen Tritte. »Schau, wie stark er schon ist«, sagte meine Mutter, »er wird bestimmt mal ein richtiger Rabauke.« Und das wurde er, Alaa, mein Bruder. Er konnte noch nicht richtig laufen, da stürzte er sich auf mich und biss nach mir, wie ein junger Löwe. Kaum dass er laufen konnte, raufte er sich mit den anderen Jungen im Viertel. Auf meine Eltern hat er nie gehört. Ach, hätte er doch nur auf sie gehört.

In unserem Haus gab es sechs Wohnungen, für meinen Großvater, für uns und für vier Brüder meines Vaters. Über uns wohnten Onkel Mohammed und seine Frau, Tante

Ibtihal. Mit ihr hat meine Mutter sich überhaupt nicht verstanden. Was haben die beiden gezankt! Es genügte der kleinste Anlass, schon schraubten sich ihre beiden Stimmen in die Höhe und – crescendo, crescendo – der Streit begann.

Wir wohnten im Erdgeschoss, schellte es, dann ging oft ich zur Haustür. »Das kann doch nicht sein!«, rief meine Mutter irgendwann, »dass nur wir immer die Haustür aufmachen für die Herrschaften da oben!« Sie stapfte hoch zu Tante Ibtihal, um sich zu beschweren. Crescendo, crescendo ...

Ein anderes Mal hatten die Späne aus der Werkstatt meines Vaters oben auf der Dachterrasse die weißen Laken von Tante Ibtihal verschmutzt. Schon stand sie bei uns vor der Tür, und es ging wieder los. Oder eine der beiden hatte alle Wäscheleinen belegt, so dass die andere ihre Wäsche nicht aufhängen konnte. So sehr stritten sich die beiden einmal, dass Tante Ibtihal die Wäsche meiner Mutter nahm und sie hinunter auf die Straße schleuderte. Erbost warf meine Mutter die Wäsche von Tante Ibtihal hinterher.

»Heh, spinnt ihr«, schallte es von unten herauf, »seid ihr eigentlich noch bei Trost?« Während oben auf der Dachterrasse das Zanken begann, wer nun nach unten gehen und die Wäsche holen müsse.

Als ich begann, Klavier zu spielen, habe ich manchmal morgens vor der Schule geübt, eine halbe Stunde lang. Tante Ibtihal mochte das gar nicht – und nahm dann einen Besenstiel und klopfte damit auf den Boden. Auf-hö-ren!! Das konnte meine Mutter gar nicht leiden. Eines Morgens übte ich wieder, Tante Ibtihal begann zu klopfen, worauf meine Mutter wutentbrannt nach oben marschierte. Ich

hörte lautes Klatschen. Als meine Mutter wieder herunter-
kam, waren ihre Haare zerzaust und ihre Wangen gerötet.
»So, das haben wir geklärt«, sagte sie. Hatten sie einander
wirklich geohrfeigt?

Die Männer der Familie hörten dann demonstrativ weg.
Es gibt eine Redewendung bei uns: Wenn sich die Frauen
streiten, sollen die Männer lächeln. Oder sich zumindest
heraushalten. Man kann es nur schlimmer machen.

Ich glaube, es war der Stress, der meine Mutter manchmal so aus der Haut fahren ließ. Sie hatte wirklich viel zu
tun. Morgens arbeitete sie in der Schule, dann musste sie
einkaufen und waschen und kochen und den Haushalt machen, und danach bereitete sie den Unterricht des nächsten Tages vor. Sie hatte einen blinden Mann, der zu Hause
blieb und sich um uns Kinder kümmerte, aber vieles eben
auch nicht machen konnte. War meine Mutter entspannt,
war sie der warmherzigste und liebenswerteste Mensch, den
man sich vorstellen kann.

Und ohnehin – wenn an einem Tag die Fetzen flogen,
hatten sich am nächsten Tag wieder alle gern. So ist das
bei uns. Alle leben im selben Haus, zumindest in derselben Straße, ganz bestimmt aber im selben Viertel. Nie wäre
jemand auf die Idee gekommen, von der Familie wegzuzie-
hen. Schon gar nicht wegen eines Streits. Die Familie ist
alles. Ohne Familie bist du nichts. Alle halten zusammen.
Wie sehr mag ich Tante Ibtihal heute. Stundenlang können wir telefonieren.

Und darum fällt es mir manchmal so schwer, in Deutschland zu sein, weit weg von meiner Familie. Und noch viel
schwerer ist es für meine Mutter. Es bricht ihr das Herz,
dass sie ihre Enkel nicht mehr um sich hat. Ich lebe jetzt

in Wiesbaden. Vor einigen Tagen war eine ältere Dame aus Köln bei uns zu Besuch. Sie saß auf dem Sofa und spielte mit Ahmad und Kinan, meinen beiden Söhnen. Ich machte ein Foto von den dreien und schickte es meiner Mutter. Es sollte ein netter Gruß sein. Es hat sie tief verletzt.

Einige Stunden später rief sie mich an. »So, habt ihr also eine neue Oma«, sagte sie, und ich konnte die Tränen in ihrer Stimme hören. Ich entschuldigte mich bei ihr. Doch sie begann zu schluchzen und verfluchte den Krieg und die Bomben und Assad, der ihr Leben zerstört und ihr meinen Bruder Alaa weggenommen und uns auseinandergetrieben hat. »Dieser Scheißkrieg!«, schluchzte meine Mutter, »dieser Scheißkrieg!«, und wollte sich gar nicht wieder beruhigen.

**Es gab in Yarmouk keine Spielplätze.** Wie auch, niemand hatte dieses Viertel je geplant. Entstanden war es 1954, als die syrische Regierung hier Zehntausende palästinensischer Flüchtlinge ansiedelte. Bis dahin hatten sie in Notquartieren gehaust. Die UNRWA – das Hilfswerk der Vereinten Nationen für Palästinaflüchtlinge im Nahen Osten (United Nations Relief and Works Agency for Palestine Refugees in the Near East) – vergab an geflüchtete Familien 300 syrische Pfund pro Zimmer, manchmal auch drei Säcke Zement und zehn hölzerne Baupfeiler. So wuchs patchworkartig die Siedlung zu einem großen Viertel. Auch unser Haus war so entstanden. Daran erinnerte unsere Haustür, sie stammte von der Scheune eines Bauernhofs, mein Großvater hatte sie von einem Schrotthändler erstanden. In die große Tür war eine kleine eingelassen. Das Haus wuchs, das alte Tor blieb, und jedes Mal, wenn wir die

33

kleine Tür öffneten, quietschte sie in ihren Angeln. Alle paar Jahre strichen wir das Tor weiß. Denn weiße Türen bringen Glück, sagt man in Syrien.

Als ich klein war, dachte ich, der Türknauf sei aus Gold. Später erfuhr ich, dass er aus Messing war. Wertvoll muss er trotzdem gewesen sein, denn einmal hörte ich ein Schaben an der Tür, und als ich sie öffnete, rannte jemand weg, eine Metallsäge in der Hand.

Wir wohnten an einer Straßenecke. Nach vorn war eine vielbefahrene Hauptstraße voller Gemüseläden, in den Nebenstraßen gingen nur Fußgänger. Trat ich aus dem Haus, war links ein Kiosk, der Kaugummis, Cola, Eis und Sammelkarten verkaufte. Natürlich haben wir dort unser gesamtes Taschengeld gelassen. Aus irgendeinem Grund hieß der Kiosk »Istiqama« – Ehrlichkeit. Wir Kinder haben uns darüber stundenlang den Kopf zerbrochen. Warum nur hieß der Laden so? Der Mann, dem der Kiosk gehörte, war überhaupt nicht ehrlich.

Manchmal waren die Kaugummis, die er uns verkaufte, so alt, dass man sich die Zähne daran ausbiss. Kinder können noch nicht richtig zählen, er betrog sie schamlos. Hattest du fünf Bonbons gekauft, stelltest du draußen fest, dass es nur vier waren, und wenn du ihn dann zur Rede stelltest, stritt er alles ab. Na warte, dachte ich eines Tages, als ich bei ihm Kaugummis gekauft hatte, bin zu meiner Mutter gelaufen und habe ihr mein Leid geklagt: »Der Mann hat mich betrogen!« – »Wie bitte!«, rief sie, stürmte nach unten, stellte ihn zur Rede und brachte mir ein zusätzliches Kaugummi mit.

Am liebsten spielten wir Dahhal oder Tobbeh. Stundenlang, im Treppenhaus und auf der Straße. Dahhal war ein

Murmelspiel. Wir zogen fünf Linien, und wer seine Glaskugeln am geschicktesten darauf warf, gewann die wertvollsten Stücke des Gegners. Bei Tobbeh legte man einen Stapel Sammelkarten auf den Boden, presste seine Hand so fest wie möglich darauf und hob sie dann blitzschnell ab, so dass die Karten hochgeschleudert wurden und hoffentlich auf der Rückseite landeten; all diese Karten durfte man behalten. Wir spielten es, bis unsere Finger schmerzten.

Darum hat meine Mutter einmal meine gesamten Karten in den Müll geworfen. Sie fürchtete, ich würde meine Hände ruinieren. Wie sauer war ich! Nie wieder, drohte ich, würde ich das Klavier anrühren. Bis sie mir Geld gab und ich mir im »Ehrlichkeit« neue Sammelkarten kaufen konnte.

Noch lieber durchstreifte ich mit meinem roten Fahrrad das Viertel, zusammen mit meinem besten Freund Samir. Eines Tages sahen wir auf der Straße einen Werkzeugkoffer stehen. Und niemanden weit und breit. Das Werkzeug könnte mein Vater sicher gut gebrauchen, dachten wir, und was niemandem gehört, darf man mitnehmen. Also luden wir den Werkzeugkoffer auf den Gepäckträger und schoben los.

Plötzlich rief ein Mann hinter uns her: »Stopp! Stehengeblieben! Das ist mein Werkzeugkoffer!« Und sprintete hinter uns her. Bald stand er wütend neben uns, ein Handwerker, der in einem der Häuser zu tun hatte.

»Wie heißen eure Väter?«, schnaubte er, »wir gehen jetzt zu ihnen und erzählen ihnen, dass ihr zwei kleine Diebe seid.«

»Bitte nicht!«, riefen wir. »Bitte, nehmen Sie Ihre Kiste, und dann ist alles wieder gut!«

»Nichts ist gut«, rief er, »wo wohnen eure Väter? Ihr werdet schon sehen!«

Diebe kommen ins Gefängnis, wusste ich. Würden wir nun ins Gefängnis müssen? Ich hatte schreckliche Angst. Wir schoben zu meinem Vater.

»Aeham«, schimpfte der mit mir, als ihm der Mann die Geschichte erzählt hatte, »wie kannst du so was machen?!«

»Aber Papa, ich habe es für dich mitgenommen!«, heulte ich.

»Aha«, rief der Mann, »ihr steckt unter einer Decke!«

Mein Vater stutzte. Und brauchte eine Weile, bis er dem Mann das ausgeredet hatte.

Heute schmunzle ich über diese Geschichten.

Es ist erstaunlich: Erinnere ich mich an meine Kindheit, dann scheint immer die Sonne. Nicht einen Regentag sehe ich vor mir. Ich erinnere mich an den Duft des Jasminbaums und den Geruch der Olivenölseife, mit der ich mir jeden Morgen das Gesicht wusch. Ich erinnere mich an die Hitze des Sommers, das Hupen der Autos, die Rufe der Gemüsehändler und das Ploppen des Fußballs gegen unsere Hauswand.

Andere Väter hatten nie Zeit für ihre Kinder. Sie schufteten von morgens bis abends, und wenn sie freitags freihatten, waren sie zu müde, um mit ihnen zu spielen. Dann gingen sie morgens zur Moschee, und nach dem Mittagessen gingen alle zusammen spazieren. Danach trafen die Väter im Café ihre Freunde, Brüder und Cousins, und wenn sie zurückkamen, schliefen die Kinder schon. Kein Wunder, dass alle später nur von ihren Müttern erzählten. Weil sie ihre Väter kaum gesehen haben.

Mein Vater aber war immer da. Er gab mir die Flasche,

wechselte meine Windeln, wusch ab, räumte auf. Beantwortete mir die tausend Fragen, mit denen ich ihn löcherte. Papa, warum sind wir Flüchtlinge? Warum sind wir Muslime? Gibt es Gott? Sogar aufgeklärt hat er mich später. Undenkbar in der arabischen Welt. Mit seinem Vater über Sexualität zu reden.

Die anderen Jungen haben ihre Väter gefürchtet. Ihre Strenge, ihre Schläge. Ich habe meinen Vater durch unser Viertel geführt. Er war mein Freund.

# Das Herz der Welt

Je näher der Tag rückte, desto aufgeregter wurde mein Vater. »Noch 60 Tage«, sagte er mir eines Morgens, »dann ist die Aufnahmeprüfung für die Musikschule.« Von da an zählte er die Tage rückwärts. Noch 30 Tage, noch 20, noch zehn. Er rauchte mehr als sonst, ein sicheres Zeichen, dass er aufgeregt war. Als es noch drei Tage waren, holte ihn sein Freund al-Chadra ab, der Keyboarder aus seiner Hochzeitsband, gemeinsam fuhren sie den Weg zur Staatlichen Musikschule ab. Nichts wollte mein Vater dem Zufall überlassen.

Jedes Jahr im Sommer, inmitten der großen Ferien, wenn es in Damaskus am heißesten ist, wenn die Straßen und die Häuser glühen und es auch nachts kaum kühler wird, wenn jeder, der es sich leisten kann, ans Meer fährt und alle anderen den halben Tag im Schatten dösen – lud Solhi al-Wadi ein zur Aufnahmeprüfung an der Musikschule. Solhi al-Wadi, der berühmte Dirigent! Ihm kam die Hitze gerade recht. Nur die fleißigsten Kinder wollte er in seiner Schule haben, die begabtesten und ehrgeizigsten.

Al-Wadi hatte quasi im Alleingang die klassische Musik in Syrien etabliert. Er war Cellist, ausgebildet an der Royal Academy in London. Im Jahr 1962 begründete er die Staatliche Musikschule von Damaskus, das »Arabische Institut«. 1970 putschte sich Hafiz al-Assad, Vater von Baschar al-Assad, an die Macht. Das Regime wollte sich welt-

38

gewandt geben, da kam al-Wadi gerade recht. 1990, zwei Jahre nach meiner Geburt, wurde unter al-Wadi das Konservatorium von Damaskus eröffnet. Von da an konnten junge Syrer Klavier, Posaune oder Oboe bei sich im Land studieren und mussten dafür nicht mehr nach New York, Montpellier oder Heidelberg.

Weit über 1000 Kinder bewarben sich jedes Jahr um die 100 Plätze an der Staatlichen Musikschule. Theoretisch wurde jeder aufgenommen, der die Prüfung bestand. Tatsächlich war die Schule unendlich elitär. Letztlich waren die Kinder von Ministern und Millionären, Künstlern und Intellektuellen unter sich. Mein Vater wollte es trotzdem versuchen. Er hatte Großes mit mir vor. Nicht auf Hochzeiten sollte ich geigen, sondern auf viel größeren Bühnen Klavier spielen. Er sprach von der Aufnahmeprüfung, als öffneten sich an jenem Tag die Tore zum Paradies.

Ich kannte al-Chadra, den Keyboarder. Seit ich vier war, kam er regelmäßig zu uns in die Wohnung und gab mir Unterricht auf dem alten Casio meines Vaters. Tonleitern spielten wir, kleine Etüden, erste Akkorde, und dann setzte sich mein Vater jeden Nachmittag eine Stunde lang hin und übte mit mir.

Am Tag null zog ich ein neues T-Shirt an, und dann kletterten mein Vater und ich in einen Minibus und fuhren viel zu früh los. Der Verkehr in Yarmouk war dicht, wie immer, auch am Midan-Markt stauten sich die Autos, und als wir am Baramkeh-Kreisverkehr das erste Mal umsteigen mussten, kam unser Minibus nicht. Und kam nicht, sicher eine halbe Stunde lang. Mein Vater wurde immer ungeduldiger. Er knetete seine Hände und stampfte auf den Boden.

»Wir müssen ein Taxi nehmen!«, schäumte er. »Aber so

viel Geld habe ich nicht. Verdammt!« So nervös hatte ich ihn noch nie gesehen. In einem fort öffnete er das Glas seiner Blindenuhr und ertastete die Zeiger.

Endlich kam der Minibus. Stockend ging es weiter.

»Papa, lass uns doch zu Hause üben«, sagte ich zu meinem Vater. »Der Weg ist zu weit. Wir verlieren doch nur Zeit. Inzwischen könnte ich viel Keyboard üben.« Er schwieg angespannt.

Ich schaute aus dem Fenster. In dieser Gegend war ich noch nie gewesen. Die Straßen wurden breiter und ruhiger, ich sah Ausländer über die Bürgersteige gehen, immer weniger Frauen trugen ein Kopftuch. In einer von Bäumen gesäumten Straße stiegen wir schließlich aus. Wie still und sauber es hier war. Wir waren im Botschaftsviertel Dschisr-al-Abjad, einer der feinen Gegenden von Damaskus. Hinter schmiedeeisernen Zäunen ragten Villen empor, umrahmt von duftenden Rosenbüschen.

Wieder öffnete mein Vater das Glas seiner Blindenuhr und fluchte leise vor sich hin. Wir eilten los. Als ich die Musikschule schon sehen konnte, fragte er mich: »Stehen Leute draußen?« – »Nein.« – »Verdammt!« Und so legten wir die letzten Meter im Laufschritt zurück, zu der mit Efeu bewachsenen Villa, stürmten die Stufen hinauf, rannten ins Foyer – und sahen, dass wir rechtzeitig gekommen waren.

Durchs ganze Gebäude zog sich die Schlange der Wartenden. Väter und Mütter mit Kind an der Hand. Wir reihten uns ein.

Nun war ich es, der aufgeregt war. Im Vorüberhasten hatte ich etwas gesehen, was mich zutiefst verwirrte: Ein schwarzer Mercedes war vorgefahren, ein Chauffeur war ausgestiegen und hatte die Tür geöffnet – und ein Junge war ausgestiegen, nicht älter als ich. Nur Götter fuhren in Syrien einen Mercedes. Wieso öffnete ein erwachsener Mann einem kleinen Bengel die Tür? Ich beschrieb meinem Vater, was ich gesehen hatte. »Das muss der Sohn eines Ministers gewesen sein«, sagte er knapp. Ich verstand die Welt nicht mehr.

Ansonsten haben wir geschwiegen. Mein Vater war zu nervös, um sich mit mir zu unterhalten. Ein Kind nach dem anderen wurde hineingerufen in den Prüfungsraum. Endlich, nach fast drei Stunden, war auch ich dran. Ich öffnete die Tür.

In der Mitte des Raumes stand ein geschwungener Kasten, das musste ein Flügel sein. Drei Männer und eine Frau saßen hinter einem Tisch. Am Fenster stand ein Mann, die Hände in den Taschen, das musste Solhi al-Wadi sein, der Direktor. Das fand ich merkwürdig – sollte man nicht die Hände aus den Taschen nehmen zur Begrüßung?

Einer der Männer am Tisch sprach mich an.

»Woher kommst du?«, fragte er mich.

»Aus Yarmouk«, antwortete ich.

»Spielst du ein Instrument?«

»Ja, Keyboard.«

Er stand auf und setzte sich an den Flügel, schlug eine Taste an und bat mich, den Ton nachzusingen. Und noch mal, an die zwei Dutzend Male. Danach klopfte er Rhythmen auf einen Tisch. Ich klopfte sie nach.

Das war es schon.

Die Frau wandte sich an mich. »Und du wohnst in Yarmouk?«, fragte sie erneut.

»Ja.«

»Und du spielst Keyboard?«

Erneut bejahte ich.

»Hmmm …«, machte sie.

Was hatte das zu bedeuten? Ich wusste es nicht, aber es gefiel mir nicht.

Der Mann begleitete mich zur Tür, öffnete sie – und hereinstolperte mein Vater. Um ein Haar wäre er hingefallen. Gerade noch konnte er sich fangen. Er hatte es nicht ertragen, ausgeschlossen zu sein von dem, was im Raum vor sich ging, und sein Ohr an die Tür gedrückt. Ein peinlicher Moment, für alle. Man hätte ihn vielleicht diplomatisch lösen können. Aber so war dieser Ort nicht. »Sie haben an der Tür gelauscht?«, herrschte Solhi al-Wadi meinen Vater an. »Das ist nicht gestattet!«

»Bitte entschuldigen Sie, ich bin Aehams Vater«, sagte er.

In diesem Augenblick begriffen alle, dass er blind ist. Al-Wadi beruhigte sich. »Ist schon gut«, lenkte er ein, »ist schon gut.«

Mein Vater fragte noch, wann die Ergebnisse verkündet würden, dann gingen wir hinaus und fuhren zurück, den langen Weg nach Yarmouk. Mein Vater schwieg. Machte er sich Sorgen, dass er alles vermasselt hatte? Ich dachte nach über das, was ich erlebt hatte. Die Chauffeure, das »Hmmm«, die Barschheit des Direktors. Und beschloss: Ich mochte diesen Ort nicht.

Einige Tage später – so gut wie niemand in Yarmouk hatte damals ein Telefon – ging mein Vater hinüber in den Supermarkt in unserer Straße und rief in der Musikschule an. Doch die Sekretärin sagte ihm, man müsse schon persönlich vorbeikommen, die Ergebnisse stünden auf einem Aushang im Institut.

Und so sind wir am nächsten Tag erneut im Minibus

quer durch die Stadt gefahren. Al-Chadra, der Keyboarder, begleitete uns. Einer musste ja sehen, welche Note ich hatte. Ich konnte schließlich noch nicht lesen.

Wir traten vor die Wand mit den Aushängen. An die 1300 Kinder hatten in jenem Jahr an der Prüfung teilgenommen, die Listen waren endlos. Und aus irgendeinem Grund waren die Namen nicht alphabetisch geordnet. Al-Chadra suchte und suchte. Mein Vater wurde immer aufgeregter. Sein Knie schlotterte, so nervös war er.

»Hast du ihn?«, fragte er al-Chadra. »Hast du ihn?«

Endlich, auf dem siebten oder achten Blatt, fand er mich. »Aeham Ahmad: 60 Prozent. Durchgefallen«, las er vor.

»Was?«, rief mein Vater, so laut, dass sich die Leute im Foyer zu uns umdrehten. Das Herz der Welt stand still.

»Bist du sicher?«, fragte er al-Chadra.

Der schaute noch mal hin.

»Nein!«, rief er. »Ich habe mich verlesen! Aeham Hamada – 60 Prozent. Aeham Ahmad – 99 Prozent!«

Das Herz der Welt begann wieder zu pochen. Mein Vater lachte, sein tiefes, dröhnendes Zaubererlachen. Es schallte durch das Foyer, flog die Treppen hinauf und hoch in den Sommerhimmel. Wieder schauten alle zu uns her. 99 Prozent! Das war ein unerhörtes Ergebnis. So etwas erreichte nur der Sohn des Präsidenten. Aber doch nicht ein ungewaschener Palästinenserjunge aus Yarmouk! Euphorisch fuhren wir zurück.

Daheim angekommen, informierte mein Vater das ganze Haus. »Aeham ist der Gewinner«, jauchzte er, »heute Abend gebe ich ein Fest!« Und als es dunkel wurde, strömten all die Onkel und Tanten und Cousins und Cousinen von nebenan in unsere kleine Wohnung, und jedem, der neu ankam, rief mein Vater entgegen: »Aeham ist der Gewinner! Ein zweiter Ahmad!«

Und dann servierte meine Mutter Zitroneneiscreme und Tee, und mein Vater stand im Salon und geigte Hochzeitsmelodien, und die Männer und Frauen saßen im Kreis und sangen und klatschten und führten mit den Händen kleine Tänze auf. Und zum ersten Mal, seit ich ihn kannte, haben die Augen meines Vaters gelacht. Aber vielleicht war das auch nur Einbildung.

So ganz verstanden habe ich die Aufregung nicht, aber gefreut habe ich mich trotzdem. Eiscreme mochte ich sehr, und an diesem Abend musste ich nicht zu Hause bleiben und Keyboard üben, sondern durfte zusammen mit meinen Cousins bis tief in die Nacht draußen auf der Straße Fußball spielen.

**Im Herbst begann der Musikunterricht.** Er begann mit Solfège, Singen nach Noten. »Do, do, re, re, mi, mi«, sangen wir vom Blatt, nach alter, französischer Methode. Erst im zweiten Jahr würde ein Instrument dazukommen.

Doch zunächst mussten wir das sündhaft teure, aus Frankreich importierte Solfège-Lehrbuch kaufen. 5000 Pfund kostete es (140 Euro)*, der Monatslohn eines syri-

---

* Bis 2011 haben wir die Pfund-Beträge in jenen Wert umgerechnet, den sie heute in Euro haben, orientiert am Kurs der syrischen Zentralbank. Nach 2011 haben wir den Währungsschwarzmarkt als Referenz genommen. Als das Land zerfiel, zerfiel auch die Währung. Im Sommer 2017 liegt der Umrechnungskurs zum Euro bei 1:590. Die Inflation seit Beginn des Konflikts beträgt rund 1000 Prozent.

schen Arbeiters. Ob er das Buch kopieren könne, erkundigte sich mein Vater. Nein, das gehe nicht, hieß es in der Musikschule. Und auch gebraucht war das Werk nirgends aufzutreiben. Also musste ich die ersten drei Stunden ausfallen lassen, bis zum Monatsende. Dann waren meine Eltern wieder flüssig und wir kauften das Buch.

Die Solfège-Lehrerin, eine ältere Dame, war wundervoll. Nadia hieß sie und behandelte uns 40 Kinder so liebevoll wie eine Mutter. Ich mochte ihre Stimme, ihren warmen Sopran, und wenn jemand einmal daheim vergessen hatte, seine Noten zu schreiben, dann schimpfte sie nicht, sondern bat liebevoll, das nachzuholen.

»Du singst gut!«, lobte sie mich. Das spornte mich an. Und so sang ich:

> Do mi do mi do mi sol fa re do re mi re
> Do mi do mi do mi sol fa mi re do
> Re mi re mi fa mi re
> Mi fa mi fa sol fa mi
> Do mi do mi do mi sol fa mi re do.

Manchmal habe ich mit Sham geredet, einem Mädchen aus meiner Klasse. Aber sonst kannte ich niemanden. Die Musikschule war wie ein reicher Kindergarten. Die Eltern brachten ihre Kinder, warteten, dann stiegen alle wieder in die Taxis oder in die Autos. Und mein Vater und ich gingen zur Haltestelle und nahmen den Minibus.

An Tagen, an denen ich keinen Unterricht hatte, übte mein Vater mit mir nach der Schule Solfège. Er sang mir ein kleines Motiv vor, dann improvisierten wir damit.

»Warum ist das wichtig?«, fragte ich ihn.

»Es ist sehr wichtig!«, sagte er. »Aus einem kleinen

Thema kann man große Stücke entwickeln. Das ist die Sprache der Musik. Beherrschst du sie, dann hast du alle Freiheiten.«

Nach einer halben Stunde setzte er Tee auf. Mein Vater liebte es, seinen Schwarztee stark und pappsüß zu trinken, fünf Löffel Zucker schaufelte er in jede Tasse. Er ließ die Blätter in der Kanne, so dass der Tee dunkel und bitter wurde und man sich beim Trinken die Krümel von der Zunge pulen musste. Normalerweise war schwarzer Tee für mich tabu. Doch in der Gesangspause erlaubte er mir eine Tasse. Und dann sangen wir noch einmal eine halbe Stunde, bis ich endlich hinausdurfte zu meinen Freunden, unser Sammelkartenspiel spielen.

Nach einem Jahr Musikschule gab es einen zweiten Test. Wir mussten vom Blatt Noten singen und Rhythmen klatschen, danach wurde entschieden, ob man sich für Gitarre eignete oder Schlagzeug oder Querflöte oder Cello oder Klavier. Dieses Mal waren die Eltern dabei. Die Prüferin fragte meinen Vater, welches Instrument er für mich vorgesehen habe.

»Klavier«, sagte mein Vater fest.

»Klavier?«, fragte die Frau zurück. »Sie haben ein Klavier?«

»Ja«, flunkerte mein Vater.

»Wenn ihr Sohn Keyboard lernen möchte, dann ist das kein Problem, die Keyboard-Klassen sind an einer anderen Musikschule.«

»Nein, Klavier.«

»Nun gut. Dann würde demnächst einer unserer Lehrer vorbeikommen und sich Ihr Klavier anschauen«, sagte die Frau.

Mein Vater nickte.

Nun gab es kein Zurück. Als er meinem Großvater seine erste Geige abgeschwatzt hatte, musste der drei Monatslöhne für das Instrument bezahlen. Für das Klavier musste mein Vater so viel hinblättern, wie er in einem Jahr verdiente. Bei zig Verwandten lieh er sich Geld. Und hörte sich zugleich um, wo es ein günstiges Instrument gab. Ein Freund meines Vaters war mit einer ukrainischen Pianistin verheiratet, sie gab ihm den Tipp: Eine Bekannte von ihr habe ein russisches »Ukraina« im Keller stehen, noch originalverpackt in der Transportkiste. 2500 Euro sollte es kosten.

Einer unserer Nachbarn besaß einen Pick-up, er fuhr uns zu der Dame. Zu sechst gingen wir hinunter in den Keller, mein Vater, vier Onkel und ich. Dort stand die gewaltige Holzkiste. Die Männer hoben sie an – und fluchten. Noch nie hatte jemand von ihnen ein Klavier gesehen, geschweige denn getragen. Als es die Kellertreppe hinaufging, begann ein großes Gezeter.

»Ahmad, du bist verrückt! Was willst du mit dieser riesigen Kiste?«, riefen sie. »Du wirfst dein Geld zum Fenster raus. Was, sagst du, kostet diese Box?«

»Das ist ein Klavier! Aeham wird darauf spielen!«, beschwichtigte er sie. »Zum Dank fürs Tragen werde ich euch so viel auf der Geige vorspielen, wie ihr wollt!«

So lautstark zankten sich die Männer, dass die Besitzerin die Kellertreppe hinunterblickte und fragte, ob alles in Ordnung sei.

Irgendwie haben wir die Kiste auf die Ladefläche des Pick-ups bugsiert. Was für ein Menschenauflauf vor unserem Haus, als die Männer sie vom Auto luden und in unsere Wohnung schleppten! Alle waren neugierig, was in der Kiste war. Drinnen passte das Klavier dann nicht durch die Tür zu meinem Zimmer. Also stemmte mein Onkel Mohammed, er war Maurer, den Türrahmen auf und mauerte ihn später wieder zu.

Ich schlug die ersten Töne an. Es klang schief. Das Klavier war nie gestimmt worden. Am nächsten Tag erreichte mein Vater einen Klavierstimmer, einen der wenigen in Damaskus. »Nein, nach Yarmouk komme ich nicht«, sagte der Mann barsch, »das ist mir zu weit.«

Mein Vater mochte es gar nicht, wenn ihn jemand von oben herab behandelte. Aber was sollte er machen? Er redete auf den Mann ein.

»Also gut, ausnahmsweise«, sagte der Klavierstimmer. »Mein nächster freier Termin ist in einem halben Jahr.« Und sein Honorar betrage 50 000 Pfund (1 300 Euro). Meinem Vater fiel fast der Hörer aus der Hand. So viel Geld hatte er nicht, und so lange konnten wir nicht warten. Er legte auf. Er versuchte es bei etlichen Klavierstimmern. Vergeblich.

Also machte mein Vater das, was er in solchen Situationen immer gemacht hat: Er brachte sich die Sache selbst bei.

Vorsichtig entkleidete er das Klavier von seinem Korpus, ertastete den Stimmstock und ließ sich von einem Schweißer aus der Nachbarschaft einen Stimmschlüssel anfertigen. Er arbeitete nachts, wenn es still war im Haus und auf der Straße. Zupfte mit einem Fingernagel eine Saite, lauschte, justierte. All seine Auftritte sagte er in diesen Tagen ab, zig Tassen starken, süßen Tees trank er, ich schlief derweil in seinem Bett. Und dann war er fertig.

Nicht lange, und der Prüfer aus der Musikschule kündigte sich an. Wer Yarmouk nicht kannte, konnte leicht auf die Idee kommen, es sei gefährlich hier – all das Fäusteschütteln und Fahnenschwenken der Fatah und der Hamas und der vielen anderen Palästinensergruppen. Auch der Mann von der Musikschule sagte, er wolle seinen Wagen lieber außerhalb von Yarmouk parken. Onkel Amin holte ihn ab.

Der Mann begrüßte meinen Vater, nickte mir zu und setzte sich auf den Klavierhocker. Und spielte alle Töne quer durch die sieben Oktaven des Pianos. Zuerst alle Cs, dann alle Ds, dann alle Es. Testete das Pedal. Mein Vater stand an der Tür und lauschte.

»Sehr gut!«, rief der Mann schließlich und klappte den Klavierdeckel zu. »Es ist sehr gut gestimmt!«

Meine Mutter hatte eigens für den Klavierprüfer gekocht, Tabouleh, Makloubeh und Kibbeh vorbereitet. Wir saßen auf den Kissen im Salon, und er griff herzhaft zu.

Da brach es plötzlich aus ihm heraus. »Ich möchte mich bei Ihnen entschuldigen«, sagte er, an meinen Vater gewandt. »Ich bin der Klavierstimmer, den Sie vor einigen Wochen angerufen haben. Ich war arrogant und unfreundlich zu Ihnen. Das tut mir leid.«

Mein Vater lächelte. Wie gesagt: Er hasste es, von oben herab behandelt zu werden. Nun genoss er seinen Sieg.

»Das Klavier ist wunderbar gestimmt«, fügte der Mann hinzu. »Wer hat das gemacht?«

Lächelnd zuckte mein Vater mit den Schultern. Und schwieg.

**Nun konnte der Klavierunterricht beginnen.**
Dreimal pro Woche fuhren mein Vater und ich quer durch
die Stadt zur Musikschule. Anderthalb Stunden hin, anderthalb Stunden zurück, wenn alles glattging. Mein Vater
lieferte mich ab bei Rana Dschneid, meiner ersten Lehrerin, später fuhren wir gemeinsam im Minibus zurück.

Ich mochte Rana Dschneid nicht. Nie lächelte sie mich
an, nie lobte sie mich, nie machte ich es ihr recht. Kam
ich zu spät, weil der Bus im Stau stecken geblieben war,
fauchte sie mich an. Kam sie zu spät, auch das passierte
häufig, rauschte sie herein, aufgetakelt, als wolle sie tanzen
gehen, und befahl knapp: »Fang an.« Kein Wort der Ent-
schuldigung.

Jeden Tag trug sie ein anderes Kleid und tippelte auf ihren
hohen Absätzen durch die Flure der Musikschule. Damals
waren Nokia-Handys modern, bei denen man die Schale
austauschen konnte, es gab zig Motive und Farben. Rana
Dschneid trug die Handys passend zum Kleid. Ein blaues
Kostüm? Ein blaues Handy.

Kein Pianist hat lange Fingernägel. Sie stören beim Spiel.
Außer Rana Dschneid. Ihre langen Fingernägel – blau zum
blauen Kleid – kratzten über die Tasten.

Eines Tages spielte ich ihr eine Etüde von Czerny vor.
Carl Czerny, Schüler von Beethoven und Lehrer von
Liszt, hat Generationen von Klavierschülern mit seinen
kniffligen Übungsstücken gequält. So auch mich. Rana
Dschneid stand hinter mir. Da hörte ich die Pieptöne eines
Handyspiels. Ich drehte mich um und sah, was ich vermu-
tet hatte: Während ich mich am Klavier abmühte, spielte
sie auf ihrem Handy.

Zwei Stunden war ich unterwegs gewesen. Und nun hörte

meine Lehrerin mir nicht zu. Ich spielte lauter, um ihre Aufmerksamkeit zu gewinnen, noch lauter, fortissimo …

Da klopfte es an der Tür. »Herein«, rief Rana Dschneid. Ein Mädchen namens Sandybell trat ein. Sie war älter als ich und schon eine richtige junge Dame. Sie trug ein Kleid und hohe Absätze. Ihr Vater, hatte ich gehört, besaß eine Farbenfabrik, auch Sandybell gehörte zu denen, die vom Chauffeur vorgefahren wurden. Und sie gehörte zu denen, deren Eltern die Nonchalance besaßen, ihre Kinder nach Zeichentrickhelden zu nennen. »Hello Sandybell« war eine bekannte Manga-Serie.

Rana Dschneid war wie verwandelt. Sie lächelte Sandybell an. »Wie schön, dich zu sehen!«, flötete sie. Und dann sprachen sie darüber, wann Sandybell zur nächsten privaten Klavierstunde zu ihr kommen solle.

Sandybell verließ den Raum. Schlagartig war Rana Dschneids Herzlichkeit verflogen. Sie bedeutete mir weiterzuspielen. Und wandte sich wieder ihrem Handyspiel zu.

Ich war gekränkt. Was gab ihr das Recht, mich wie einen Menschen zweiter Klasse zu behandeln? So zu tun, als sei ich minderwertig? Warum ließ sie ihren Klassendünkel an mir aus?

Ich bin der schönen Sandybell noch einmal begegnet. Wieder hatte ich Klavierstunde bei Rana Dschneid in einem kleinen Übungsraum. Beharrlich verspielte ich mich an derselben Stelle. Da platzte Rana Dschneid der Kragen. »Du bist ein Esel!«, rief sie. »Du verstehst es nicht! C-Dur! Nicht c-Moll!« Und dann riss sie die Notenblätter von der Halterung und warf sie durch den Raum. Die Blätter segelten einen Moment lang hin und her, dann landeten sie auf dem Boden.

Ich begann, die Notenblätter einzusammeln. Während ich über den Boden krabbelte, klopfte es an der Tür und Sandybell kam herein. Zuerst sah ich nur ihre teuren Pumps. Sandybell beachtete mich nicht, wieder wollte sie wissen, wann ihre nächste Privatstunde sei. Sie ging. Ich hatte die Blätter beisammen. Rana Dschneid beendete die Stunde. »Üb gefälligst mehr!«, fuhr sie mich an.

Zwei Jahre lang hat mich Rana Dschneid gepiesackt. Ich kann mich nicht erinnern, jemals ein Lob von ihr gehört zu haben. Mehrfach sagte sie, ich solle aufhören mit dem Klavierspielen, ich sei nicht gut genug. Das sagte ich dann meinem Vater, worauf der vor der nächsten Stunde bei ihr vorsprach und ihr ein kleines Geschenk mitbrachte.

»Bitte haben Sie Verständnis für Aeham«, süßholzraspelte mein Vater. »Ich verspreche Ihnen, er wird mehr üben.« Doch auch das linderte Rana Dschneids Unfreundlichkeit nur vorübergehend.

Die Musikschule machte mich unglücklich. Ich kam nicht gern hierher. Ich spürte, dass ich nicht in diese Welt gehörte.

Nach zwei Jahren gab mein Vater nach und sprach beim stellvertretenden Direktor der Musikschule vor.

»Verstehen Sie mich nicht falsch«, begann er, »Rana Dschneid ist eine hervorragende Klavierlehrerin. Aber irgendwie passen sie und Aeham nicht zusammen. Wäre es denkbar, dass er eine andere Lehrerin bekommt?«

Der Unterricht in der Musikschule war umsonst. Da konnte man keine Forderungen stellen. Der Mann überlegte.

»Wirklich, das ist ausschließlich unser Fehler«, insistierte mein Vater, »mein Sohn versteht sie einfach nicht, und wir möchten den Musikunterricht unbedingt fortsetzen.«

Ich bekam eine neue Klavierlehrerin.

Sie hieß Cosette Bakir – hatten ihre Eltern sie nach der Hauptfigur in Victor Hugos *Les Misérables* benannt? – und war kein bisschen besser. Bakir hatte in Frankreich studiert, war aber eine miserable Pianistin. Sie spielte abgehackt wie ein Kind. Herablassend und unfreundlich war sie auch. Einmal spielte ich ihr ein Stück von Mozart vor. Ich machte einen Fehler. »Spiel es richtig«, zischte sie. Ich machte den gleichen Fehler noch einmal. Sie, schärfer: »Du verstehst es nicht. Noch mal!« Ich machte den Fehler ein drittes Mal. »Warum wiederholst du immer den gleichen Fehler?«, fuhr sie mich an. »Bist du ein Papagei?«

Wie gut, dass es Irina Ramadan gab. Jene Pianistin, die verheiratet war mit einem Freund meines Vaters und uns mein Klavier vermittelt hatte. Irina hatte an der Tschaikowski-Musikakademie in Kiew studiert, ehe sie ihren Mann kennenlernte und mit ihm nach Damaskus zog. Sie war groß, blond und elegant, arbeitete nicht und hatte keine Kinder. War das der Grund, warum sie mich wie ihren Sohn behandelte? »Cchhabibi«, nannte sie mich liebevoll mit ihrem starken russischen Akzent.

Bei ihr begriff ich, was Musik ist. Sie brachte mir bei, in die Stücke hineinzuhorchen, ihren Überschwang und ihre Melancholie zu entdecken. Bei ihr vergaß ich die Freudlosigkeit meiner syrischen Lehrer, die nur auf meine Fehler achteten und mir jegliche Freude an der Musik abschnürten. Verspielt und ungestüm stürmten meine Finger bei ihr über die Tasten. Aus dem engbrüstigen Gehorchen wurde Herzensleichtigkeit. Bei ihr spielte ich so zügellos wie eine Mozart-Sonate.

»Bach ist wie das Brot«, schärfte mir Irina Ramadan ein. »Die Grundlage. Ohne Bach fehlt etwas.«

»Beethoven kann man sich nicht zu eigen machen«, ein anderes Mal. »Du kannst nur immer wieder in ihn hineinhorchen.«

Oder: »Wer viel Czerny spielt, lernt komponieren.«

Eines Tages kam ich zu ihr und sah, dass sie einen roten Saft trank.

»Irina, darf ich auch einen Schluck haben?«, fragte ich.

»Nein«, sagte sie. »Das ist nicht gut für Kinder.«

»Warum trinkst du ihn dann?«

»Weil er mir schmeckt. Und jetzt lass uns anfangen.«

»Aber was nicht gut für Kinder ist, ist auch nicht gut für Erwachsene.«

»Genug. Wir fangen jetzt an.«

Meine Neugier war geweckt. Immer wieder habe ich sie auf den geheimnisvollen Saft angesprochen. Jedes Mal wich sie mir aus. Bis meine Wissbegier irgendwann so groß war, dass ich meinen Vater nach dem roten Saft fragte, der Erwachsenen schmeckt, aber nicht gut ist für Kinder. Er lachte laut los. »Aeham, sie hat Wein getrunken! Alkohol!« Das also war Alkohol! Der geheimnisvolle Saft, den mein Vater nie anrührte.

Fünf Jahre lang bin ich jeden Montag zu ihr gefahren. In diesen frühen Jahren ist der Lehrer alles. Magst du ihn, strengst du dich an. Magst du ihn nicht, verlierst du die Lust. »Sehr gut, Aeham«, lobte mich Irina Ramadan und belohnte mich mit einem Stück dunkler russischer Schokolade. »Und vor deiner nächsten Prüfung, cchhabibi, isst du auch so ein Stück, das macht dich glücklich.«

Dann ging sie zurück in ihre Heimat. In unserer letzten Stunde hatte sie Tränen in den Augen. »Versprich mir, dass du die Musik niemals aufgeben wirst«, sagte sie. »Musik ist wunderbar. Sie wird dich immer begleiten.« Ich nickte.

»Und versprich mir, dass du mich niemals vergisst.« Ich versprach es.

# Was geht mich Mozart an?

Meine Grundschule war auch die Grundschule meiner Mutter, und das war der Grund, warum ich dort vom ersten Tag an auffiel. Ich mochte das nicht. Ist er ordentlich angezogen, sind seine Haare gekämmt, hat er seine Hausaufgaben gemacht? Pah! Ich wollte sein wie die anderen, einer von 1500 Jungen. Aber das ging nicht. Benahm ich mich daneben, fauchte meine Lehrerin: »Ich werde es deiner Mutter erzählen.« – »Sagen Sie es doch meinem Vater«, widersprach ich. »So wie bei allen anderen.«

In syrischen Schulen ging es damals zu wie in einer Kaserne. Wer seine Hausaufgaben vergessen hatte, den Unterricht störte oder sich sonst wie danebenbenahm, musste beide Handflächen nach vorn strecken und bekam einige Schläge mit einem kleinen Rohrstock verpasst. Am Ende jeder Pause gab es einen Appell, wir standen in langen Reihen stramm, während der Direktor eine Durchsage machte.

Und an jedem Samstagmorgen – damals dem Beginn der Woche in Syrien – versammelten sich alle zum Fahnengruß und sangen die syrische Nationalhymne. Ich saß auf einer kleinen Bühne am Keyboard und spielte die Melodie. Und aus 1500 Kehlen erscholl:

Die weiten blühenden Ebenen Syriens sind wie
    erhabene Türme,
sie berühren den höchsten Himmel.
So ein Land, das blüht durch das Leuchten seiner
    Sonnen,
ist so wie ein Himmel oder sogar der Himmel
    selbst.

Ich mochte die Musik nicht, diesen Militärmarsch, dieses Rummtata, diesen Pomp. Aber was blieb mir übrig? Ich war der einzige Keyboarder, der Sohn der Lehrerin, ich konnte nicht kneifen.

Einmal stritt ich mich in der Pause mit einem anderen Jungen. Er schubste mich, ich schubste ihn, wir schubsten uns, er stürzte und fiel aufs Gesicht. An der Lippe blutend, fasste er sich an den Mund – und hielt einen halben Zahn zwischen den Fingern. Heulend rannte er zum nächsten Lehrer.

Am Ende der zweiten großen Pause, wir Schüler standen wieder stramm, stieg meine Mutter auf die kleine Bühne, hielt den winzigen Zahn meines Kontrahenten in die Luft und sagte: »Aeham hat einen seiner Mitschüler verletzt. Ihr wisst, dass er mein Sohn ist. Darum werde ich ihn selbst bestrafen.«

Ich ging nach vorn, Tränen in den Augen. »Aber er hat angefangen«, flehte ich. »Wenn dich jemand schubst, dann komm zu mir, aber schubs nicht zurück.« Und dann musste ich meine Handflächen ausstrecken, und mit dem kurzen Rohrstock schlug sie zu, drei Schläge in die flache Hand. Vor aller Augen.

Heulend ging ich zurück zu meiner Klasse. Es tat nur

ein bisschen weh. Aber ich fühlte mich gedemütigt. Wie konnte meine Mutter mir so etwas antun?

Nachmittags, bei uns daheim, fragte ich sie heulend, warum sie das getan habe. »Ich musste es tun, Aeham«, sagte sie. »Sonst hätten alle gedacht, dass ich dich bevorzuge. Das wäre sehr schlecht für uns beide gewesen.« Wie bitte? Ich verstand kein Wort.

Am nächsten Samstag war alles wie gewohnt. Die Jungen sangen, ich saß am Keyboard, die Flagge wurde gehisst. Als der letzte Ton verklungen war, trat meine Mutter ans Mikrophon und sagte: »Aeham begleitet uns seit zwei Jahren auf dem Keyboard, und das macht er sehr gut, wir sollten ihm danken, dass er hier für uns spielt.« Und begann zu klatschen. 1500 Jungen stimmten ein.

Es war der erste Applaus in meinem Leben. Habe ich ihn genossen? Ich weiß es nicht mehr.

**Nach der sechsten Klasse** kam ich auf die Mittelschule. Der Schuldirektor war ein furchtbarer Mann, jähzornig und laut. Die Lehrer fürchteten seine Wutausbrüche, die Schüler seine Strafen. Auch diese Schule wurde finanziert von der UNRWA, und eigentlich gab es auch hier keinen Grund, die syrische Nationalhymne zu spielen. Aber der Direktor – einer dieser überangepassten Palästinenser, der sogar in die Baath-Partei von Diktator Assad eingetreten war – bestand darauf. Jeden Samstagmorgen standen auch hier die Schüler auf dem Pausenhof stramm und sangen die Nationalhymne, begleitet von einem Trompeter, einem Trommler und mir am Keyboard. Das Rummtata ging weiter.

Eines Morgens kam ich zu spät. Ich hatte mir vor dem

Schultor Süßigkeiten gekauft und die Zeit vergessen, plötzlich sah ich, dass es geschlossen war. Jeder andere Schüler hätte heimlich über die Schulmauer klettern und sich diskret in die Reihen der anderen einreihen können. Niemand hätte es bemerkt. Bei mir ging das nicht. »Wo ist Aeham Ahmad?«, rief der Direktor von der Bühne und zitierte meinen Klassenlehrer zu sich. Der konnte auch nur mit den Schultern zucken. »Wie kann er es wagen, zu spät zu kommen!«, tobte der Direktor.

So haben es mir die anderen erzählt. Ich stand ja noch vorm Schultor und hämmerte dagegen. Endlich erschien der Hausmeister. »Ich bin der Keyboarder«, rief ich, »bitte lassen Sie mich rein!« Widerwillig schloss er auf und begleitete mich zur Bühne. Der Direktor sah mir entgegen. Seine Augen glänzten vor Wut. »Was fällt dir ein, zu spät zu kommen!«, sprang er mich förmlich an. »Was für eine bodenlose Frechheit! Unsere Hymne! Sie symbolisiert unser Land!«

»Das ist nicht unser Land«, murmelte ich.

»Was?«, schnappte der Direktor. Aber er hatte es genau gehört, und weil die Mikrophone an waren, hatten es vielleicht auch andere gehört. Die zweite Unverschämtheit an diesem Morgen. Er holte aus zu einem langen Vortrag. Syrien! Heimat! Akzeptieren! Integrieren! Vaterland! Blablabla. Ich hörte weg. Als er fertig war, befahl er, die Hymne zu singen. Und sang selbst aus voller Kraft:

> Beschützer des Heimatlandes,
> Frieden sei mit euch!
> Unser stolzer Geist wird nicht
> unterworfen werden,

die Wohnstätte des Arabismus ist ein geweihtes
Heiligtum,
so wie der Thron der Sonnen ein unüberwindliches
Reich ist.

Zwei Stunden später kam eine Durchsage über das Schul-
mikrophon: »Aeham Ahmad, in das Büro des Direktors.«
Ich trottete los. Hatte ich Angst? Nein. Was konnte mir
schon passieren? Im schlimmsten Fall hätte der Direktor
meinen Vater herzitiert und sich über mich beklagt. Andere Kinder hätten dann gezittert, weil sie von ihren Vä-
tern eine Tracht Prügel bezogen hätten. Ich wusste: Mein
Vater würde zu mir halten.

Ich hatte es ja erlebt. Einmal hatte ich mich im Musikunterricht geweigert, orientalische Musik zu spielen. Ich
hatte an dem Nachmittag eine Prüfung in der Musikschule,
es war einfach zu viel für mich, diese beiden völlig verschie-
denen Musiksysteme zugleich in mein Gehirn zu pressen.
Wie gesagt: In der westlichen Musik ist eine Oktave in
zwölf Halbtöne unterteilt, im Orient in 18 Vierteltöne,
weshalb sich die klassische arabische Musik nicht auf einem
Klavier oder einer Gitarre spielen lässt. Ich fand jedenfalls, ich hatte Grund genug, an diesem Tag die orientalischen Harmonien nicht zu spielen. Doch den Musiklehrer
erboste meine Weigerung. Der Direktor bestellte meinen
Vater ein.

Wenig später saß er in dessen Büro und gab dem Musiklehrer in allen Punkten recht. »Ja«, sagte er, »das war ein
grober Fehler von Aeham. So etwas sollte er nicht tun, und
es wird nicht wieder vorkommen. Danke, dass Sie ihn in
orientalischer Musik unterrichten.«

Doch als wir wenig später auf dem Heimweg waren, sagte er zu mir: »Mach, was du willst. Aber bitte behandle deine Lehrer gut.«

Das war ein unerhörter Luxus. Dieser Rückhalt. Die Gewissheit, dass er zu mir hielt. Die Freiheit, mir eine eigene Meinung leisten zu können, ohne Angst vor seinem Zorn.

Die Tür zum Direktorenzimmer stand offen. Ich ging hinein und stellte mich vor den Schreibtisch. Ein Stuhl wurde mir natürlich nicht angeboten. Es folgte der zweite politische Vortrag dieses Morgens, länger als der erste. Gastfreundschaft! Dankbarkeit! Völkerfreundschaft! Ich hörte wieder weg.

Auf dem Schreibtisch des Direktors standen drei kleine Flaggen: die palästinensische, die syrische und eine dunkelblaue, mit gelben Sternen in der Mitte. Für was stand sie?

Als der Direktor seine Tirade beendet hatte, fragte ich ihn danach. »Das ist die europäische Flagge«, erklärte er mir. »Unsere Schule bekommt Geld aus Europa.« Europa? »Prima!«, sagte ich. »Dann spiele ich nächstes Mal die europäische Hymne.«

Ich kannte das Stück aus dem Klavierunterricht, Beethovens »Ode an die Freude«. Ich mochte es, seine Fröhlichkeit, seinen Überschwang. Ganz anders als der Vier-Viertel-Militarismus der syrischen Hymne.

»Oder ich könnte ein Stück von Mozart spielen«, redete ich mich in Fahrt, »das Rondo alla Turca!« Mozarts Klaviersonate No. 11, dritter Satz, der Türkische Marsch, eine der bekanntesten Melodien der klassischen Musik, perlend und beschwingt.

»Auf keinen Fall!«, widersprach der Direktor.

»Lassen Sie es mich versuchen«, setzte ich nach. »Kennen Sie das Rondo alla Turca? Es ist wundervoll.«

Der Direktor starrte mich an. Er war wütend. Ich widersprach ihm. Natürlich wollte ich ihn provozieren. Aber was sollte er sagen? Ich war ja freundlich und adrett und machte den Vorschlag, ein Stück von Mozart zu spielen. Europa! Klassik! Dafür konnte er mich schlecht maßregeln. Er schickte mich weg.

Einige Samstage später habe ich es tatsächlich gemacht. Ich konnte nicht anders. Die Schüler standen stramm, wir drei Musiker intonierten – rummtata, rummtata – die syrische Nationalhymne, die Flagge stieg empor. Als der Marsch vorbei war, spielte ich einfach weiter – Mozarts »Rondo alla Turca«. Beschwingt und leicht. Viele Schüler lachten, ich sah, wie sich die militärische Ordnung aufzulösen begann.

»Aeham! Sofort aufhören!«, zischte mein Musiklehrer. »Jetzt! Aufhören!«

Ich brach ab. Hatte es der Direktor mitbekommen? Ich war mir nicht sicher. Er begann, seine wöchentliche Ansprache zu halten. Ordnung! Disziplin! Pünktlichkeit! Er ließ sich nichts anmerken.

**»Ich hasse es zu üben!«**

»Dieses verdammte Klavier!«

»Ich will so sein wie die anderen Kinder!«

»Ich bin Palästinenser! Was geht mich Mozart an?«

»Ich will mit den anderen Fußball spielen!«

So ging es inzwischen öfter. Je älter ich wurde, desto weniger Lust hatte ich, Klavier zu üben. Eines Nachmittags, ich war inzwischen auf der Mittelschule, meckerte ich: »Ich brauche mehr Freizeit! Ich habe keine Lust mehr! Ich hasse meine Musiklehrer, ich hasse die Musikschule, ich hasse die Musik. Dieses verdammte Klavier!«

Mein Vater sagte nichts.

»Ich bin doch keine Maschine!«, regte ich mich auf. »Jeden Tag erzählst du mir das Gleiche. Üben, üben, üben. Kannst du mir nicht mal was anderes erzählen?«

»Sprich nicht so mit mir«, sagte mein Vater.

»Du bist blind«, fuhr ich ihn an. »Was weißt du schon. Nicht mal Fußballspielen kannst du.«

»Du verletzt mich«, sagte mein Vater, »hör auf.«

»Ich gehe jetzt raus und spiele Fußball!«, setzte ich nach.

Mein Vater überlegte einen Moment. »Ich spiele mit«, sagte er.

»Wie bitte? Du willst Fußball spielen?«

Er bestand darauf. Wir gingen hinunter auf die Straße. Einige von meinen Freunden waren schon dort und kickten.

»Ich gehe ins Tor«, sagte mein Vater.

Und das machte er. Ich schoss vorsichtig, im letzten Augenblick zuckte er in die richtige Richtung – und wehrte den Ball ab. Ein Flachschuss – Tor. Ein halbhoher Ball – und wieder hörte er ihn kommen, und wieder fing er ihn. Mehrere Schüsse hielt er so. Ich konnte es nicht glauben.

»Siehst du?«, sagte er nach dem Spiel. »Ich bin blind und kann trotzdem den Ball fangen. Fußballspielen kann jeder.« Betreten schaute ich seine Brille an. »Aber nicht jeder kann Klavier spielen. Und darum kommst du gleich hoch und übst weiter.« Und das habe ich dann auch gemacht.

**Einige Monate später.** Ich saß am Klavier und hatte überhaupt keine Lust zum Üben. Wütend schlug ich mit der flachen Hand gegen das Klavier. »Ich will kein Pianist sein!«, schimpfte ich. »Ich will ein normales Kind sein! Wer studiert an der Musikschule? Die Kinder der Reichen. Ein Chauffeur bringt sie zur Schule. Und ich? Keiner beachtet mich. Ich habe keine Lust mehr. Ich übe nicht weiter.«

Mein Vater stand auf, ging aus dem Zimmer, ich hörte, wie er auf die Straße ging. Nach einer Weile kam er zurück, meine Fußballfreunde im Schlepptau.

Er wandte sich an sie. »Wer von euch ein Stück auf dem Klavier spielt, bekommt von mir zehn Pfund.«

Der erste setzte sich ans Klavier. »Onkel, ich kann nicht spielen«, sagte er. »Versuch es trotzdem«, ermunterte ihn mein Vater. »Spiel einfach ein bisschen.« Er hatte noch nie ein Klavier gesehen und klimperte ein bisschen herum. Dann war der zweite dran. Die anderen Kinder hatten mich oft aus der Ferne gehört, wenn ich Klavier übte. Aber sie hatten nie zugeschaut, wenn ich spielte. Mit Leichtigkeit spielte ich »Für Elise«. Meine Finger flitzten über die Tasten.

Als die Jungen gegangen waren, sagte mein Vater: »Du solltest stolz sein auf das, was du kannst.« Ich war still. Wieder wirkte seine Medizin. Einige Monate lang.

**Dann siegte wieder die Unlust.** »Was habe ich davon, wenn ich Klavierspielen lerne?«, herrschte ich meinen Vater eines Nachmittags an. »Was bringt mir das? Kein Mensch kennt hier Mozart.«

»Du sollst eine Sprache lernen, die jeder versteht«, sagte

mein Vater. »Wir sind Flüchtlinge. In die Heimat können wir nicht. Du sollst international sein.«

»Aber wir leben in Yarmouk! In Yarmouk! In Syrien!« Ich hatte die Nase voll. »Ich höre auf!«, rief ich, stand auf und schlug den Klavierdeckel zu.

Mein Vater blieb ruhig. Immer blieb er ruhig. Er überlegte einen Moment. Dann sagte er: »Heute Abend begleitest du mich. Wir spielen zusammen auf einer Hochzeit. Halt dich gegen sechs bereit.«

Ja, ja, dachte ich. Blöder Scherz. Ich glaubte ihm nicht und ging erst mal nach draußen zu den anderen. Aber um sechs sagte er tatsächlich: »Lass uns gehen.«

»Ich bin müde, ich habe keine Lust«, widersprach ich ihm.

Da schrie er mich an, eines der ganz wenigen Male in meinem Leben. »Du kommst jetzt mit!«, explodierte er. Erschrocken gab ich klein bei. Wir zogen los.

Bei einer palästinensischen Hochzeit feiern Frauen und Männer getrennt. Hier der Bräutigam mit seinen Freunden und den Männern der Familie, dort die Braut mit ihren Freundinnen, Tanten und Cousinen. Dabkeh wurde bei beiden getanzt, bei den Männern, bei den Frauen. Es ist die arabische Machart eines ums ganze östliche Mittelmeer verbreiteten Reigentanzes. Dabei fassen die Feiernden einander an den Händen oder Schultern, wogen vor und zurück und ziehen in einer Schlange durch den Raum.

An diesem Abend fand die Hochzeit auf einer Dachterrasse statt. Es war Mai, die Nacht war mild, einige hundert Männer waren gekommen. Ich baute mein Keyboard auf zwischen den anderen. Gut, dass auch al-Chadra da war, der mir damals den ersten Musikunterricht gegeben hatte. Als die Band bereit war, nahm mein Vater das Mikrophon. »Wir sind stolz, Ihnen heute unseren neuen Keyboarder Aeham Ahmad zu präsentieren«, sagte er und wies auf mich. Einige Männer klatschten. Andere riefen: »Hey! Aber der ist doch viel zu klein! Seit wann spielen kleine Jungs auf Hochzeiten?« Mein Vater schmunzelte nur.

Ich kannte die Lieder nicht, es gab keine Noten, wir hatten nicht zusammen geübt. »Kein Problem«, hatte mein Vater gesagt, »wenn ich dir ein Zeichen gebe, spielst du a-Moll, C-Dur, a-Moll, C-Dur, immer im Wechsel. Auf diesen beiden Akkorden basieren die meisten Lieder. Und wenn ich dir das nächste Zeichen gebe, setzt du aus.«

Wir begannen. Ich spielte a-Moll, C-Dur, a-Moll, bis mir mein Vater zunickte. Ich setzte aus und schaute den ausgelassenen, tanzenden Männer zu. Mein erster Auftritt! Ich mochte die Anspannung und die Aufmerksamkeit, es war ein schönes Gefühl, dass die Leute zu meiner Musik tanzten. Da, das Zeichen. A-moll, C-Dur, a-Moll.

Gegen Mitternacht gingen mein Vater und ich heim. Er drückte mir 250 Pfund (6 Euro) in die Hand, meinen Lohn. Ich strahlte. Die Männer hatten mir applaudiert – und ich hatte mit der Musik auch noch Geld verdient. Ich beschloss, davon einen neuen Fußball zu kaufen.

Dass mein Vater die Lautstärke des Keyboards fast ganz heruntergedreht hatte, dass also niemand hörte, was ich spielte, habe ich erst am Ende des Abends bemerkt. Und es war mir auch egal. Der Auftritt, das Spielen in einer Band, das gemeinsame Musizieren, ich genoss es.

Spontan beschloss ich, Hochzeitsmusiker zu werden. In den Wochen und Monaten darauf bekniete ich meinen Vater, mich bald wieder auf ein Fest mitzunehmen. »Gute Idee,

Aeham, das machen wir«, sagte er. Aber dann gab es wieder und wieder einen Grund, warum es an diesem Abend doch nicht ging. Aber bestimmt beim nächsten Mal.

Am Ende hat er mich nie wieder auf eine Hochzeit mitgenommen. Aber er hat mich mit der Musik versöhnt, ein weiteres Mal. Ich hasste mein Klavier ein bisschen weniger. Und übte weiter.

# In Syrien haben die Wände Ohren

Inzwischen war mein Vater ein gefragter Klavierstimmer. Er hatte ein exzellentes Ohr, seine Preise waren fair, und er erledigte Aufträge nicht erst in einem halben Jahr. Oft habe ich ihn begleitet, ihn erst zu seinen Kunden geführt und dann das von ihm gestimmte Klavier gespielt, um zu testen, wie es klingt. So lernte ich die Welt der Reichen von Damaskus kennen, jenen fremden Planeten, auf dem sich die syrische Oberschicht abkapselte vom Rest des Landes.

Bis wir eines Tages im Salon eines jener Männer standen, dessen Namen die Menschen in Syrien nur flüsterten. Einer von denen, die für den alten Assad die Drecksarbeit erledigten. An dessen Händen das Blut von Tausenden klebte.

Wobei ich all das damals noch nicht wusste. Ich merkte nur, dass mein Vater merkwürdig angespannt war an jenem Nachmittag, an dem wir uns aufmachten zu einer Kreuzung außerhalb von Yarmouk. Ein riesiger BMW mit getönten Scheiben holte uns von dort ab. Mein Vater stieg vorne ein, ich setzte mich nach hinten. Wir fuhren los. Noch nie hatte ich in einem so großen Auto gesessen.

Wir passierten das Viertel, in dem die Musikschule lag, und fuhren bergan. In Damaskus steigt mit den Höhenmetern der Wohlstand. Die Reichsten wohnen oben, an den Hängen des Kassiounberges, und ganz oben war eine der Villen von Assad.

In dieser Gegend war ich noch nie gewesen. Die Häuser rückten von der Straße ab, die Grundstücke wurden größer, die Rasenflächen grüner. Der Wagen bremste. Eine Straßensperre. Auch das hatte ich nie zuvor gesehen: Bewaffnete hielten uns an. Was waren das für Männer? Weder schienen es Soldaten zu sein noch gewöhnliche Polizisten. Der Chauffeur ließ die Scheibe herunter.

»Wer sind die denn?«, fragte einer der Bewaffneten, er schien das Kommando zu haben. »Ein Blinder und sein Sohn. Sie sollen das Klavier vom Chef stimmen«, antwortete der Chauffeur. Der Kommandeur bedeutete uns auszusteigen. Zuerst nahm er sich meinen Vater vor: Seine Jacke ausziehen musste er, hinunter in die Hocke gehen und den Mund weit öffnen. Dann durfte er wieder einsteigen.

Der Kommandeur wandte sich an mich. »Warum bist du hier?«

»Ich begleite meinen Vater.«

»Woher kommt ihr?«

»Aus Yarmouk.«

»Ich verstehe das nicht«, hakte er nach, »warum kommst du mit?«

»Ich spiele Klavier, ich soll das Piano testen.«

Das interessierte ihn, er fragte nach, wo ich Unterricht bekomme. »Bist du Palästinenser?«, fragte er dann.

»Wenn mein Vater einer ist, bin ich wohl auch einer.«

Er grinste. Ich durfte wieder einsteigen.

Einige hundert Meter weiter kam die nächste Straßensperre, wieder errichtet von diesen merkwürdigen Bewaffneten. Dieses Mal durften wir sitzen bleiben, nun musste der Chauffeur aussteigen. Die Männer durchsuchten ihn. Er musste den Kofferraum öffnen, ein Soldat leuchtete mit einer Art übergroßem Zahnarztspiegel unter den Wagen. Ich wunderte mich – gehörte der Chauffeur nicht zu ihnen?

Wir fuhren weiter. An den Straßenecken standen Männer mit Kalaschnikows im Anschlag. Vor einem schmiedeeisernen Tor mit vergoldeten Spitzen hielten wir an, zwei Bewaffnete öffneten von innen. Wir parkten und standen vor einem zweiten Zaun aus massivem Metall. Der Chauffeur brachte uns zu einer Tür. Sie wurde von innen geöffnet. Klack-klack-klack machte es, als die Riegel nacheinander aufschnappten. Wir traten ein – und waren in Europa.

Zwei Frauen lächelten uns an, eine von ihnen war blond, beide trugen die Haare offen. Der Rasen war perfekt getrimmt, weiter hinten sah ich einen Swimmingpool, auf einem Parkplatz standen mehrere BMW und Mercedes. Die beiden Frauen gingen voran, ich nahm meinen Vater an der Hand. Durch Rosenbögen schritten wir zum Haus.

Ich konnte spüren, wie unwohl er sich fühlte, er war wie versteinert. Aber es gab kein Zurück. Auf halbem Weg umkehren? Das hätte ihn verdächtig gemacht.

Eine der Frauen öffnete die Tür zum Haus. Wir betraten die Eingangshalle. Der Boden war aus weißem Marmor, an den Wänden hingen Landschaftsgemälde. Links eine Bar, mit Flaschen bunten Alkohols, weiter hinten eine Statue, ihre Hand war abgebrochen, sie schien Tausende Jahre alt zu sein. Rechts und links führten Treppen in die oberen Stockwerke. Und vorn, in der Mitte der Eingangshalle, stand ein Flügel.

Noch nie hatte ich einen derart großen Flügel gesehen. Es war ein Steinway D, ein mächtiger Konzertflügel,

150 000 Euro teuer, hergestellt in Hamburg und New York. Das war das Instrument, das wir stimmen sollten. Mein Vater klappte den Deckel auf und stützte ihn ab, ich hob den Klavierdeckel und spielte eine Sonatine von Mozart. Hart und brillant klang der Flügel. Kein Vergleich zu meinem Klimperkasten.

Dass sich etwas veränderte, merkte ich daran, dass sich die beiden Frauen aufrichteten. Ich hielt inne. Ein Mann kam die rechte Treppe herab, an der Hand ein rothaariges Mädchen in einem Jogginganzug. Er hatte einen grauen Oberlippenbart, graue, nach hinten gekämmte Haare und trug einen schwarzen Anzug und ein weißes Hemd.

Langsam klatschte er in die Hände. »Bravo, bravo!«, rief er. »Willkommen! Wie geht es euch?« Er trat zu mir und reichte mir die Hand.

»Ich bin Aeham Ahmad, und das ist mein Vater«, sagte ich hastig. Es bereitete mir Unbehagen, dass der Mann nur mich anschaute, nicht meinen Vater.

»Wo hast du so gut Klavierspielen gelernt?«, fragte er mich, und fragte und fragte, dann wandte er sich endlich meinem Vater zu. Ich erzählte ihm von der Musikschule.

»Das ist ja ausgezeichnet!«, rief er. »So jung und schon so ein exzellenter Pianist.« Schließlich gab er auch meinem Vater die Hand.

Manchmal schien es mir, als ob mein Vater seine Gefühle schlechter verbergen konnte als andere. Lag es daran, dass er blind war? Jedenfalls konnte ich an seinen Zügen stets ablesen, wie er sich fühlte. Und in diesem Augenblick hatte er Angst. Und tat alles, um sie nicht zu zeigen. Wie eine Schildkröte in ihren Panzer hatte er sich zurückgezogen. Weitermachen, so wenig wie möglich sprechen, keinen Fehler machen, nur ja heil wieder hier rauskommen, das schien seine Devise zu sein.

»Der Flügel ist hervorragend gestimmt«, sagte mein Vater vorsichtig.

Nein, erklärte uns der Hausherr, wir möchten ihn bitte noch einmal stimmen, außerdem sei ein Hammer defekt, auch danach sollten wir sehen.

»Die beiden Damen« – sie ruckten hoch, als sie das hörten – »werden sich um euch kümmern.«

Dann wandte er sich ab und stieg die Treppe wieder hinauf. Das Mädchen im Jogginganzug, sie schien seine Enkelin zu sein, blieb, setzte sich auf eine der Treppenstufen und schaute uns zu.

Schweigend machte sich mein Vater an die Arbeit. Ich reichte ihm das Werkzeug. Längst hatte sich sein Unbehagen auf mich übertragen. Ich hatte keine Ahnung, wer der Mann war. Aber er musste sehr gefährlich sein, wenn mein Vater so viel Angst hatte. Er reparierte den Hammer, begann, den Flügel zu stimmen, zupfte eine Saite an, lauschte ihrem Klang, justierte mit dem Stimmschlüssel. Das rothaarige Mädchen beobachtete uns. Manchmal schaute ich kurz zu ihr hoch. Unsere Augen trafen sich. Schnell schaute ich wieder weg.

Drei Stunden lang werkelte mein Vater schweigend vor sich hin. Eine der blonden Frauen servierte uns Orangensaft in schweren Kristallgläsern. Wir packten zusammen. Das Mädchen kam näher.

»Ist das dein Klavier?«, fragte ich.

Sie nickte und setzte sich an den Flügel.

»Wo bekommst du Unterricht?«

»Ein Lehrer kommt zu mir.«

»Seit wann spielst du?«

»Seit anderthalb Jahren.« Sie stimmte ein Lied an. Es klang dilettantisch.

Wieder wunderte ich mich. Ein Privatlehrer, ein so teurer Flügel, warum spielte sie nicht besser?

Der Hausherr muss uns gehört haben, er kam die Treppe hinunter und stellte sich hinter das Mädchen. Mein Vater erklärte ihm, was er gemacht habe.

»Sehr gut«, antwortete er. »Was bekommen Sie dafür?«

»Das ist schon in Ordnung, danke, dass wir Sie besuchen durften«, sagte mein Vater.

»Du hast das Geld vielleicht nicht nötig, aber dein Junge kann es sicher gut gebrauchen.« Der Mann zückte sein Portemonnaie, fischte ein Bündel Scheine hervor und reichte sie mir. Verdattert umklammerte ich sie.

Wir verabschiedeten uns. Schweigend fuhren wir zurück. Ich traute mich nicht, meinem Vater die Geldscheine nach vorn zu reichen, aus Angst, der Fahrer könne es sehen und es dann dem Mann erzählen, und vielleicht wäre der dann wütend auf uns, weil er das Geld ja mir gegeben hatte, nicht meinem Vater. Ich ließ es lieber bleiben. Erst als wir zu Hause in unserem Wohnzimmer saßen, gab ich meinem Vater die feuchtgeschwitzten Scheine. 20000 Pfund (450 Euro) hatte der Mann uns gegeben. Ein kleines Vermögen.

Mein Vater begann, mich auszufragen. Alles wollte er wissen. Wie der Mann ausgesehen hatte, wie das Haus war, die beiden Frauen, die Männer an der Straßensperre, ob mir sonst noch etwas aufgefallen war.

»Dieser Mann ist gefährlich«, beschwor er mich, »rede

73

mit niemandem darüber, was du heute erlebt hast. Mit niemandem! Du weißt, in Syrien haben die Wände Ohren.«

Das war ein geflügeltes Wort. Jeder wusste, dass der Geheimdienst überall ist. Es genügte, schlecht über das abseitigste Regierungsmitglied zu reden, schon riskierte man, für Jahre in den Folterkellern zu verschwinden. Über Präsident Hafiz al-Assad selbst zu sprechen hätte damals »nicht einmal Gott gewagt« – noch so ein geflügeltes Wort.

Ich fragte meinen Vater, wie der Mann hieß, dessen Flügel wir gestimmt hatten.

»Eines Tages werde ich es dir sagen. Aber nicht jetzt«, antwortete mein Vater.

Jahre später erfuhr ich seinen Namen. Er hieß Mustafa Tlas und war von 1972 bis 2004 syrischer Verteidigungsminister, einer der engsten Vertrauten des alten Assad. Er hat abscheulichste Theorien über das Judentum verbreitet und soll ein Vermögen mit Waffen- und Antikenschmuggel verdient haben.

So sehr hatte mich dieser Besuch eingeschüchtert, dass ich mehrere Monate lang glaubte, der Geheimdienst observiere uns. Weil wir ja im Haus des Chefs gewesen waren. Hatten wir einen Fehler gemacht? Waren wir verdächtig? Jedes Mal, wenn ich aus der Tür trat, hielt ich Ausschau nach Männern, die uns heimlich beobachteten. Aber ich habe sie nie entdeckt.

# Was hätte ich die Musik geliebt

Mehr als sechs Jahre lang hat mich mein Vater zur Musikschule begleitet. Der Minibus verließ Yarmouk, durchquerte das Neubauviertel Zahira, den riesigen Midan-Markt und die Schrottplätze des Industrieviertels Senaa. Am Baramkeh-Kreisverkehr stiegen wir das erste Mal um. Weiter ging es durch das Zentrum von Damaskus, wir passierten die Universität, stiegen an der Präsidentenbrücke ein weiteres Mal um, überquerten den Barada-Fluss, der im Sommer ein dünnes Rinnsal war und im Winter ein schäumender Strom, und fuhren nun, im dritten Bus, bergan durch das feine Botschaftsviertel zur Musikschule.

Dass sich der Verkehr staute, dass es oft nur im Schritttempo voranging, daran waren wir gewöhnt. Aber es gab Tage, da ging nichts mehr. Da musste es irgendwo einen Unfall gegeben haben und die zum Stillstand verdammten Fahrer drückten wütend auf ihre Hupen. Über der Straße flirrte die Hitze, wir saßen schwitzend in unserem Minibus, eingezwängt zwischen anderen schwitzenden Menschen, die immer nervöser wurden, weil sie ihre Termine verpassten. Auch ich hatte schon das Schimpfen meiner Klavierlehrerin im Ohr. So zerrannen die Minuten.

Bis wir entschieden – raus. Wir müssen den Stau umgehen. Wir schoben die Tür des Minibusses auf und schlängelten uns durch das Meer der Wagen. Manchmal dauerte es eine halbe Stunde, ehe wir den Beginn des Staus erreichten – den Unfall. Schaulustige, die zerbeulten Autos und mittendrin zwei Männer, die einander anschrien. Der Verkehrspolizist schlug sich auf die Seite dessen, der ihm Geld zusteckte. Sogar mit Fäusten gingen die Kontrahenten manchmal aufeinander los. Schnell weiter, in den nächsten Minibus.

Nach jedem Halbjahr stand ein Vorspiel an, nur einmal durfte man durchfallen. Mein Vater und ich versuchten dann, besonders pünktlich zu kommen. Wirklich. Aber an diesem Tag, ich muss elf Jahre alt gewesen sein, war der Verkehr wieder die Hölle. Im Schritttempo rückten wir voran. Ich war viel zu spät. Kaum war ich aus dem Bus gestiegen, rannte ich los, in die Musikschule, die Treppe hinauf.

Da kam mir eine Dame entgegen, würdevoll schritt sie die Treppe hinab. Ich kannte sie: Es war die Schriftstellerin Colette Khoury, Enkelin eines früheren Ministerpräsidenten, berühmt geworden mit ihren feministischen Romanen. Sie gehörte dem Vorstand der Musikschule an.

»Junge, warum rennst du so?«, sprach sie mich an, als ich mit rotem Kopf an ihr vorüberhastete.

»Ich habe jetzt Prüfung, der Bus war viel zu spät«, japste ich.

»Du bist ja völlig außer Atem.« Sie schaute an mir herunter. »So kannst du auf keinen Fall spielen. Ich werde mit den Lehrern sprechen.«

Sie ging voran zum Prüfungsraum und sagte, dass Aeham Ahmad – »AA«, immer war ich der erste im Alphabet – heute bitte erst nach Buchstabe »C« aufgerufen werden möge. Und lächelte mich an und ging.

Es gab nicht viele Tage, an denen ich meine Musikschule mochte. Doch dieser war einer davon.

**Mit elf Jahren bekam ich meine dritte Klavierlehrerin** an der Musikschule. Sie hieß ebenfalls Irina und kam aus Russland, ihr voller Name: Irina Boluschuk. Syrien hatte seit seiner Unabhängigkeit im Jahre 1946 mit der Sowjetunion und später mit Russland enge Beziehungen, diplomatisch, militärisch, kulturell. Ich mochte Frau Boluschuk, sie war ein freundlicher Mensch. Ihr Arabisch war miserabel, aber immer lächelte sie mich an, und manchmal bat sie mich, ihr Sätze auf einem Zettel zu notieren. Und bedankte sich dafür mit einem Stück russischer Schokolade. Genau wie einst Irina Ramadan.

Eine ihrer ersten Handlungen: Sie hängte eine Wanduhr über das Klavier in ihrem Übungsraum. Sie mochte es nicht, wenn jemand unpünktlich war. Termine sind im Nahen Osten eine ungefähre Angelegenheit. Jemand sagt, er wolle dich nachmittags besuchen, doch dann kommt er erst abends um sechs. Ich habe das nie gemocht. Auch Irina Boluschuk wollte das nicht akzeptieren. Andererseits, wenn der Verkehr in Damaskus wieder einmal zusammengebrochen war und ich verschwitzt in ihren Übungsraum stürmte – dann sagte sie freundlich: »Alles gut, Aeham. Atme erst mal tief durch und erzähl mir, wie es dir heute geht!«

Denn das war ja gar nicht so einfach. Mich nach so einer Fahrt wieder zu sammeln. Klavierspielen ist schwere Arbeit, auch für die Begabtesten, zu denen ich im Übrigen nie gehörte. Bist du angespannt, dann klingt es nicht. Dann ist es notenhaft und trocken. Mit steifen Händen stolperst du durch die Zeilen, und jeder Versuch, das Stück zur Aufgabe zu zwingen, muss scheitern.

Also. Noch mal von vorn. Innehalten. Durchatmen. Die

Handgelenke entspannen, die Hände weich werden lassen, sie schweben lassen über der schwarzweißen Landschaft, locker und frei. Den Anschlag leicht machen. Den richtigen Moment finden und dann losschwimmen im Strom der Musik. Die Töne in den eigenen Pulsschlag eindringen lassen. Die Finger auf die Tasten werfen, so, wie ein Maler Farbe gegen eine Leinwand schleudert.

Inzwischen spielte ich ja anspruchsvolle Partituren. Ein halbes Jahr lang probte Irina Boluschuk mit mir Rachmaninows Prélude in g-Moll, Op. 23, No. 5, ein schweres Stück. Rhythmisch höchst anspruchsvoll, tanzt es durch alle Tonarten und quer über die Klaviatur, vom Bass in den Diskant. Etliche weite, ansatzlose Sprünge müssen die Hände vollführen. Wie viel Anstrengung es allein kostet, dann jeden Finger exakt auf der richtigen Taste landen zu lassen. Ein wenig so, als müsste man vom Fünfmeterbrett in einen Gymnastikreifen springen.

Tag für Tag eroberte ich mir das Stück. Zeile für Zeile. Zuerst die Noten singen im Solfège. Dann nur die linke Hand. Langsam. Etwas schneller. Dann nur die rechte Hand. Dann beide Hände, sehr langsam. Und schneller. Ein Fehler. Wieder von vorn. Und noch mal, 20-, 30-, 100-mal. Weiter zur zweiten Zeile. Ein Blatt ist geschafft. Zwei Blätter spielen. Ein Fehler. Von vorn. Versuchen, es musikalischer klingen zu lassen. Woche für Woche dieses eine Stück. Als würde man ein Haus aus Kieselsteinen bauen.

**Als ich 13 war, kaufte mir mein Vater ein Fahrrad.** Ein billiges Jugend-Mountainbike, schwergängig und mit 20 Zoll kleinen Reifen, die meiste Zeit musste ich im Stehen fahren. Damit kam ich nun zur Musikschule, ein

Dutzend Kilometer quer durch die Stadt. In Damaskus war Fahrradfahren absolut unüblich. Es war viel zu gefährlich. Die Autos drängelten, die Minibusse preschten heran, und mittendrin nun ich. Es war herrlich.

Denn von da an musste ich nicht mehr tatenlos im Minibus schwitzen. Nun konnte ich in die Pedale treten und wusste, wann ich ankam. Eine Stunde und 40 Minuten brauchte ich für den Weg. Das Fahrgeld gab mir mein Vater weiterhin, ich durfte es behalten, als zusätzliches Taschengeld.

Nur einmal habe ich die Musikschule verpasst – als vor mir ein Minibus ausscherte und ich in ihn hineinfuhr. Sein Rücklicht war kaputt, mein Vorderreifen auch, mir selbst war nichts passiert. Ich gab dem aufgebrachten Fahrer alles Geld, das ich dabeihatte, und schob nach Hause. Die Klavierstunde war dahin. Doch sonst war ich immer pünktlich.

Im letzten Jahr der Musikschule sprach mich Vladimir Zaritzky an, ob ich sein Schüler werden wollte. Er unterrichtete am Konservatorium, ich fühlte mich geehrt und sagte begeistert zu. Er war ein blonder Hüne um die 60, mit grünen Augen und der Statur eines Ringers. Seine Hemden trug er weit geöffnet, im Brusthaar baumelte das weiße Holzkreuz orthodoxer Christen. Er hatte eine Schwäche für Frauen. Stöckelte die schöne Sandybell vorbei, dann schaute er ihr hungrig hinterher.

Ich mochte ihn. Er war ein exzellenter Pianist, und er war immer geradeaus, trug sein Herz auf der Zunge. Er hatte nicht die Doppelzüngigkeit von so vielen meiner Landsleute, die dich heute anlächeln und morgen die schlimmsten Dinge über dich sagen.

Mit Zaritzky habe ich wieder begonnen, klassische Stücke zu spielen, Sonaten von Mozart und Beethoven. Und Etüden von Czerny, immer wieder Czerny. Noch einmal rollte Zaritzky komplett meine Technik auf. Wir spielten wieder Tonleitern und Arpeggios und arbeiteten an meiner Artikulation. Weniger staccato mit der Linken, sie eher so bewegen, als führe man einen Bogen. Die Hand tiefer ansetzen, Daumen und Finger etwas höher liegen lassen, um den Unterarm hängen zu lassen und nicht von oben zu spielen. Den Anschlag leichter machen. Mit dem Arm führen, dann folgen die Hände wie von selbst. So etwas.

Einmal fand unser Unterricht im Konservatorium statt. Ich konnte Zaritzky schon von weitem hören, wie er im Übungszimmer voller Ekstase auf die Tasten hämmerte. Ich klopfte an. Das Fortissimo ging weiter, er schien mich nicht bemerkt zu haben. Ich drückte die Klinke herunter, trat leise ein und setzte mich. Zaritzky spielte an einem Steinway-Flügel, leidenschaftlich hämmerte er auf die Tasten, wie im Rausch verschlang er geradezu den Flügel, und wenn er sich vornüber beugte, klackte das Holzkreuz gegen die Tasten. Bis plötzlich, mit einem lauten Zing, eine Saite riss.

Er hielt inne. Drehte sich zu mir um und sagte, wie aus einem Traum erwachend: »Hallo, Aeham.« Und wir begannen mit dem Unterricht.

Ein anderes Mal kam über die Lautsprecher eine Durchsage von Solhi al-Wadi, dem allmächtigen Direktor: Alle Studenten mögen sich sofort im Foyer einfinden.

Ich ging hin und reihte mich ein in die Menge der Studenten. Al-Wadi hatte sich vor einer Wand aufgebaut, auf der ein Fußabdruck prangte. Jemand musste dort gestanden und sich mit der Sohle an die Wand gestützt haben.

»Wer hat das gemacht?«, fauchte al-Wadi. »Das hier ist

nicht euer Zuhause. Es ist auch nicht mein Zuhause. Dieses ist das Konservatorium von Damaskus. Ihr habt kein Recht, die Wände zu beschmutzen. Ihr habt kein Recht, so cool an der Wand zu stehen und sie dreckig zu machen. Wer war das?«

Niemand meldete sich.

Einer nach dem anderen musste vortreten und seinen Fuß heben. Al-Wadi verglich die Sohle mit dem Abdruck an der Wand. Und tatsächlich fand er den Schuldigen: einen jungen Violinisten, der bleich neben ihm stand, zu Tode verängstigt.

Al-Wadi hielt eine lange Tirade – und warf den Jungen aus dem Konservatorium. Für immer.


**Im zehnten Jahr der Musikschule** hatte ich meine Abschlussprüfung. Alles ist schiefgelaufen. Wirklich alles. Und trotzdem ging es gut aus. So gut, dass es mir eine Lehre war.

Das Desaster begann damit, dass in jenen Tagen vor der Prüfung zwei meiner Onkel einen riesigen Streit hatten. Ich konnte sie in meinem Zimmer hören, ihr zorniges, nicht enden wollendes Palaver. Tante Ibtihal mochte es weiterhin nicht, wenn ich stundenlang übte. Sie klopfte nicht mehr mit dem Besen gegen meine Zimmerdecke, ging aber extra laut die Treppe runter und schlug die große Tür so schwunghaft zu, dass es schepperte, um wenig später genauso laut die Treppe wieder hinaufzustapfen.

Es war Sommer. Immer waren die Prüfungen im Sommer, wenn mittags, weil alle gleichzeitig ihre Klimaanlagen aufdrehten, oft der Strom ausfiel. Das Licht in meinem Zimmer ging aus, der Ventilator machte die letzten Umdrehungen.

Die Minibusfahrer von Damaskus legten sich in Eiswasser getränkte Handtücher um den Hals, um sich abzukühlen. Ich durfte das nicht. Mein Vater hatte es mir verboten, aus Angst, mit Wasserspritzern das Klavier zu ruinieren.

Und dann starb auch noch Abu Fathi, der alte Tischler einige Häuser weiter. Drei Tage dauert die Trauer. Am ersten Tag trug man Hunderte Plastikstühle heran und stellte sie auf die große Straße vor unserem Haus, rund um den in weiße Tücher gewickelten Leichnam. Lautsprecher wurden aufgestellt, ein Scheich las die Traueransprache, den ganzen Tag kamen Nachbarn und Freunde und beteten. Am zweiten und dritten Tag wurden Koransuren vom Band gespielt. Sie klangen durch das halbe Viertel. Undenkbar, die Trauer durch Musik zu stören. Man musizierte, wenn ein Kind geboren wurde. Jetzt Klavier zu spielen wäre rüpelhaft gewesen.

Am vierten Tag ging mein Vater hinüber und erklärte Abu Fathis Sohn die Lage. Ich hätte in einigen Tagen meine Abschlussprüfung an der Musikschule, ob ich ausnahmsweise Klavier üben könne? Er erlaubte es. Worauf mein Vater alle Fenster schloss und dann das rechte Pedal fixierte. Ich spielte also mit einem abgedämpften Klavier in einer Sauna. Unmöglich, die Artikulation der Stücke zu üben. Und die machte einen guten Teil der Abschlussnote aus.

Mit anderen Worten: Ich war schon einmal miserabel vorbereitet.

Am Tag der Prüfung bin ich extra früh mit meinem Fahrrad losgefahren, eine ganze Stunde eher. Ich wollte nicht verschwitzt und außer Atem an der Musikschule ankommen.

Doch dann sprang unterwegs meine Kette ab. Was sollte ich tun? Ich musste sie mit den Fingern wieder aufziehen. Sie sprang noch mal ab. Und noch mal. So hatte ich, als ich an der Musikschule ankam, nicht nur viel Zeit verloren. Sondern auch komplett verölte Finger.

Ich parkte mein Rad, wie stets, einige Straßen entfernt, ich wollte nicht, dass mich irgendwer damit sah. Rannte los zur Musikschule – und stieß auf Vladimir Zaritzky, meinen Lehrer. Er begrüßte mich und fragte, ob ich gut vorbereitet sei. Ich zuckte mit den Schultern. Sein Blick fiel auf meine Finger.

»Aeham! So kannst du nicht zur Prüfung gehen! Wasch dir schnell die Hände!«, rief er und gab mir ein Papiertaschentuch.

Aber genau das hatte ich ja vor! In zehn Minuten musste ich vorspielen, ich war ja wie immer als Erster dran. Ich rannte in die Musikschule und dort zur nächsten Toilette, öffnete den Wasserhahn und – nichts.

Auch das Wasser wurde in den Sommermonaten regelmäßig für einige Stunden abgestellt. Das konnte jederzeit passieren. Aber ausgerechnet jetzt! Verzweifelt nahm ich das Taschentuch, das Zaritzky mir gegeben hatte, und rieb mir damit die Finger sauber. Und noch mal. Das Öl ging nicht ab. Und weil man mit öligen Fingern nicht Klavier spielen kann und auch das Spiel aller Nachfolgenden erschwert, rieb ich mir die Finger an der Hose ab.

Andere Kinder erschienen zu ihrer Abschlussprüfung frisch geduscht im schwarzen Anzug. Ich betrat den Raum dreckig und verschwitzt. Sechs Prüfer warteten auf die Schüler. Ich ging zum Flügel.

»Aeham, was ist passiert?«, fragte mich der Direktor.

Solhi al-Wadi hatte einige Jahre zuvor einen Schlaganfall erlitten. Der neue Direktor sah ihm nicht nur ähnlich, er war auch genauso streng.

»Nichts«, sagte ich.

»Doch!«, rief er ärgerlich. »Bist du neuerdings Mechaniker?«

Ich schwieg.

»Also«, rief er ärgerlich, »was ist los?«

Ich gestand es ihm. Dass ich mit dem Fahrrad hergekommen war. Dass mir die Kette abgesprungen war. Dass ich seit drei Jahren mit dem Fahrrad komme.

Einen Augenblick lang war es still. Dann stand er auf und ging auf mich zu. Ich ging ihm ebenfalls entgegen. Ich wusste nicht, was mir blühte. Mit allem habe ich gerechnet. Aber nicht damit, was er nun machte: Er umarmte mich.

Es muss ihn angerührt haben, dass ich seit Jahren quer durch die Stadt fuhr für den Unterricht. Er muss verstanden haben, wie sehr ich mich anstrengte, um hier zu sein. Ich war sicher nicht der begabteste Klavierspieler, aber ich gab nicht auf. Für andere Kinder war der Musikunterricht selbstverständlich. Mein Vater und ich hatten darum kämpfen müssen. Das muss er in diesem Moment begriffen haben.

Und auch ich war gerührt. So viele Male hatte ich mich unwillkommen gefühlt an der Musikschule. So viele Male hatte man mir zu verstehen gegeben, dass ich nicht hierhergehörte. Warum hatte mich nicht eher jemand in den Arm genommen? Was hätte ich die Schule geliebt. Was hätte ich die Musik geliebt.

Der Direktor reichte mir ein Päckchen Taschentücher. Ich säuberte weiter meine Finger. Und dann spielte ich meine Stücke vor. Czerny, Beethoven, Mozart. Nein, ich war nicht gut. Aber ich habe es gemacht. Und als ich einige Tage später die Note erfuhr, war es eine 80. Ich war überrascht. Andere, die viel besser spielten, hatten nur eine 65 bekommen. War auch diese Note ein nachträgliches Willkommen?

Auf dem Rückweg mit dem Fahrrad durch die Stadt war meine Laune prächtig. Ich hatte das Gefühl, dass etwas zu Ende gegangen war und nun etwas Neues begann. Beschwingt trat ich in die Pedale und schlängelte mich durch den Verkehr. Ich fühlte mich frei.

# Musik mit Aeham

In den Jahren vor der Abschlussprüfung, als ich immer rebellischer wurde und immer weniger Lust hatte zum Üben, hatte mein Vater wieder eine seiner genialen Ideen: Er begann, mich fürs Klavierspielen zu bezahlen.

Meine Freunde bekamen damals um die 75 syrische Pfund Taschengeld pro Woche (1,50 Euro), genug, um davon dreimal Falafel essen gehen zu können. So viel bezahlte mir mein Vater nun für eine Stunde Klavierspielen. Als sei es ein Job. Übte ich viel, verdiente ich leicht 1000 Pfund pro Woche (20 Euro). Oder mehr. Ich hatte plötzlich so viel Taschengeld wie ein Sohn aus reichem Haus. Das Geld kitzelte mich. Ich saß wieder mehr am Piano.

Doch Musiker werden? Daran dachte ich zu jener Zeit in keinem Augenblick. Ich wollte ein Haus bauen, heiraten, eine Familie gründen. Ich hatte mir, aus welchem Grund auch immer, in den Kopf gesetzt, ein Grundstück in Dili zu kaufen, im Süden Syriens. Dort, wo mein Vater geboren wurde, wo mein Großvater nach seiner Flucht aus Palästina sein erstes Stück Land gepachtet hatte. Zurück zu meinen Wurzeln, so entwurzelt wir auch waren.

»Ich möchte Land kaufen von meinen Ersparnissen«, erklärte ich eines Abends meinem überraschten Vater. Aber er lachte nicht, sondern erkundigte sich, was ich meine, überlegte einen Augenblick und sagte: »Einverstanden. Lass uns nach Dili fahren und Grundstücke anschauen.«

An die 25 000 Pfund (500 Euro) hatte ich gespart und die Scheine in einer Schatulle gesammelt. An einem der nächsten Wochenenden packte ich sie ein. Wir nahmen den Bus nach Süden und stiegen zwei Stunden später in Dili aus, vor den Toren von Daraa. Eine halbe Stunde lang gingen wir über Feldwege landeinwärts, vorbei an Olivenhainen und dornigem Gestrüpp. Mein Vater hatte sich mit einem Mann verabredet, der ein Grundstück zu verkaufen hatte.

Wir begrüßten ihn. Gut, dass mein Vater ihm nicht sagte, dass ich der Käufer sei. Sicher hätte er mich ausgelacht. Nein, mein Vater ließ sich alles erklären und verhandelte sehr ernsthaft über den Preis. Auf 150 000 Pfund (3000 Euro) handelte er den Mann herunter.

Ich war sprachlos. So viel Geld! Für dieses entlegene, schäbige Stückchen Land! Meine Ersparnisse hätten höchstens für einige Olivenbäume gereicht. Auf der Rückfahrt sah ich schweigend aus dem Fenster. Das trockene Land zog vorbei. Doch mein Vater redete mir gut zu. »Üb weiter fleißig Klavier, hab weiter gute Noten. Ich plane, bald ein Musikgeschäft zu eröffnen. Dann arbeiten wir gemeinsam, und ich kaufe dir eine Wohnung.«

Was redete mein Vater da? Wir hatten doch kein Geld.

Einige Monate später bat er mich, ihn zu begleiten – er wolle ein Ladenlokal besichtigen. Einer der Tischler, bei dem sich mein Vater vor vielen Jahren beworben hatte, hieß Abu Nisar. Doch auch der wollte damals keinen Blinden in seiner Werkstatt haben und schickte meinen Vater weg. Nun war Abu Nisar gestorben, die Tischlerei geschlossen, seine Söhne stritten um das Erbe. Der Raum stand zum Verkauf, für einen Bruchteil des eigentlichen Wertes.

Die Immobilienpreise in Yarmouk waren inzwischen explodiert. Das einstige Flüchtlingslager hatte sich verwandelt in ein beliebtes Einkaufsviertel, längst wetteiferten auch Syrer darum, hier ein Geschäft zu eröffnen. Um die 650 000 Menschen lebten in Yarmouk, Hunderttausende kamen jeden Tag zum Einkaufen. In der Yarmoukstraße und in der Palästinastraße reihte sich ein blinkendes Geschäft an das nächste. 30 Millionen Pfund (615 000 Euro) musste man hinblättern, um dort ein Ladenlokal mittlerer Größe zu kaufen, oder eine Million Pfund (20 500 Euro) pro Jahr, um eines zu mieten. Selbst die Eingänge zu den Häusern wurden vermietet, so lukrativ war das.

Textilgeschäfte schlossen um Mitternacht, Elektronikgeschäfte morgens um vier, die riesigen DVD-Shops und die vielen Restaurants hatten sogar rund um die Uhr geöffnet. Der Souq, der Markt, war ein Mekka für Gewürze aus aller Welt. Mehr als 100 Goldhändler konkurrierten miteinander. Und über dem Gedränge der Menschen lagen die Schwaden der Straßengrills. Das war Yarmouk. Es vibrierte und atmete und lachte und pochte im Herzschlag der sich öffnenden Zukunft.

Das Ladenlokal, das wir nun besichtigten, lag auf der anderen Seite der Yarmoukstraße, in einer Werkstattgegend mit Tischlereien, Schmieden und Schlossereien. Vor einem staubigen Rolltor, es musste seit Jahren nicht geöffnet worden sein, trafen wir Nisar, Abu Nisars Sohn. Er hatte einen großen Schlüsselbund dabei, es dauerte eine Weile, bis er den richtigen Schlüssel fand. Er bückte sich, steckte ihn in das massive Vorhängeschloss – und nichts tat sich. Noch einmal. Vergeblich. Das Schloss war eingerostet.

»Aeham, geh und hol etwas Öl«, bat mich mein Vater.

Ich ging in die Werkstatt nebenan, dort wurden Aluminiumfenster hergestellt, fragte, ob ich ein Fläschchen Öl ausleihen könne, und brachte es dem Mann. Er gab einige Tropfen in das Schloss, versuchte es erneut – und tschick, sprang es auf. Das schwere Rollo fuhr ratternd nach oben. Mein Vater lächelte still. Er sah ja mit den Ohren, er beurteilte Räume danach, wie sie klangen. Und was er hier hörte, schien ihm sehr zu gefallen.

Es war dunkel im Laden. Ich ging hinein – und stolperte. Ich hatte die beiden Stufen übersehen, die hinunterführten. Nisar ging voran und schaltete das Licht ein. Ich staunte. Der Raum war riesig.

»Aber Papa! Das ist doch viel zu groß für meine 25 000 ...«, plapperte ich los.

Ich kam nicht weiter. »Psssst«, zischte mein Vater. Ich verstand. Was ging das Nisar an?

Wir inspizierten die ehemalige Werkstatt. Alle Maschinen hatten die Söhne verkauft. Knöcheltief lagen die Späne an manchen Stellen, die Wände waren schwarz von Ruß. Abu Nisar hatte, wenn ihm kalt war, ein Feuer in einer Tonne gemacht und in dem Rauch gearbeitet. Kein Wunder, dass er mit nur 50 Jahren gestorben war.

Mein Vater ging durch den Raum zur rechten Wand.

»Vorsicht«, rief ich, »die Wand ist dreckig!«

Aber er ging trotzdem weiter, ertastete die Wand, hielt sein Ohr dagegen und lauschte. Dann ging er hinüber zur linken Wand und lauschte auch dort. Wieder lächelte er wissend. Wir verabschiedeten uns.

Auf dem Rückweg erklärte er mir, was er gemacht hatte: Er wollte prüfen, ob er die Nachbarn hören konnte. Falls ja, waren die Wände dünn und wir würden die Nachbarn vielleicht stören, wenn wir im Laden musizierten. Aber er hatte nichts gehört.

Einige Tage später kam Nisar zu uns zur Vertragsunterzeichnung. Die Hälfte der Kaufsumme war sofort fällig. Meine Eltern hatten, das erfuhr ich jetzt, lange gespart. Sie hatten ihr Geld in einem hölzernen Safe deponiert, den mein Vater in den massiven Kleiderschrank geschraubt hatte. Nun blätterte er vor meinen erstaunten Augen 750 000 Pfund (15 000 Euro) auf den Tisch. Und bat mich, den Vertrag zu unterschreiben.

Das Geld für die zweite Rate lieh ihm sein Schwiegervater. Auch der hatte, wie die meisten in Syrien, kein Konto bei einer Bank, sondern seine Ersparnisse in Gold angelegt, in Schmuck für seine Frau. Er gab meinem Vater eine goldene Kette, die noch einmal 30 000 Euro wert war. Genauso eine würde er in einem Jahr zurückverlangen.

Wir begannen mit der Renovierung. Keinen Piaster hatte mein Vater mehr übrig, also machten wir alles selbst. Der Boden war nicht mehr zu gebrauchen, und weil mein Vater nicht an Deckenhöhe verlieren wollte, entschieden er und Onkel Sadik, ihn herauszureißen. Auch Onkel Mohammed half uns von nun an jeden Freitag. Sie schaufelten den Schutt auf einen Handkarren, dann zogen mein Vater und ich damit los und brachten ihn zu einer Stelle außerhalb von Yarmouk, wo man ihn umsonst abladen durfte. Eine Fuhre dauerte eine Stunde. Nach zwei Fuhren waren wir erledigt.

Ein halbes Jahr lang arbeiteten wir an jedem Wochenende. Mein Bruder half so gut wie nie. Manchmal kam er mit, fasste widerwillig eine Stunde mit an, verwickelte meine Eltern dann in einen Streit und zog davon. Einmal waren Freunde von mir mitgekommen, um uns zu helfen. Und mein Bruder saß herum und machte Handyspiele. Ich stellte ihn zur Rede. Wütend sprang er auf und schubste mich zu Boden.

»Wie kannst du das machen!«, rief ich. »Vor meinen Freunden!«

»Du hast mir gar nichts zu sagen!«, knurrte er. Und weg war er.

Wie sehr ich diese Streitigkeiten heute vermisse.

Als aller Schutt herausgekarrt war, installierte mein Vater die Stromleitungen. Ein Elektriker hätte das in zwei Tagen hinbekommen. Mein Vater brauchte mehrere Wochen. Aber es war ja auch das erste Mal, dass er so etwas machte. Die Wände strichen wir in drei Farben, mit Resten, die uns ein Bekannter geschenkt hatte. Onkel Mohammed fliese den Boden in hellem Granit, die große Schaufensterscheibe wurde geliefert und als Letztes das Ladenschild. Was war ich stolz, als zwei Männer es über den Eingang schraubten: »Aeham-Musikladen« stand darauf, für jeden sichtbar. Feierlich überreichte mein Vater mir meinen Schlüssel.

Das Erste, das wir einige Tage später verkauft haben, war eine Rischa. Für fünf syrische Pfund (10 Cent). Ein Plektrum, mit dem man die Saiten der arabischen Laute anschlägt. Einige Jahre später, als der Aeham-Musikladen brummte, als wir Hunderte Schüler hatten und mein Vater, in einer anderen Werkstatt, die Herstellung von 450 Lauten pro Monat überwachte, von denen die besten nach Dubai versandt wurden und von dort in alle Welt – da haben wir uns manchmal erinnert: Es begann mit einer Rischa.

# A Room Of One's Own

Und dann habe ich die Musik entdeckt. In all diesen Jahren war mir das Klavierspielen äußerlich geblieben. Etwas, das vor allem mein Vater wollte. Ich gehorchte ihm. Ich wollte ein guter Sohn sein. Natürlich gab es immer wieder Zeiten, in denen mich der Ehrgeiz packte und ich versuchte, ein exzellenter Pianist zu werden. Doch eine Herzensangelegenheit wurde es nie.

Doch nun, mit 16, wachte ich auf. Mir wurde klar: Ich beherrschte eine wunderbare Sprache. Und begann, sie zu erforschen.

Überhaupt war dies ein schicksalhaftes Jahr für mich. Inzwischen ging ich auf die Sekundarschule, der furchtbarste Ort, den ich bis dahin betreten hatte. Die Lehrer waren unfähig, viele meiner Mitschüler waren dumpfe Brutalos, die nur an Kiffen und Sex dachten. So oft ich konnte, schwänzte ich die Schule, kletterte über die hohe Mauer, stieg auf mein Fahrrad und floh – in unseren Laden. Morgens war er offiziell geschlossen. Ich hatte einen Ort, an dem ich ungestört war. Ein unerhörter Luxus.

Niemand war jemals allein in Yarmouk, diesem überfülltesten, lautesten Viertel von allen. Unsere Wohnung war klein, ich schlief in einem Etagenbett, mein Bruder oben, darunter ich. Übte ich Klavier, hörte stets mein Vater zu. Kaum spielte ich etwas anderes als Beethoven oder Bach, trat er hinter mich und mahnte: »Aeham, das bringt doch nichts, bleib bitte bei den klassischen Komponisten.« Seiner Auffassung nach spielte ich schließlich nicht zum Spaß. Jedes Spielen hatte immer auch ein Üben zu sein, den Blick fest auf die Zukunft gerichtet, auf die Aufnahmeprüfung des Konservatoriums – auch wenn die erst in ein paar Jahren war. Also musste ich Beethoven und Bach spielen, immer wieder Beethoven und Bach. Jazz? Orientalische Musik? Verschwendung kostbarer Spielzeit. »Lern erst mal für die Prüfung, mein Junge. Der Spaß kann warten«, sagte er.

Nun, in unserem Laden, konnte ich alles spielen, was ich wollte. Von Pop über Jazz bis Oriental. Oder alles zusammen: Oriental-Pop-Jazz. Oder wie immer man das nennen möchte, was ich nun entdeckte.

Eben noch hatte mich mein Vater zum Üben drängen müssen. Nun bekam ich nicht genug. Fünf Stunden spielte ich an manchen Tagen.

Mein Held in jener Zeit: Ziad Rahbani, der libanesische Freigeist und Satiriker, der begnadete Komponist und virtuose Jazzpianist. Schon mit 16 schrieb er Lieder für seine Mutter – Fairouz, den Stern des Ostens, die große Diva aus Beirut. Ihm wollte ich nacheifern. Ich begann zu träumen: Wie wäre es, wenn ich doch Musiker würde? Auf großen Bühnen stünde, umbrandet von Applaus?

Die grauenvolle Sekundarschule, die neue Liebe zur Musik – und noch etwas kam hinzu: Syrien veränderte sich damals dramatisch. Im Jahr 2000, da war ich zwölf, starb der alte Assad, sein Sohn Baschar erhielt die Macht. An der Brutalität der Diktatur änderte sich nichts, die Foltergefängnisse waren voll wie eh und je. Aber in einigen Bereichen lockerte das Regime die Zügel. Unter dem alten Assad hatte es gereicht, sich eine Antenne aufs Dach zu montieren, mit der man die Sender der Nachbarländer empfangen konnte, schon konnte man im Knast landen. Baschar war weniger streng: Er gestattete seinen Untertanen, Satellitenfernsehen zu schauen, Handys zu kaufen und im Internet zu surfen. Wobei viele Websites gesperrt waren.

2003, da war ich 15, lief im Satellitenfernsehen die erste Staffel von »Star Academy«. Eine Castingshow, in Beirut produziert, ausgestrahlt in der gesamten arabischen Welt, von Mauretanien bis in den Irak. Musik als Hobby oder gar Berufsaussicht galt vielen Syrern als etwas Unseriöses und Zigeunerhaftes. Mit »SuperStar« und später »Star Academy« verfiel eine ganze Generation dem Glamour. Zig Jugendliche wollten nun ein Instrument lernen – und schauten plötzlich auf zu mir, dem Pianisten.

Meine Schulnoten sackten derweil im Sturzflug ab. Bis dahin war ich ein halbwegs guter Schüler gewesen, darauf hatte meine Mutter geachtet. Meine Grund- und Mittelschule standen unter Verwaltung der UN, die Lehrer dort verdienten gutes Geld und gaben sich entsprechend Mühe. In der Sekundarschule, die ich nun besuchte, wurden die Lehrer miserabel bezahlt, wie überall in den staatlichen Schulen in Syrien. Um die 5000 Pfund (80 Euro) verdienten sie pro Monat, das reichte kaum zum Leben. Kein Wunder, dass vielen Lehrern der Unterricht ziemlich egal war. Etliche, so schien es, kamen nur, um sich Nachhilfeschüler zu besorgen, mit denen sie nachmittags ihr Gehalt aufbessern konnten.

Die Sekundarschule lag ein Stück außerhalb von Yarmouk und wurde von Syrern und Palästinensern gleichermaßen besucht. Sie war wie ein Knast. In den Pausen war Freigang. Nun galt das Recht des Stärkeren. Die einen rauchten

Haschisch, die anderen tranken armenischen Gin aus dem Flachmann oder schlürften Simo-Hustensaft – die syrische Variante von Codein. Die Wände des Schulhofs waren beschmiert mit den obszönsten Wörtern und Zeichnungen, auf die Toilette, dieses Drogenparadies, habe ich mich in den drei Jahren nur ein einziges Mal getraut.

In der Mitte des Schulhofs stand ein Basketballkorb. Hier exekutierte der Oberbrutalo aus meiner Klasse seine Strafen. Seine Untergebenen packten dich an Armen und Beinen und rammten dich, die Beine gespreizt, gegen den Pfahl des Basketballkorbs. Ich versuchte, mich von diesen Leuten fernzuhalten. Vermied es, sie auch nur anzuschauen, ging ihnen, so gut ich konnte, aus dem Weg. Aber trotzdem hat es einmal auch mich erwischt.

»Hey, Aeham, was guckst du so blöd!«, rief einer der Jungen. Und sagte, zum Boss gewandt: »Ich glaub, der gehört auch mal vermöbelt!«

»Ja, stimmt!«, antwortete der fröhlich. Und dann packten mich zwei an den Beinen und schleiften mich zum Pfahl. Ich hatte Glück, niemand hielt meine Arme fest, ich konnte den Zusammenprall mit meinen Händen abfedern. Noch Tage später schmerzten sie.

In ihren Augen war das ein Spaß. Ernst wurde es erst, wenn die Messer gezückt wurden – und man den Gegner ritzte, um ihm eine Lektion zu erteilen. Ein Lehrer, der Aufsicht führte? Ein Direktor, der die Gewalttäter bestrafte? Waren weit und breit nicht in Sicht.

Der Brutalo aus meiner Klasse war es auch, der mir meinen Spitznamen verpasste. »Fidschle«, nannte er mich, Radieschen, weil ich so klein und schmächtig war. Alle haben mich damals so genannt. Ich habe es gehasst.

Wie gut, dass jemand Stufen in die Schulmauer geschlagen hatte, das war der Fluchtweg aus der Hölle. Sobald es brenzlig wurde, sobald keiner schaute, kletterte ich hinüber, sprang auf mein Rad und fuhr zurück nach Yarmouk. Schob leise das Rolltor unseres Ladens hinauf, öffnete die Glastür und schloss sie gleich wieder ab. Erst im hinteren Teil des Ladens machte ich Licht. Ich wollte nicht, dass irgendwer mich bemerkte und störte. Ich setzte Wasser auf und bereitete mir den ersten »3 in 1« zu, Instantkaffee mit Milchpulver und Zucker. Klappte den Klavierdeckel auf – und begab mich auf die Reise.

Warum mein Vater Verdacht geschöpft hat, weiß ich nicht. Doch eines Tages ist er zusammen mit Mohammed, dem strengsten meiner Onkel, morgens zur Sekundarschule gegangen, um nach mir zu schauen. Der Direktor nahm sie mit zu meiner Klasse und fragte den Lehrer nach mir, doch der zuckte nur mit den Schultern. Nein, Aeham Ahmad habe er nicht gesehen.

Wie auch. Ich saß ja im Laden und spielte Klavier. Plötzlich klingelte mein Telefon.

»Aeham, wo bist du?«

»Äh … in der Schule?«

»Und wo da? Wir stehen mit dem Direktor vor deinem Klassenzimmer.«

»Äh … ich bin auf der Toilette«, rief ich. »Mir ist schlecht!«

»Was ist los? Du kommst jetzt bitte sofort her.«

Meine Gedanken rasten. Ich musste sofort zur Schule. Ich musste mein Geheimnis schützen.

»Mir ist schlecht!«, stöhnte ich ins Handy, während ich den Laden abschloss.

»Warum hast du dich nicht bei deinem Lehrer abgemeldet?«

»Ich komme so schnell wie möglich.«

Ich flitzte los. Fuhr halsbrecherisch über rote Ampeln, nahm Autos die Vorfahrt. Sieben Minuten, acht Minuten. Nach zehn Minuten rief mich mein Vater erneut an.

»Aeham! Wo bist du?«, schnaubte er.

»Auf der Toilette! Ich habe die Tür nicht aufbekommen!«

»Das gibt es doch nicht!«

»Jetzt ist sie auf. In ein paar Minuten bin ich da.«

Ich schloss das Fahrrad ab, rannte zur Mauer, kletterte hinauf, schwang mich hinüber – und schaute dem Direktor direkt ins Gesicht. Genauso verdutzt schaute er zurück. Er hatte sich auf die Suche nach mir gemacht und ging gerade über den Schulhof, als ich hinter der Mauerkrone auftauchte. Er kam mir entgegen, den kleinen Rohrstock angriffslustig in seine Handfläche schlagend.

»So, dir ist also schlecht«, knurrte er, packte mich am Ohr und schleifte mich in sein Zimmer. Tränen standen in meinen Augen. Aus der Traum, dachte ich. Nun ist es vorbei. Nun haben sie es herausgefunden. Jetzt kann ich der Hölle nicht mehr entkommen.

»Ihr Sohn Aeham ist ein Lügner«, rief der Direktor, als wir sein Zimmer betraten, in dem schon mein Vater und mein Onkel saßen. »Er war gar nicht auf der Toilette. Ich habe ihn ertappt, wie er über die Mauer geklettert ist.«

»Warum lügst du uns an?«, erboste sich mein Vater. »Wo bist du gewesen?«

So verzweifelt war ich, dass ich alles gestand. Gab zu, dass ich im Laden war. »Ihr könnt euch nicht vorstellen, wie es hier zugeht. Ich halte es hier nicht aus. Alle prügeln sich nur und rauchen Haschisch. Ich habe keine Ahnung, was ich hier soll.«

»Was hast du im Laden gemacht?«, fragte mich mein Vater.

»Klavier gespielt.«

»Machst du das oft?«

»Ja.«

Nun mischte sich der Direktor ein. Aber nicht, um auf meine Tirade einzugehen. Ihn interessierte die Musik. »Was für ein Laden ist das?«, fragte er meinen Vater. Der erklärte es ihm. Und nicht lange, da waren sie beim Thema Hochzeitsmusik und stellten mit großem Hallo fest, dass sie nicht nur einen gemeinsamen Freund aus Studienzeiten hatten, sondern auch zwei Tage später auf der gleichen Hochzeit sein würden.

Der Direktor griff zum Telefon auf seinem Schreibtisch und rief den Hausmeister an. »Bring Tee!«, rief er ihm zu, »Tee für die Herrschaften!« Kurz darauf saßen wir im Büro und tranken gemeinsam süßen Schwarztee, womit das Ende der Feindschaft besiegelt war.

»Du bist ein schlechter Mensch«, raunte mir mein Onkel zu, während sich mein Vater und der Direktor unterhielten.

»Warum?«

»Man schwänzt nicht die Schule. Du sollst lernen.«

»Hier lernt man nichts.«

Der Direktor und mein Vater verabschiedeten sich unter herzlichen Umarmungen. Es ging auf Mittag zu. Ich musste nicht mehr zurück in meine Klasse. Zu dritt gingen wir heim.

»Warum machst du das?«, fragte mein Vater.

98

Noch einmal erzählte ich ihnen alles: die Brutalos, die Drogen, die unfähigen Lehrer. Wie sehr ich diese Schule hasste!

»Ich werde dich nicht bestrafen«, sagte mein Vater. »Aber du musst weiter zur Schule gehen. Bitte hör ab sofort auf zu schwänzen.«

Ich überlegte einen Moment. Dann sagte ich, so diplomatisch wie möglich: »Ich kann es nicht versprechen. Aber ich werde es versuchen.«

# Der Tee muss ziehen

Von nun an führte ich ein Doppelleben. Auf der Sekundarschule war ich weiter das jämmerliche »Radieschen«, an dem die bösen Jungs sich nur deshalb nicht vergingen, weil ich ihnen aus dem Weg ging oder sie so lieb anlächelte, dass sie mich ignorierten. Doch wenn ich den Schlüssel zu unserem Laden umdrehte, betrat ich eine neue Welt. Meine Welt. In der ich mich entdecken konnte.

Natürlich büxte ich weiter aus der Schule aus. Nur eines änderte sich, nachdem ich aufgeflogen war: Ich musste besser aufpassen. Denn nun schaute der Direktor regelmäßig nach, ob ich in meiner Klasse war. Zum Glück fehlte er selbst die meiste Zeit, keine Ahnung, wo er sich herumtrieb. Ich musste nur unauffällig an seinem Zimmer vorüberschlendern und schauen, ob seine Tür geschlossen war. Dann war die Luft rein. Unauffällig konnte ich beginnen, mich in Richtung Mauer zu bewegen. Kletterte blitzartig hinüber, sprang auf mein Rad, raste zum Laden, machte mir einen »3 in 1«. Und atmete erst mal tief durch.

Manchmal habe ich stundenlang nur vor mich hin gespielt. Wie heißt dieser Akkord? Was geschieht, wenn ich jenes Intervall ändere? Wo ist die Septime, die None, die Undezime zu diesem Grundton? Wie klingt jener Akkord, wenn man ihn anders zusammensetzt?

Manchmal habe ich nur dagesessen, verloren in Gedanken. Habe mir ausgemalt, wie es wäre, wenn ich werden würde wie die Jungen aus meiner Klasse. Wenn ich dem sozialen Druck nachgäbe und wie sie Haschisch rauchte und Mädchen nachstellte. Manchmal habe ich mich gefragt, wie es wäre, eine eigene Familie zu gründen. Eine Frau zu haben und Kinder. Ob ich ein guter Vater wäre? Manchmal habe ich mir ausgemalt, ein umjubelter Musiker zu sein. Dem die Männer auf die Schulter klopfen und die Frauen zuzwinkern. Zu dem sogar die Brutalos aus meiner Klasse aufschauen. Nie wieder würden sie mich Radieschen nennen!

Manchmal habe ich stundenlang Musik gehört. Das Taksim-Trio, drei begnadete Musiker aus Istanbul, die Gypsy und arabische Klassik und Jazz miteinander verwirbeln. Marcel Khalife, den virtuosen Lautenspieler und Komponisten aus dem Libanon, der dem Instrument einen neuen Drive gab und in seinen Liedern Ungerechtigkeit anprangerte. Und wieder und wieder hörte ich Ziad Rahbani, meinen Helden.

Man muss ihn sich vorstellen wie eine Mischung aus Wolf Biermann und Serge Gainsbourg: politisch, poetisch, zügellos. Rahbani kam aus der berühmtesten Künstlerfamilie des Libanon. Sein Vater und sein Onkel waren die Rahbani-Brothers, geliebt für ihre Musicals und Filme. Und die Schlager seiner Mutter Fairouz verkörpern bis heute das Lebensgefühl der Generation meiner Eltern. Mit zehn Jahren schrieb Ziad Rahbani seine ersten Gedichte, und als 1975 der libanesische Bürgerkrieg ausbrach, hatte er schon drei Soloalben veröffentlicht. Da war er 19.

Ich war hingerissen. Was für ein freier Mensch er war. Ein Exzentriker, der in letzter Minute Konzerte absagte, weil er sich nicht in der richtigen Stimmung fühlte für einen Auftritt. Der das Gehetze in Kirchen und Moscheen kritisierte, der Ungerechtigkeiten an den Pranger stellte. »Was sind das für Zeiten«, heißt eines seiner sozialkritischen Lieder, »Shou Hal Ayyam«, man findet es auf Spotify:

> Es heißt ja, die Reichen geben den Armen ihr Geld. Dann verteilt sich das Geld wohl von selbst so ungleich, dass der eine 'nen Furz und der andere ein Vermögen hat.
> Sie sagen, im Schweiße seines Angesichts hat's dieser Mensch zu Geld gebracht. Aber wie kam er an seine Millionen, wenn wir ihn noch nie haben schwitzen sehen? Es liegt ja in der Natur der Reichen, ihre Scheinchen zu verteilen. Sie sind kein biss-chen geizig, im Gegenteil. Sie denken viel an euch, ihr guten Leut.

Und dann endet das Lied mit den Worten:

> Dieses ganze versteckte Geld, das sich weder zählen noch messen lässt, wurde einst den Leuten aus der Tasche gezogen. Und dahin muss es auch wieder zurück: in die Taschen der Leute.

Und wer nun nachempfinden will, wie ich mich in jenen Jahren fühlte, wie melancholisch ich war, wie durchdrungen von Musik, gebe jetzt bitte bei Spotify »Bala Wala Chi« ein, den Titel des berühmten Liebesliedes von Rahbani, zu Deutsch: Ohne alles, mit dem Untertitel »Hubb Yasari«, linke Liebe:

> In unserer Liebe gibt es kein Geld und ganz bestimmt keine Pfund, es gibt auch keine Grundstücke oder irgendwelchen Schmuck. Komm, wir setzen uns in

den Schatten. Der Schatten gehört niemandem. Lieb mich und denk drüber nach.

Und weiter:

> Ich lieb dich, nur dich, ohne alles. Ohne all deine Klamotten, ohne alles, was aufgetakelt ist, ohne die Freunde deiner Freunde, die nervigen und die netten, ohne die Predigten deiner Eltern, ohne Wimpern, ohne Tusche, ohne Tantenklatsch, ohne all den Quatsch! Komm, wir setzen uns in den Schatten. Der Schatten gehört niemandem.

Was habe ich dieses Lied geliebt. Mir imponierte, wie Rahbani arabisches Volkslied mit Pop und Jazz verknüpfte zu etwas ganz Neuem. Da wollte ich hin. Das wollte ich auch machen.

Und als mir eines Tages ein Bekannter ein selbstgeschriebenes Gedicht zusteckte und fragte, ob ich es vertonen wolle – da habe ich mich getraut. Und das war unerhört.

Hatte ich doch in der Musikschule eingeimpft bekommen, dass Musik etwas Ehrfurchtgebietendes ist. Dass ich mich klein fühlen muss im Angesicht der ewigen Genies. Ehe man nicht fünf Jahre lang Komposition auf dem Konservatorium studiert habe, könne man doch nicht einfach ein Lied schreiben! So hatte ich es gelernt. Ziad Rahbani half mir, diesen Unsinn über Bord zu werfen.

»Meen illi allak«, hieß mein erster Song, »Wer hat dir denn das gesagt« – ein Liebeslied. Mehrere Tage habe ich überlegt, welche Tonart ich wählen soll, habe mir eine Melodie überlegt und die Akkordfolge festgelegt: g-Moll, c-Moll, d-Moll. Harmonisch Moll, wie der Fachmann sagen würde, jene europäische Harmonik, die der arabischen am nächsten kommt.

Betrat während dieser Zeit jemand den Laden, klappte ich den Klavierdeckel zu, als habe man mich auf frischer Tag ertappt. Dabei war ja gar nichts zu sehen.

Als das kleine Stück fertig war, habe ich es einigen Freunden vorgespielt. Aber nicht meinem Vater. Ich fürchtete seine Kritik. Ich ahnte, was er sagen würde. Dass das doch nichts bringe. Dass mich das nur ablenke von klassischer Musik. Vielleicht hätte er mein kleines Stück belächelt. Das wollte ich nicht. Dann hätte mich aller Mut verlassen.

Nur zwei weitere Stücke schrieb ich in jener Zeit. Später, während des Krieges, als die Lieder nur so aus mir heraussprudelten, ist mir klargeworden: Ohne diese stillen Stunden im Laden, ohne diese Zeit der Aussaat wäre ich später nie so produktiv gewesen. Damals sog ich mich voll mit Klängen und Ideen. Es brauchte einige Jahre, bis sie, verwandelt, zurückkehrten an die Oberfläche. Und da war schon Krieg.

In Syrien heißt es: Der Tee muss ziehen. Er braucht Zeit. Erst wenn man die Geduld hat, die Blätter eine Weile in der Kanne zu lassen, wird er perfekt. So war es auch bei mir. Wie frisch meine Melodien sind, wie originell meine Akkorde, loben mich heute manchmal andere Musiker. Sie haben ihren Ursprung in dieser Zeit im Laden, als ich die Ruhe hatte, mich zu finden.

Selbst gesungen habe ich damals nicht. Ich mochte meine Stimme nicht. Ich dachte, sie sei nicht gut genug. Ich bat andere, die Stücke vorzutragen, und begleitete sie auf dem Klavier. Noch als die Bomben fielen, als ich schon ein Lied nach dem anderen komponierte, bestand ich darauf, nicht selbst zu singen. Lieber begleitete ich gänzlich unmusikalische Männer, als meine Stimme zu erheben.

Erst als auch diese Männer, inmitten der Belagerung, deprimiert zu Hause blieben, erst, als ich wirklich niemanden mehr hatte, den ich begleiten konnte, erst da habe ich mich getraut. Schob das Klavier zwischen die Ruinen, schloss die Augen und sang.

**Mein Abitur war dann leider ziemlich miserabel.** In Syrien heißt es Baccalauréat, wie in Frankreich. Syrien war, nachdem die Türken abgezogen waren, zwischen 1923 und 1943 französisches Mandatsgebiet, unter anderem krempelten die Franzosen das Bildungssystem um.

320 Punkte wurden beim Baccalauréat vergeben. Ich hatte 118 Punkte – drei mehr als die Mindestpunktzahl von 115. Haarscharf hatte ich bestanden.

Aber wie sollte ich auch besser sein? Ich war ja kaum im Unterricht gewesen. Gut, dass ich andere Pläne hatte.

Die syrische Gesellschaft geriet in Bewegung, die Castingshows lieferten dazu den Soundtrack. »SuperStar« hatte 2003 den Reigen eröffnet, bald folgten »Star Academy« und »Arab Idol«. Die Eleganz, die Kleider, die Muskeln, die hochtoupierten Haare – plötzlich schwappte die Popkultur des Libanon in voller Farbe in die syrischen Wohnzimmer. Verdrehte den Menschen den Kopf, nagte an den strengen Sitten. Schürte die Illusion, dass es jeder schaffen kann. Auch du! Aus dem Nichts heraus und wenn du noch so unbedeutend bist. Alles, was du brauchst, ist Talent. »Wir sehen uns in Beirut«, der Spruch eines Moderators, wurde zum geflügelten Wort.

»Hast du gestern diesen Mann aus Gaza gesehen?«, tuschelten am nächsten Tag meine Schüler – ich arbeitete zu dieser Zeit schon als Musiklehrer: »Wie genial er war! Jetzt kommt er in die Endrunde.«

»Warum bist du deshalb so aufgeregt?«, fragte ich zurück.

»Noch nie hat jemand aus Gaza die Endrunde erreicht.«

»Und beim nächsten Mal ist es jemand aus Algerien. Ich würde niemals dort anrufen und zehn Pfund ausgeben, um abzustimmen.«

Nein, mich interessierten die Castingshows kein bisschen. Die Musik war simpel, die Texte waren flach. Aber unser Geschäft profitierte von dem Hype. Jene, die sich heute für »SuperStar« begeisterten, standen morgen bei uns im Laden und fragten nach Unterricht. Jeder Superstar muss schließlich klein anfangen. Mit Solfège, mit den ersten Griffen und Akkorden. Welch glücklicher Zufall, dass wir genau in jenen Jahren unser Geschäft eröffneten!

Eines Tages, unser Laden war erst einige Wochen alt, kam ein Mann in unseren Laden und erkundigte sich nach Klavierunterricht für seine Tochter.

»Sie haben Glück«, antwortete mein Vater, »dass bei uns ein professioneller Klavierspieler arbeitet.« Er zeigte auf mich. »Bitte sehr. Das ist Aeham, unser Klavierlehrer.«

»Dieser Junge?«

»Ja! Er war auf der Staatlichen Musikschule, ein Schüler von Vladimir Zaritzky.« Das klang nicht schlecht.

»Was kostet eine Stunde?«

»200 Pfund«, antwortete mein Vater (4 Euro).

»Wie bitte? Das ist zu teuer!«

»Normalerweise kostet eine Stunde 300 Pfund«, begann mein Vater zu handeln (6 Euro), das Feilschen lag auch ihm im Blut, wie allen bei uns. »Das ist ein hervorragender Preis. Wissen Sie, was eine Privatstunde in der Musikschule kostet? 500 Pfund!« (10 Euro)

Sie diskutierten eine Weile, derweil ich mich im Stillen wunderte, was mein Vater da machte. Ich hatte keinerlei Erfahrung als Lehrer. Wieso machte er mich größer, als ich war?

»Einverstanden, 200 Pfund«, lenkte der Mann ein. »Aber der Unterricht muss bei uns daheim stattfinden.«

»Das geht nicht«, sagte mein Vater. »Ich brauche ihn hier im Laden.« Und das stimmte. Wie sollte ein Blinder allein auf ein Musikgeschäft aufpassen? So umfassend geschickt mein Vater war, eines konnte er nicht – Geld zählen. Die syrischen Scheine waren für Blinde nicht lesbar. Immer wieder hatte man ihn übers Ohr gehauen.

Doch als der Mann darauf bestand, dass der Unterricht bei ihnen daheim stattfinden müsse, gab mein Vater nach. »Nun gut«, sagte er, »dann schließen wir den Laden eben in der Zeit, und ich begleite Aeham.«

Dreimal sind wir zu Fuß zu ihnen gegangen, eine halbe Stunde wohnten sie entfernt. Dann hatte mein Vater die Familie überzeugt, dass es besser für das Mädchen sei, wenn sie auf einem richtigen Klavier üben würde. Einem, wie bei uns im Laden. Und nicht auf einem Keyboard.

Von nun an ging alles wie von selbst. Allein über diesen Mann kamen sechs weitere Schüler zu uns. Mir machte es viel Spaß zu unterrichten. Schon nach drei Monaten hatten wir mehrere Dutzend Schüler.

Mein Vater gab Stunden in Laute, Akkordeon und Geige,

ich unterrichtete Solfège und Klavier. Das war einzigartig in Yarmouk. Es gab zwar einige Geschäfte, die Geigen und Gitarren verkauften. Aber sie boten keinen Musikunterricht an und reparierten keine Instrumente.

Nicht lange, da hatte ich eine Idee: Ich fasste meine Schüler zu Gruppen zusammen. Noch immer war Musik etwas Elitäres. Unterricht war teuer und für die meisten unerschwinglich. Ganz zu schweigen von Instrumenten. Also begann ich, in Zehnergruppen zu unterrichten. Jeder Schüler zahlte 500 Pfund pro Monat (10 Euro) und durfte dafür bis zu acht Unterrichtsstunden nehmen. Zusätzlich – das war die zweite Neuerung – bekam er die Instrumente auf Kredit. Musikunterricht für alle, das war meine Idee.

Mein Vater war strikt dagegen. In Gruppen lernen, das bringt doch nichts, warnte er, dann leide die Qualität. »Klassik ist doch kein Gemüseeintopf«, sagte er.

Und nicht nur das. »Sie verschwinden mit den Instrumenten«, warnte er, »und du stehst da mit leeren Händen.« Wirklich, das ist vorgekommen, sechs oder sieben Schüler meldeten sich an zum Gitarrenunterricht, bekamen ein Instrument und wurden nie wieder gesehen. Ich bestand darauf, es trotzdem so zu machen. Und es funktionierte. Es war ein großer Erfolg. Bald hatten wir 200 Musikschüler. Die alle ein Instrument brauchten. Wir hatten alle Hände voll zu tun.

Ich trank weiter Unmengen »3 in 1«. Und »3 in 1«, fiel mir eines Tages auf, das war auch mein Geschäftsprinzip, der Businessplan, den ich nie geschrieben hatte.

Der Gruppenunterricht ersparte mir – erstens – viel Kraft, und wir verkauften – zweitens – mehr Instrumente.

Drittens wuchs die Zahl der Schüler rapide an. Es rechnete sich. Wir verdienten gut.

Musik für alle! Der Gedanke mag in Europa trivial erscheinen. Aber wir lebten in einem Land, in dem klassische Musik ein Statussymbol der Reichen war. Musizieren jenseits von Volksmusik – das war etwas für die oberen zwei Prozent. Nein! Musik für alle! Ohne Arroganz und Klassendünkel! Mozart für alle! Mein Vater hatte mir Zugang zur Musik verschafft. Dieses Privileg wollte ich an möglichst viele weiterreichen. Das war meine Revolution.

Ich genoss diese Zeit. Die Schüler mochten mich. Ich hatte mir vorgenommen, es anders zu machen als meine miesepetrigen Musikschullehrer. Ich lachte mit den Schülern, steckte sie an mit meinem Enthusiasmus, motivierte sie durch Lob und Anerkennung.

»Du bist gut!«, sagte ich. »Wenn du nur eine halbe Stunde pro Tag mehr üben würdest, könntest du viel besser sein. Dann wärst du sehr gut!«

Ein Bekannter meines Vaters war blind und ein gefragter Studiomusiker. Wahrscheinlich war er derjenige in Syrien, der sich am besten mit Keyboards auskannte. Kam ein neues Modell auf den Markt, besaß er es kurz darauf und erkundete dessen Besonderheiten. In zig Bands spielte er mit. Er hatte eine fünfjährige Tochter, Sarah hieß sie, und schickte sie zu mir: Ich solle ihr helfen, die Aufnahmeprüfung an der Staatlichen Musikschule zu bestehen.

Sarah war klein und süß und pummelig. Am liebsten tanzte sie. Das war ihre Leidenschaft. Klavierspielen? Fand sie total langweilig.

»Warum üben wir Klavier? Warum tanzen wir nicht?«, fragte sie.

»Schau, wie meine Finger über die Tasten hüpfen. Weißt du, was wir hier machen? Wir tanzen mit den Fingern. Klavierspielen ist auch eine Form von Tanz. Ein Fingertanz.« Das leuchtete ihr ein.

Einmal haben wir »Amadeus« zusammen geschaut, den Hollywoodstreifen über Mozart. Bei den Ballszenen sagte ich zu ihr: »Siehst du, auch Mozart hat Tanzmusik geschrieben.« Auch das hat sie motiviert.

Hatte sie überhaupt keine Lust, habe ich sie nicht gezwungen, sondern ihr freigegeben und mich zu ihrer Mutter in die Küche gesetzt. Ich gab ihren Eltern den Tipp, ihre Tochter zu belohnen, mit Schokolade und Taschengeld. Auch das wirkte. Immer wieder musste ich schmunzeln, wenn ich Sarah sah. Ihr blinder Vater, sein grenzenloser Ehrgeiz, ihr Desinteresse – in allem erkannte ich mich wieder.

Und Sarah hielt durch. Bestand die Aufnahmeprüfung an der Staatlichen Musikschule, lernte Solfège, behauptete sich bei den halbjährlichen Vorspielen. Weil ihre Eltern nicht nachgaben und sie bei der Stange hielten, mit der richtigen Mischung aus Locken und Drängen, Belohnung und Zwang.

Kinder wollen heute Astronaut werden und morgen Primaballerina, man kann sich nicht komplett nach ihrem Willen richten. Sie wissen oft nicht, was gut ist für sie. Die Eltern müssen die Richtung vorgeben. Geht es danach, ob ein Kind Lust auf etwas hat, wird es nie etwas lernen. Es ist gut, Kinder zum Üben ihres Instrumentes anzuhalten. Was habe ich früher über die Strenge meines Vaters geschimpft – und wie bin ich ihm heute dankbar.

Als ich das letzte Mal etwas von Sarah gehört habe, bereitete sie sich in Damaskus vor auf die Aufnahmeprüfung für das Konservatorium. Ich wäre sehr stolz, wenn sie es schaffen würde.

Noch talentierter war nur Mohammed Munaf. Eines Tages tauchte er bei uns im Laden auf, füllig, groß, sympathisch. Er sagte, er wolle Laute spielen lernen.

»Gern. Lass uns mit Solfège beginnen«, sagte ich.

»Ich möchte aber Laute spielen lernen, nicht Noten singen«, widersprach er.

»Bitte, du solltest auf deinen Lehrer hören«, sagte ich streng. Er gab nach. Wir machten die erste Solfège-Einheit.

Einige Tage später kam er zur nächsten Stunde. Er hatte seine Hausaufgabe nicht gemacht.

»Bitte sei nicht böse, aber ich möchte wirklich lieber Laute spielen«, sagte er.

Dieses Mal gab ich nach. Ich mochte ihn. »Meinetwegen«, sagte ich. »Hast du denn eine Laute?«

»Nein.«

»Dann kauf doch eine gebrauchte. Die sind am günstigsten.« Ich zeigte ihm einige Modelle. »Darf ich fragen, wo du arbeitest?«

»Ich bin Verkäufer in einem Sportgeschäft.«

Ich wusste, wie miserabel das bezahlt war. 4000 Pfund (80 Euro) pro Monat verdiente ein Verkäufer in Syrien. Wir begannen, uns zu unterhalten – und er erzählte mir von seinem Traum: Musiker zu werden und eine Band zu gründen. Schon ewig wünschte er sich das. Doch seine Eltern waren arm, er musste die Schule abbrechen und stand nun jeden Tag im Turnschuhladen.

Ich nahm eine günstige Laute zur Hand. »Hier, nimm. Ich leihe sie dir. Aber erzähl meinem Vater nichts davon.«

Strahlend zog er davon. Und nun legte Mohammed Munaf los. Tag und Nacht muss er geübt haben. Und er war talentiert. Er sog das Instrument in sich auf, als sei es das Vitamin, das ihm sein Leben lang gefehlt hatte.

Die arabische Kurzhalslaute hat wie eine Geige keine Bünde; das macht es schwer, den Ton exakt zu treffen. Eines Nachmittags gab ich ihm ein schweres Stück von Riad al-Sunbati. Auf Anhieb setzte er seine Finger richtig. Er spielte die nächste Reihe. Wieder fast fehlerfrei.

»Wundervoll«, lobte ich ihn. »Weiter.«

Nach einer halben Stunde war er durch mit dem Stück. Damit hatte ich nicht gerechnet. Wir hatten noch Zeit übrig. Also gingen wir zu unserem Computer, ich spielte ihm Videoclips mit klassischen Lautenstücken von Riad al-Sunbati aus den 1960er und 1970er Jahren vor. Munaf war begeistert. Das war genau seine Musik. Ich erklärte ihm die Bezüge des Stücks.

»Zeig mir mehr von Riad al-Sunbati, Lehrer Aeham«, bat er. Lehrer Aeham, so nannten mich die Schüler.

»Gern! Aber bitte nenn mich nicht mehr Lehrer. Ich bin dein Freund.«

Nach einem Jahr hatte er alle anderen Lautenschüler überflügelt. Und das, obwohl sich in seinem Alter die Finger ungleich schwerer an die flinken Bewegungen des Lautenspiels gewöhnen als bei einem Kind. Längst hatte auch mein Vater Munaf ins Herz geschlossen.

Ich hatte eine Idee. »Wenn du es wirklich ernst meinst, dann besorge ich dir einige Privatschüler, du kündigst deinen Job und hast mehr Zeit zum Üben.«

Fast wäre er mir um den Hals gefallen. Drei Privatschüler besorgte ich ihm. Damit verdiente er so viel wie als Verkäufer – und hatte den ganzen Tag frei zum Üben. Er kündigte im Turnschuhladen.

Sein Traum ist wahr geworden. Heute leitet Mohammed Munaf ein eigenes Orchester. Es spielt traditionelle syrische Musik. Zwei Dutzend Sänger, ein Dutzend Musiker. Andauernd sieht man sie im syrischen Staatsfernsehen.

Mohammed Munafs Orchester ist ein Aushängeschild. Die Regierung zeigt es gern vor, als Beleg dafür, wie jung und heil und schön das Leben in Syrien ist.

Irgendwann brach der Kontakt zwischen uns ab. Seit 2012 genau gesagt. Seit der Krieg begann. Bis dahin waren wir beste Freunde. Es gab Zeiten, da war er fast jeden Tag bei uns im Laden. Doch dann fielen unsere Welten auseinander. Er trat im Fernsehen auf, ich saß in Yarmouk und hatte nichts zu essen. Er stand im schwarzen Anzug im Scheinwerferlicht und dirigierte sein Orchester. Ich machte ein Feuer aus Plastikflaschen, um darauf Gräserbrei für meine Familie zu kochen. Nur ein Wiedersehen würde es geben – herzlich wurde es nicht.

Vor dem Krieg haben wir nie über Politik gesprochen. Niemand sprach damals über Politik, das war verboten. Nun stellte sich heraus, dass er wohl auf Seiten des Regimes steht. Er hatte sich nie wieder bei mir gemeldet.

# Von Damaskus nach Homs

Als ich 17 war, habe ich mich auf dem Konservatorium von Damaskus beworben. Eigentlich hatte ich mit der Musikschule die klassische Musik an den Nagel hängen wollen. Damals dachte ich wirklich eine Weile lang, das war es jetzt. Good bye, Beethoven. Den Konzertpianisten Aeham Ahmad würde es nicht geben.

Doch nun wollte ich doch weitermachen. Es war meine Entscheidung, nicht die meines Vaters. Weil ich meine Liebe zum Klavier entdeckt hatte. Weil ich von einer Karriere als Musiker träumte. Weil ich meine Ausbildung fortsetzen wollte. Weil mein Abitur so miserabel war. Die meisten Studiengänge waren mir damit verbaut.

Also meldete ich mich an zur Vorbereitungsklasse bei Vladimir Zaritzky. Den kannte ich ja schon. Wir machten da weiter, wo wir aufgehört hatten.

Am Tag der Prüfung sirrte das ganze Konservatorium vor Aufregung. Auf den Fluren standen nervöse Aspiranten, versunken in ihre Vorbereitungsrituale. Die Tenöre sangen sich ein, die Geiger fiedelten vor sich hin, ich reihte mich ein in die Schlange der Pianisten, die darauf warteten, sich einspielen zu können, ihre Partituren unter den Arm geklemmt.

Ich nickte den anderen zu. Viele kannte ich vom Sehen, ohne je länger mit einem von ihnen gesprochen zu haben. Die schöne Sandybell war da, so makellos und frisch wie immer. Eine Frau fiel auf, weil sie ein Kopftuch trug. Das war ungewöhnlich. Vor allem die Kinder aus christlichen und drusischen Familien besuchten die Musikschule in Damaskus. Stammte ein Mädchen aus einer sunnitischen Familie, dann trug sie garantiert ein Kopftuch.

Die Reihe war an mir. Ich betrat den Saal und setzte mich an den Steinway D auf der Bühne, das gleiche Modell, das wir vor Jahren im Haus des Verteidigungsministers gestimmt hatten. Ein kraftvolles Instrument, kapriziös wie ein Rennpferd, schwer zu handhaben, wenn man ein kleines Ukraina gewohnt ist. Zehn Minuten lang spielte ich mich ein.

Ich war der Letzte in der Schlange gewesen. Und würde gleich, AA, der Erste sein beim Vorspiel. Wie immer. Also blieb ich am Flügel sitzen und wartete.

Einer der Prüfer kam herein und stutzte: »Was machst du schon hier?«, fragte er gereizt.

Ich erklärte es ihm.

»Nein, du gehst raus, wir rufen dich auf, dann kommst du noch mal rein«, sagte er unwirsch.

Sofort war alles wieder da. Das Von-oben-herab der Musikschule. Die Welt des Gehorchens und Sich-klein-Fühlens und des Ich-bin-besser-als-du. Ich hatte Ziad Rahbani im Ohr. Und nun sollte ich wieder vor den Prüfern kuschen. Wie sehr ich das hasste.

»Warum?«, hakte ich nach. »Ich bin als Erstes dran, warum kann ich nicht sitzen bleiben?«

»Weil das die Vorschriften sind.«

»Scheiß auf die Vorschriften«, murmelte ich und stand auf.

»Wie bitte?«, herrschte er mich an.

»Nichts«, sagte ich und ging hinaus.

Ich war wütend. Ich mochte diesen Mann nicht, ich fühlte mich wieder so zwergenhaft wie bei meiner ersten Klavierlehrerin. Was hatte ich hier verloren? Schweigend stand ich im Flur und vermied es, irgendwen anzuschauen. Dann wurde ich hereingerufen.

Vorn, im Zuschauerraum, saßen die sechs Prüfer. Ich ging zur Bühne und knallte meine Partitur mit Schwung auf das Notenpult. Der Mann, mit dem ich den Disput hatte, merkte auf.

»Was soll das?«, fragte er.

»So bin ich nun mal«, sagte ich.

»Zeig mir lieber auf dem Klavier, wie du bist«, meinte er.

Ich hatte Stücke vorbereitet von Beethoven und Rachmaninow, eine Mazurka von Chopin und drei Etüden von Czerny. Ich begann mit Czerny. Und ließ meine ganze Wut an diesem Stück aus, spielte schnell und forciert, marschierte durch die Zeilen, stapfte voran …

… und brach ab. Ich konnte nicht mehr. Mein Zorn war stärker als mein Wille.

»Das ist alles«, sagte ich, stand auf und nahm meine Partitur. Ich wollte nur noch weg von diesem Ort. Die anderen Mitglieder der Jury schauten mich verwundert an.

»Warum?«, fragte mich der Mann.

»Ich bin wütend«, antwortete ich.

»Du solltest gute Laune haben, wenn du hier vorspielen darfst.«

»Ja, das stimmt. Ich sollte gute Laune haben«, sagte ich. »Habe ich aber nicht.«

»Sie können jetzt gehen«, sagte er.

Grimmig fuhr ich heim.

**Nur ein Gutes hatte die Vorbereitungsklasse,** die zu dieser gescheiterten Prüfung führte: Ich hatte einen neuen Freund gefunden. Ich stand in einem der Flure des Konservatoriums und wartete auf irgendwas – da kam ein glatzköpfiger Mann die Treppe hinunter und lächelte mich an. Jemand lächelte mich an? Einfach so? Hier? Inmitten dieser Eitelkeit? Das war mir noch nie passiert. Ich schaute genauer hin. Ja, wirklich, er lächelte mich an. Also lächelte ich zurück. Wir gaben uns die Hand und stellten einander vor: Er heiße Feissal Dschammal.

Zwei Wochen später sind wir uns das zweite Mal begegnet. Dieses Mal sind wir Kaffee trinken gegangen. Er stammte aus Aleppo, trug eine dunkle Hornbrille und hatte grüne Augen. Das Auffälligste an ihm war sein Lachen, das Lachen eines Kindes, fröhlich, unbeschwert, maßlos.

Ich erfuhr, dass er Klavier in Italien studiert hatte, seit kurzem am Konservatorium unterrichtete und demnächst auftreten werde mit dem syrischen Symphonieorchester. Er war einer der besten Pianisten Syriens. Er gestand mir, wie merkwürdig auch er die Schnösel am Konservatorium fände. Ihn amüsiere es, wie sie ihren Dünkel vor sich hertrugen. Ich lachte. Wir waren einer Meinung. Es sah fast so aus, als könnten wir Freunde werden. Wir tauschten unsere Nummern.

Bis dahin verstanden meine Freunde nichts von Musik und war ich mit keinem Musiker befreundet. Mit Feissal verschmolzen beide Sphären. Nicht lange, da saßen wir stundenlang in seinem Apartment und hörten gemeinsam CDs, die er von seinen Reisen mitgebracht hatte, Klavierkonzerte in unerhört guten Einspielungen, Fugen von Bach, eingespielt auf einem Clavichord. Er half mir, den finnischen Komponisten Jean Sibelius zu entdecken, dessen Musik sich an der Grenze zur Atonalität bewegt. Erklärte mir, wie moderne Malerei und moderne Musik zusammenhängen. Wies mich auf Dinge hin, die ich nie zuvor gehört hatte.

Manchmal gab er mir Klavierunterricht. Zeigte mir, wie ich meinen Ausdruck verbessern könnte. Ermutigte mich, emotionaler zu spielen. Ich solle mich trauen, mich zu zeigen. Das tun, was ich für richtig halte. Ganz neue Saiten brachte Feissal in mir zum Klingen. Ich verdanke ihm viel. Und als Dankeschön stimmte ich manchmal sein Klavier.

Ein Mann jenseits der 30 ohne Frau und Kinder? Das war verdächtig. Da kursierten Gerüchte. Feissal steht auf Männer, warnte mich tatsächlich einmal ein flüchtiger Bekannter am Konservatorium, halt dich von ihm fern! Vielleicht will er was von dir!

Pah! Was interessierte mich das. Das ging nur Feissal etwas an. Jude oder Christ, orthodox oder ungläubig, schwul oder nicht schwul – um so etwas hatte ich mich nie geschert. Ich wusste nur: Feissal war ein wunderbarer Mensch.

Manchmal trafen wir uns zu dritt, zusammen mit Flavio, der ebenfalls am Konservatorium unterrichtete. Gingen etwas trinken, sie Bier, ich Cola, oder kochten zusammen Pasta, »al dente«, wie Feissal betonte, noch nie hatte ich dieses Wort gehört. Fuhren hinaus in das Wochenendhaus von Flavio, in den Bergen von Sahnaya, und genossen die Aussicht.

Eines Tages kaufte sich Feissal ein neues Auto. Gemeinsam fuhren wir über die Schnellstraße nach Homs. Ich hatte einen Führerschein, war aber noch nie außerhalb des

Fahrschulgeländes Auto gefahren. Selbst besaß ich keines, nie hätte ich mich getraut, jemanden zu fragen, ob ich mal sein Auto ausleihen durfte. Bei Feissal war das anders. Ich druckste eine Weile herum, dann fragte ich ihn, ob ich es auch mal versuchen dürfe.

Erst war er skeptisch. Aber dann fuhr er rechts ran und stieg aus. Ich rutschte hinüber auf den Fahrersitz und düste los. Es war ein Automatikwagen, mühelos fädelte ich mich ein in den Verkehr. Und fuhr einige Kilometer später wieder rechts ran, strahlend vor Glück.

Einmal kam Feissal von einer Konzertreise aus der Ukraine zurück, gemeinsam mit dem Syrischen Symphonieorchester. Er hatte neue CDs gekauft. Wir hörten sie zusammen in seinem Apartment. Ob ich mir einige davon ausleihen dürfe, um sie zu kopieren? Er schüttelte den Kopf. Das seien seltene Einspielungen. Würden die CDs Kratzer bekommen, wie sollte er sie sich erneut beschaffen? Sorry, aber dieses Mal nicht.

Die Musik ging mir nicht aus dem Kopf. Einige Wochen später fragte ich noch einmal, ob er mir die CDs ausleihen könne, ich würde sie auch extrem vorsichtig behandeln und nur ganz kurz kopieren und ihm dann zurückbringen. Wieder schüttelte er den Kopf.

Nun gut. Dann nicht. Ich vergaß die CDs.

Wenig später musste er für einige Wochen nach Aleppo. Er rief mich an. Ob ich so lange sein Apartment hüten und die Blumen darin gießen könne?

Ich stutzte. So etwas war nicht üblich in Syrien. Ob das nicht jemand anders machen könne?

»Mein Zuhause ist dein Zuhause«, sagte er pathetisch. »Mir wäre es lieb, wenn du das machen könntest.«

Ich willigte ein, fuhr zum Apartment und goss die Blumen. Natürlich konnte ich der Versuchung nicht widerstehen: Ich kopierte die CDs und stellte sie unversehrt zurück.

Kaum hatte ich das gemacht, schämte ich mich. Wie konntest du ihn so hintergehen?, warf ich mir vor. Er ist dein Freund, er vertraut dir, er hatte Nein gesagt. Wie kannst du so was tun?

Von da an plagte mich ein schlechtes Gewissen. Jedes Mal, wenn ich Feissal sah, dachte ich: Du musst es ihm gestehen. Mehrfach setzte ich an – und brachte den Satz dann nicht heraus.

Ich konnte es ihm nicht sagen. Ich konnte es auch nicht verschweigen. Wochenlang rangen in mir die beiden Seiten. Dann siegte die Ehrlichkeit.

»Feissal, ich muss dir etwas gestehen.«

»Dass du die CDs kopiert hast?«

»Ja! Woher weißt du das?«

»Deswegen habe ich dir die Schlüssel doch gegeben. Mir tat es leid, dass ich Nein gesagt habe, und wollte einen Weg finden, dass du die Musik doch noch haben kannst.«

So war er. So wunderbar war unsere Freundschaft.

Und dann hat der Krieg auch uns auseinandergetrieben. Hat uns auf Planeten katapultiert, die Lichtjahre voneinander entfernt waren. Feissal Dschammal saß in der Oper von Damaskus am Flügel und begleitete berühmte Sopranistinnen, die ein Gastspiel in Syrien hatten. Ich saß in Yarmouk und schob mein verstimmtes Klavier um die Bombenkrater herum. Sein Alltag ging weiter. Meine Welt zerbrach.

Aber er hat mich nicht vergessen. Er hat mich weiter angerufen und gefragt, wie es mir gehe. Wer weiß, ob das gefährlich für ihn war. Wer weiß, ob mein Telefon abgehört wurde. Er hatte viel zu verlieren. Es war ihm egal. Ich war ihm wichtiger. Das werde ich ihm nie vergessen.

**Und ob das jetzt jemand glaubt oder nicht** – mit 18 habe ich mich ein zweites Mal auf dem Konservatorium beworben. Welch bizarres Déjà-vu. Es waren ähnliche Gründe wie beim ersten Mal. Das miserable Abitur. Mein Vater und sein nicht enden wollender Traum, dass ich doch noch Konzertpianist werde. Meine Freundschaft mit Feissal Dschammal.

Ich besänftigte meine Wut, schluckte meinen Ärger hinunter, motivierte mich. Ich meldete mich ein weiteres Mal für die Vorbereitungsklasse bei Vladimir Zaritzky an. Ich übte, so viel es eben ging neben all der Arbeit.

Am Tag der Prüfung sind mein Vater und ich um fünf Uhr aufgestanden und haben um sieben Uhr den Minibus genommen. Viel zu pünktlich waren wir am Konservatorium. Sind dort in eines der noblen Cafés gegangen und haben Croissants und italienischen Kaffee bestellt. Mein Vater redete mir gut zu. Lobte mich. Wie weit ich schon gekommen sei. Wie stolz er auf mich sei. Nur noch dieser eine kleine Schritt. Dann hätte ich es geschafft. Ich nickte.

Als die Zeit gekommen war, ging ich hinüber ins Konservatorium, reihte mich ein in die Schlange vor dem großen Saal, ging hinein und spielte mich auf dem großen Flügel warm. Ging wieder hinaus und wartete im Flur, bis ich aufgerufen wurde.

»Aeham Ahmad!«

Ich betrat den Saal. Im Zuschauerraum wieder eine sechsköpfige Jury, darunter der Mann, mit dem ich im Jahr zuvor aneinandergeraten war.

»Ah, du bist wieder da?«, fragte er mich.

»Ja«, sagte ich, so anständig wie möglich, »man kann die Prüfung mehrmals machen.«

»Du kennst die Vorschriften«, sagte er, anspielend auf meine unflätige Bemerkung vom Vorjahr. Er hatte sie nicht vergessen.

»Ja«, sagte ich. Ich würde mich nicht wieder aufregen. Das hatte ich meinem Vater versprochen.

»Was spielst du?«

»Zwei Stücke von Chopin, eine Sonate von Beethoven, die Prélude No. 5 von Rachmaninow und zwei Etüden von Czerny.«

»Bitte sehr«, sagte der Mann.

Ich begann. Strengte mich an. Und vielleicht war das der Fehler. Ich traf die Töne. Aber ich spielte mit zu viel Emotion. Mein Ausdruck war angestrengt und überspannt.

Am Ende packte ich die Partituren zusammen, nickte der Jury zu und verließ den Saal.

Nach fünf Tagen sind mein Vater und ich ein weiteres Mal quer durch die Stadt gefahren, um die Resultate zu erfahren. Ich suchte meinen Namen auf der Liste. Und las ihm vor: »Aeham Ahmad – 60 Prozent.« Durchgefallen.

Schweigend fuhren wir heim. Ich war müde und niedergeschlagen. Noch deprimierter war mein Vater. Er sagte kein Wort. Tagelang. Der Traum, den er seit zwei Jahrzehnten träumte, war aus. Sein Sohn würde kein Konzertpianist werden. Es tat mir weh, seinen Schmerz zu spüren.

**Zum Glück gab es einen Plan B:** Im Herbst 2007 schrieb ich mich an der Universität von Homs ein. Es gab dort einen neuen Studiengang für Musikerziehung, mit dem Abschluss würde ich an allen syrischen Schulen unterrichten können. Ich staunte nicht schlecht, als ich bei der Aufnahmeprüfung eine alte Bekannte traf: Cosette Bakir, meine ehemalige Lehrerin an der Musikschule. Nun leitete sie hier das Fach Klavier. Ich hatte noch genau im Ohr, wie sie mich damals einen »Papagei« geschimpft hatte. Und jetzt tat sie so, als seien wir alte Bekannte.

Mit Leichtigkeit bestand ich die Prüfung. »Ich habe Aeham an der Musikschule von Damaskus unterrichtet«, erklärte Cosette Bakir den anderen Prüfern. »Er wird mein Meisterschüler werden.« Ich lächelte grimmig. Nicht mal Mozarts Türkischen Marsch bekam sie damals fehlerfrei hin. Was wollte sie mir jetzt beibringen?

Nach Homs umziehen wollte ich nicht. Unser Laden brummte und verlangte all meine Aufmerksamkeit. Ich wollte meine Musikschüler nicht verlieren, ich wollte in der Nähe meiner Eltern bleiben. Und, ganz ehrlich, ich hatte keine Lust auf das Studentenleben. Viele meiner Kommilitonen spielten in Bands und hielten sich für angehende Popstars. Und übten schon mal, wie es ist, die Nächte durchzufeiern.

Dieses Leben war mir fremd. Mit Haschisch konnte ich nichts anfangen, mit Alkohol schon gar nicht, ich habe mein Leben lang an keiner Zigarette gezogen. Was sollte ich in Homs? Lieber blieb ich in Yarmouk – und pendelte während der Vorlesungszeit in die zwei Autostunden entfernte Stadt.

Anstrengend war das schon. Morgens um fünf klingelte mein Wecker, um sechs stieg ich in den Fernbus. Vergrub mich in meiner Jacke, steckte mir Kopfhörer in die Ohren, am liebsten hörte ich das Taksim-Trio, und schlief wieder ein. Die Schnellstraße verließ Damaskus, führte hinauf zum Kassiounberg und von da weiter durch das syrische Hochland. In weiten Schwüngen zog sich die Autobahn die Hänge entlang, heller Fels, Krüppelkiefern und Zypressen, Täler im Gegenlicht. Ich drehte mich noch mal um und schlief weiter.

Gegen acht waren wir in Homs. Ich ging zur Uni, betrat das Hauptgebäude – und war gleich umringt von meinen Kommilitonen. »Aeham kommt!«, riefen sie, und alle merkten auf. In Homs gab es kein Musikgeschäft, also war ich es, der die Studenten belieferte, mit Geigenbögen, Notenpapier, Instrumenten. Und Saiten. Wer Laute oder Violine spielt, braucht regelmäßig Nachschub. Sehnsüchtig wurde ich jeden Morgen erwartet von Mitstudenten, die seit Tagen nicht üben konnten, weil eine Saite gerissen war.

Einmal betrat der Direktor der Uni vor mir das Foyer. Niemand beachtete ihn. Dann trat ich ein. »Da ist Aeham!«, rief jemand, und die Köpfe fuhren herum. Sogar der des Direktors, der schauen wollte, wer da mehr Beachtung findet als er selbst.

Um neun Uhr begann der Unterricht. In Musikgeschichte und Musiktherapie, Pädagogik und Philosophie, Kontrapunkt und Harmonik. Als zweites Instrument hatte ich mich für die Trommel entschieden. Der Klavierunterricht mit Cosette Bakir war genau so wie einst an der Musikschule: Sie hatte keine Ahnung, aber schlechte Laune. Sie gab mir schwere Stücke auf, ich hatte keine Zeit zum Üben, dann schimpfte sie mit mir und nannte mich einen Dummkopf.

Na und? Sie hatte mir nichts mehr zu sagen. Aus der

Musikschule hätte sie mich jederzeit hinauswerfen können. Hier, an der Uni, zählte nur die Abschlussnote. Bis dahin war der Weg noch weit.

Nach dem ersten Jahr sah ich, dass eine Stelle ausgeschrieben war für einen zweiten Klavierlehrer. Ich zeigte die Anzeige Feissal Dschammal. »Wenn du es möchtest, bewerbe ich mich«, sagte er. Und wie ich das wollte! Er bekam die Stelle.

Ich ging zu Cosette Bakir. »Ich wechsle in die Klavierklasse von Feissal Dschammal«, erklärte ich ihr.

»Das ist nicht erlaubt«, sagte sie

»Doch, das ist erlaubt. Der neue Lehrer muss mich nur als Schüler akzeptieren.« Ich hielt ihr die Satzung der Schule entgegen.

»Warum willst du wechseln?«

»Ich fühle mich bei Ihnen nicht wohl.«

Wütend gab sie nach, zur Schadenfreude der anderen Lehrer. Einmal ging ich einen Flur entlang und hörte zufällig, wie sich Bakir mit einem Kollegen unterhielt.

»Ich habe gehört, dein Meisterschüler hat dich verlassen«, sagte der mit Spott in der Stimme.

»Ja, er und Feissal sind befreundet, deshalb.«

Von da an hatte ich Klavierunterricht bei meinem besten Freund.

Um 14 Uhr endete die Uni, ich ging zum Busbahnhof und fuhr zurück nach Damaskus. Um fünf Uhr stand ich wieder in unserem Laden in Yarmouk.

**Im Jahr 2009 eröffnete mein Vater eine Lautenfabrik.** Er hatte eine zweite, noch größere Werkstatt gekauft. Auch dieser Raum stand seit langem leer und wurde weit unter Wert angeboten. Als wir die metallene Jalousie das erste Mal nach oben schoben, sprangen uns Ratten entgegen.

»Was ist das?«, fragte mein Vater. Er hatte das Geraschel gehört, konnte es aber nicht zuordnen. Wir packten einige Kilo Rattengift in den Laden und verriegelten das Rolltor wieder.

Dieses Mal wollte mein Vater alles richtig machen. Dieses Mal sollte es groß werden. Nicht wie bei unserem ersten Laden, aus dem wir eigenhändig den Schutt geschaufelt hatten. Wie man eine gut klingende Laute von Hand herstellt, wusste mein Vater. Nun wollte er sie in Serie herstellen. Zusammen mit einem Freund tüftelte er aus, welcher Arbeitsschritt sich wie rationalisieren lässt. Und dann fuhren sie gemeinsam nach Daraya, dem bedeutendsten Industriestandort Syriens, und bestellten dort Sägen und Schleifmaschinen.

Auch für meinen Bruder eröffnete mein Vater die Lautenmanufaktur. Der hatte die Schule nach der neunten Klasse verlassen und eine Lehre als Tischler absolviert. In unserer neuen Werkstatt könnte er Fenster und Türen schreinern. Mein Bruder war fast 18, ein muskulöser Kerl mit kurzgeschorenen Haaren, der enge, modische T-Shirts trug und eine Kette aus Holzperlen. Sein Leben war so unstet wie eh und je. Tagelang war er manchmal verschwunden. Bestimmt hatte er eine Freundin. Ach was, mehrere.

Die Produktion begann. Die Arbeiter schnitten den Stock zu, das Rückgrat der Laute, setzten die Muschel zusammen, den birnenförmigen Korpus, leimten Hals und Decke an. Nun kam mein Vater ins Spiel. Er saß in einem schalldicht isolierten Raum und testete den Klang der Lauten. Klopfte gegen die Decke mit den drei Schalllöchern und lauschte. Klopfte noch mal, lauschte wieder. Ich weiß nicht, was genau er hörte. Aber er konnte schlafwandlerisch sicher entscheiden, wie gut eine Laute klang. In welche Kategorie sie gehörte.

Die besten Lauten fertigten wir auf Vorbestellung an. Ihr Korpus war aus Mahagoni, das Griffbrett aus Palisander, Wirbel und Wirbelkasten aus Ebenholz. Die Schalllöcher wurden aufwendig verziert mit rosettenartigen, arabesken Schnitzereien, die Decke umrandet mit einem Zierspan, der auf das Muster in den Schalllöchern antwortete. Der Korpus bekam eine Politur aus Schellack, die Decke eine Schutzschicht aus Wachs, ehe die Oud doppelchörig bespannt wurde, mit sechs Saitenpaaren aus Nylonseide.

Bis zu 50 dieser hochwertigen Lauten stellten wir pro Monat her und lieferten sie für 20000 Pfund (400 Euro) das Stück an einen Großhändler im Libanon. Der sie dann weiterverkaufte in alle Welt, nach Berlin, Amsterdam und Los Angeles. Bis heute begegne ich in Deutschland Lauten, die aus unserer Werkstatt stammen.

Die günstigen Lauten – umgerechnet 50 Euro teuer – wurden kaum geschmückt. Ein Schülerinstrument, für Anfänger und Gelegenheitsspieler, viele Musikschulen bestellten es. Das Standardinstrument kostete rund 100 Euro, klang besser und war aufwendiger verziert. Gern genutzt von jenen, die schon eine Weile spielten. Am Flughafen von Damaskus wurden unsere Lauten verkauft und in den feinsten Souvenirshops des Landes.

In manchen Monaten haben wir 450 Lauten produziert. Sie kamen unter dem schlichten Namen »Damaszener Laute« in den Handel. Wir waren Palästinenser, wir hatten keine syrischen Pässe. Mein Vater entschied, auf eine Website und einen Markennamen zu verzichten. Wer uns kannte, bestellte die Lauten, überwies das Geld per Western Union und erhielt wenig später die Ware.

In unserem Ladengeschäft gaben sich Musikschüler die Klinke in die Hand. Zwölf Sorten Oudsaiten verkauften wir, sechs Sorten Violinsaiten. Gitarren von Fender hatten wir im Angebot, große Keyboards von Korg, Dutzende Geigen und Gitarren, mehrere Klaviere.

Es kam vor, dass wir in einem Monat 500 000 Pfund verdienten (10 000 Euro). Ein Bankkonto? Hatten wir noch immer nicht. Meine Mutter steckte das Geld ganz klassisch in ein Kopfkissen, es lag unter ihrem eigentlichen Kissen. Und später investierte mein Vater das Geld in Wohnungen. Flüchtlinge streben nach Sicherheit. Leicht verfallen sie der Illusion, dass sie durch Immobilien sesshaft werden können.

Mein Vater kaufte eine Wohnung in Yalda, den im Südosten an Yarmouk angrenzenden Stadtteil, 200 Quadratmeter war sie geräumig. Endlich hatten mein Bruder und ich eigene Zimmer, im weitläufigen Salon konnte man Abendgesellschaften abhalten. Sieben Millionen Pfund (140 000 Euro) kostete die Wohnung. Und dann kaufte er zwei Wohnungen, kleiner und je halb so teuer, für mich und meinen Bruder.

So hätte es weitergehen können. Ich wäre heute ein gemachter Mann. Ich würde mehrere Musikgeschäfte besitzen, eine schöne Wohnung und würde am Wochenende mit meinen Kindern ans Meer fahren. Aber nein. Der Krieg brach aus. Und hat uns alles genommen.

Noch immer besaßen wir die Wohnung in Duma, vor

den Toren von Damaskus, am Rand der Weinberge, in dem wir früher oft die Wochenenden verbracht haben. Duma gehörte zu den ersten Städten, die sich gegen das Assad-Regime erhoben. Eine Einheit der FSA, der Free Syrian Army, verschanzte sich in unserem Apartment. Ein Armeehubschrauber warf eine Fassbombe auf das Haus. Ein Nachbar hat uns ein Foto geschickt. Es ist nur noch ein Haufen Schutt übrig.

Auch die neue Wohnung meiner Eltern bekam eine Bombe ab. Zwei Zimmer blieben intakt. Doch sie sind unbewohnbar, das Haus ist einsturzgefährdet. Meine Eltern suchten Unterschlupf in meiner alten Wohnung. Die geriet nur einmal unter Beschuss, ein Splitter riss ein Loch in eine Wand. Wir haben es wieder zugemauert.

Auch unsere beiden Läden in Yarmouk sind zugemauert. In dem wahnwitzigen Versuch, das zu schützen, was sich dahinter befindet. Vor allem die Instrumente, die wir bis heute durch den Krieg gerettet haben. 1200 Lauten, 600 Gitarren, 300 Geigen, zwei Dutzend Keyboards, fünf Klaviere.

Noch immer verschanzen sich Kämpfer des IS in Yarmouk. Hoffentlich finden sie das Lager nicht. Sie hassen Musik.

# Da traf mich die Liebe
# wie ein Schlag

Mit jedem Tag in der Mittelschule wurden wir unkonzentrierter. Begannen unsere Gedanken hartnäckiger um ein Thema zu kreisen: Mädchen. Wer waren sie? Was dachten sie? Wie konnte man sie kennenlernen? Ihnen gefallen? Imponieren? Hast du dieses Mädchen gesehen? Was soll ich zu ihr sagen? Und dann?

Vor der Schule, nach der Schule, in den Pausen – bald redeten wir Jungen über wenig anderes. Mädchen! Und alle fieberten der achten Klasse entgegen, in der Aufklärungsunterricht auf dem Plan stand und uns die Lehrer erklären würden, wie das funktioniert mit dem Kinderkriegen.

Natürlich machte ich mit. Ließ mich anstecken von der Aufregung. Aber so ganz verstand ich sie nicht. Für mich waren Mädchen deutlich weniger geheimnisvoll. Begegnete ich ihnen doch in einem fort in der Musikschule, sang mit ihnen gemeinsam im Chor, stand mit ihnen zusammen, wenn wir auf eine Prüfung warteten.

Die Mädchenschule war in der gleichen Straße wie unsere Jungenschule. Endete der Unterricht mittags um zwölf, begann das Leben, laut schwatzend strömten wir aus dem Schultor. Schon rissen sich die ersten die dunkelbraunen Schuluniformhemden vom Leib, darunter kamen lustig bedruckte T-Shirts zum Vorschein. Einige Jungen schmierten sich Gel in die Haare, und dann begann das Schaulaufen vor dem Tor der Mädchenschule.

Die Mädchen strömten genauso überdreht aus dem Tor, manche mit, manche ohne Kopftuch, je nach Mädchen, je nach Familie. Und zückten ihrerseits die Schminkspiegel und puderten und tuschten sich und trugen Lippenstift auf. Beides, das Haargel und der Lippenstift, war in den Schulen streng verboten.

Die Jungen pfiffen den Mädchen hinterher, die Mädchen kicherten, die mutigsten Jungen gingen hin und sagten etwas zu ihnen, und die Allermutigsten hatten bald eine Freundin. Das bedeutete, dass man das Mädchen ein Stück auf dem Heimweg begleitete und dabei mit ihr plauderte. Es kam vor, dass sich ein Mädchen anders entschied. Dass sie erst mit dem einen ging, dann mit einem anderen, und dann prügelten sich vielleicht die beiden Jungen, und die Schöne sonnte sich in ihrer Begehrtheit.

Ich bewunderte die anderen Jungen. Aber es wollte mir einfach nicht gelingen, sie nachzuahmen. Bedruckte T-Shirts? Gel im Haar? Das war ich nicht. Meine Hosen und Hemden waren so unauffällig wie meine Frisur, mein Vater schnitt mir die Haare, alles schön gleich lang. Ein Esel in einer Straße voller Pferde.

Wobei … Eines Tages ging ich heim und sah ein Mädchen, das mir auf Anhieb gefiel. Sie war nicht die Hübscheste und nicht so aufgebretzelt wie die anderen, sie wollte nicht um jeden Preis gefallen. Das wiederum gefiel mir. Ich hatte das Gefühl, sie ist wie ich. Sie ging allein, verträumt schaute sie umher. Unsere Augen trafen sich. Schnell schaute sie wieder weg. Mein Herz klopfte. Sollte ich es wagen? War das der richtige Moment, sie anzusprechen? Ich nahm allen Mut zusammen und ging zu ihr.

»Marhaba«, sage ich zu ihr, hallo. Sie schaute schüchtern zu Boden, blieb aber stehen.

»Marhaba«, sagte ich noch einmal und hielt ihr meine Hand entgegen.

»Ich soll Jungen nicht die Hand geben, hat mein Vater gesagt.«

»Weißt du, ich gehe auf die Musikschule, da sind Mädchen und Jungen in der gleichen Klasse. Wir geben uns da immer die Hand. Da ist doch nichts dabei.«

»Nein, das geht nicht«, sagte sie, wandte sich um und ging davon.

Mit roten Wangen schlenderte ich heim. Ich hatte mich getraut, ein Mädchen anzusprechen, ich hatte einen Korb bekommen. Es war, als habe jemand eine Tür zugeschlagen. Ich habe es nie wieder versucht.

Saß ich später am Klavier und träumte vor mich hin, tauchten auch Mädchen auf. Natürlich. Aber bald darauf hüpften auch Kinder durch meine Gedankenreise. So war es bei mir: Träumte ich von einer Frau, träumte ich immer auch von einer Familie. Ich konnte das nicht trennen. Schon spielten wir mit unseren Kindern.

Die Schülerinnen in meinen Musikkursen? Habe ich nie angeflirtet. Die Frauen an der Uni in Homs, die zusammen mit meinen Kommilitonen die Nächte durchfeierten? Haben mir nicht gefallen. Ich wollte eine Familie gründen.

Eines Abends, kurz nach meinem 23. Geburtstag, bin ich zu meiner Mutter gegangen und habe ihr gesagt, dass ich heiraten möchte.

»Warum denn das?«, fragte sie mit großen Augen. »Du bist doch viel zu jung.«

»Finde ich nicht. Es wird Zeit, dass ich auf eigenen Beinen stehe. Ich möchte ausziehen und eine Familie gründen.«

»Aeham, du bist 23! Das ist viel zu jung, um Vater zu werden!«

»Ich glaube, mein Alter ist genau richtig. Ich möchte es.«

Sie brachte Einwände vor, ich widerlegte sie. So ging das eine Weile. Dann sagte sie salomonisch: »Lass uns morgen mit deinem Vater darüber sprechen.«

Am nächsten Morgen saßen wir zu dritt zusammen. Erneut trug ich mein Anliegen vor.

»Du weißt, was es alles braucht, um zu heiraten?«, fragte mein Vater und holte aus zu einem längeren Vortrag: ein regelmäßiges Einkommen, eine eigene Wohnung, man müsse mit beiden Beinen im Leben stehen und dürfe nicht abweichen vom rechten Weg und müsse immer ein guter Mensch sein.

»Bin ich das nicht?«

»Doch, natürlich, das bist du. Aber ...«

»Und es geht ja nicht nur ums Geld«, mischte sich meine Mutter ein. »Heiraten ist eine große Sache. Du musst dich mit deiner Frau verstehen, auf ihre Bedürfnisse eingehen, du musst dich mit ihrer Familie verstehen, und dann musst du auch ein guter Vater sein und dich jeden Tag um deine Kinder kümmern.«

Mehrere Stunden lang redeten die beiden auf mich ein. Wieder ohne Ergebnis. Wir vertagten das Gespräch auf den Abend. Meine Mutter schlug vor, dass wir dann noch einmal zu zweit reden.

Als es Abend wurde, setzten wir beiden uns in der Küche zusammen. »Heiraten heißt, dass man für immer zusammen ist«, sagte meine Mutter. »Sich scheiden lassen kommt nicht in Frage. Und wenn man zu jung heiratet und noch unerfahren ist, macht man vielleicht Fehler, die sich später nicht wiedergutmachen lassen.«

»Ich bin sicher, ich werde ein guter Ehemann sein.«

»In einer Ehe darf man nicht miteinander streiten.«

»Dann warst du aber kein gutes Vorbild«, sagte ich.

»Wie meinst du das?«

»Weißt du noch, wie Vater in der Küche alle Gläser und Tassen aus dem Schrank genommen und sie zerschmissen hat, weil er so wütend darüber war, dass du dich an eine weiter entfernte Schule versetzen lassen wolltest?«

»Oh … daran erinnerst du dich?«

»Oder wie ihr euch gestritten habt, als Vater die Pfanne mit dem Öl auf dem Herd vergessen und beinahe die Küche abgefackelt hat?«

»Das ist jetzt nicht wichtig, Aeham. Worauf es ankommt, ist, dass du dich in deine Frau einfühlen kannst. Frauen sind anders als Männer. Sie …«

Auch dieser Vortrag dauerte eine ganze Weile. Du sollst, du sollst, du sollst. Meine Gedanken schweiften ab. Am Ende sagte meine Mutter: »Ich werde darüber nachdenken.«

Drei Tage später kam sie zusammen mit meinem Vater und Onkel Mohammed zu mir in den Laden. Wir tranken Kaffee.

»Wir haben es uns überlegt«, begann meine Mutter. »Du hast recht. Du bist alt genug und du bist verantwortungsvoll. Wir stimmen zu. Du darfst heiraten.«

Ich fiel ihr um den Hals. Jetzt war es an meinem Vater, das Wort zu ergreifen. Er holte aus zu einer längeren Rede

darüber, was einen guten Vater ausmacht. Onkel Mohammed saß dabei und nickte, und ab und zu warf er ein: »So
wie dein Vater.« Ich nickte brav. Dann gingen wir auseinander.

Meine Mutter schritt zur Tat und hörte sich unter ihren
Freundinnen um. Wo könnte es eine junge Frau geben, die
zu Aeham passt? Mehrere Familien besuchte sie. Traf die
Eltern, sprach mit den jungen Frauen, sah sie ohne Kopftuch. Dann stand ihre Wahl fest.

»Ich habe die Richtige gefunden«, verkündete sie mir
eines Morgens vor der Arbeit.

»Wer ist sie?«

»Lass mich erst zusammen mit Vater ihren Vater besuchen. Dann sehen wir weiter.«

Als sie von dem Besuch zurückkamen, strahlte mein Vater vor Freude. »Du wirst eine wunderbare Frau haben«,
schwärmte er.

»Wie heißt sie?«

»Tahani«, sagte meine Mutter. »Ihre Familie kommt
aus Palästina, wie wir. Sie träumt auch davon, Kinder zu
haben.«

Nun strahlte ich. »Was macht sie?«

»Sie unterrichtet Kunst an einer Grundschule.«

»Ist sie hübsch?«

»Darauf kannst du dich verlassen«, frohlockte meine
Mutter. »Ich möchte schließlich hübsche Enkel haben, mit
großen Augen und schönen, schwarzen Haaren.« Sie war
offenkundig sehr stolz auf ihre Wahl.

»Wo wohnt sie?«

»Du weißt, dass wir dir das nicht sagen dürfen.«

»Ich möchte sie kennenlernen.«

»Das ist nicht erlaubt. Du weißt es. Erst verlobt ihr euch, dann lernt ihr euch kennen.«

Ja, so war es Brauch. Erst, wenn sich das Paar verlobt hatte, durfte es sich kennenlernen – bei ihr daheim im Wohnzimmer. Dann durfte ich ein-, zweimal pro Woche vorbeikommen, um im Beisein ihres Vaters Konversation zu machen. Würde ich mich dann überhaupt nicht verstehen mit Tahani, könnten wir die Verlobung wieder auflösen, halbwegs statthaft für beide Seiten. Doch uns allein treffen? Vor der Verlobung? Verboten. Haram.

Ich wollte der Tradition folgen. Ich wollte mich so verhalten, wie es Brauch war in unserer Familie. Aber mein Gott, diese Neugier! Mit jedem Tag fiel es mir schwerer, sie zu zügeln. Je näher die Verlobung rückte, desto aufgeregter wurde ich. Wer war Tahani? Wie sah sie aus? Würde sie mir gefallen? Und ich ihr?

Eines Tages arbeitete ich im Laden vor mich hin. Da sah ich eine junge Frau draußen vor dem Schaufenster sitzen. Neugierig schaute sie herein. Als ich zurückschaute – drehte sie den Kopf, stand auf und verschwand. Ich dachte mir nichts dabei. Vielleicht gefiel ihr ein Instrument. Viele blickten jeden Tag herein.

Am nächsten Tag arbeitete ich wieder im Laden – da sah ich die junge Frau erneut. Sie trat durch die Glastür und kam auf mich zu.

»Ich bin Tahani.«

Mehr nicht. Nur diese Worte. Mir wurde heiß und kalt. Tahani! Meine künftige Frau! Sie gefiel mir auf den ersten Blick.

»Oh«, stammelte ich, »bitte setz dich doch.«

»Das geht nicht«, sagte sie.

»Wie großartig, dass du gekommen bist. Ich bin so froh, dass du das gemacht hast.«

Und wirklich, das war ich. Es war so mutig. Auch sie hatte die Neugier nicht ertragen – und sich hinweggesetzt über die Konventionen. Sie musste einen starken Willen haben. Das imponierte mir. Trotzdem war die Situation delikat. Jeden Augenblick konnte jemand hereinkommen und sie erkennen.

»Sollen wir uns verabreden?«, fragte ich. »Ich könnte dich morgen nach der Schule abholen.«

»Einverstanden. Aber warte nicht direkt am Schultor auf mich. Sondern eine Ecke weiter.«

Wir verabschiedeten uns. Ich sah ihr nach. Wie hübsch sie war. Wie mutig!

Am nächsten Tag wartete ich auf sie, eine Ecke vom Schultor entfernt. Sie sah großartig aus. Sie trug ein blaues Kopftuch, eine langärmelige weiße Bluse und Jeans. Als wir einander die Hand gaben, wehte mir ein Hauch von ihrem Parfum entgegen – Jasmin, der Duft meiner Kindheit.

Wir haben einen Minibus genommen und sind zu einem Café gefahren, ein Stückchen außerhalb von Yarmouk. Schüchtern haben wir uns angeschaut. Ich habe ihr erzählt, was ich so mache. Sie hat mir erzählt, was sie so macht. Ich sagte, dass ich von einer Familie träume. Dass es mein größter Traum sei, Vater zu werden. Ich würde dann ganz sicher viel zu Hause sein und mich um die Kinder kümmern.

»Meine Mutter hat immer gesagt: Glaub nicht den Männern«, sagte Tahani und lachte.

Sie erzählte mir von der Scheidung ihrer Eltern und sagte, es sei ihr peinlich, davon zu erzählen. Ihre Mutter lebte inzwischen in Dubai, dort hatte sie ein zweites Mal geheiratet. Sie hatte sie seit Jahren nicht gesehen. Ihre Tante war es, die den Kontakt zu meiner Mutter eingefädelt hatte.

Sie sehe wundervoll aus, sagte ich. Sie mochte, dass ich so normal daherkam, ohne Gel und Bügelfalte. Der Verkehr brandete um uns herum, Menschen gingen vorbei, wir saßen da und plauderten und vergaßen die Zeit.

Plötzlich klingelte ihr Telefon. »Mein Vater!«, rief sie erschrocken und nahm ab.

Er sprang förmlich aus dem Handy. »Wo bist du?«

»Ich musste eine Kollegin vertreten.«

»Ich erwarte dich jetzt zu Hause!«

Wir hasteten zum Minibus. Ich stieg einige Stationen eher aus, damit uns niemand sah. Zu Hause ging ich direkt zu meiner Mutter.

»Ich möchte Tahani heiraten«, sagte ich fest.

»Wie kommst du denn darauf?«, fragte sie erstaunt.

»Ich habe nachgedacht. Über das, was du mir von ihr erzählt hast. Ich glaube, sie ist die Richtige.«

»Wie schön, dass du dich nur noch einige Tage gedulden musst.«

Aber ich war so aufgeregt, dass ich an diesem Nachmittag sicher noch zweimal zu meiner Mutter gegangen bin und ihr gesagt habe, ich wolle Tahani heiraten. Ob sie etwas geahnt hat?

Am Tag der Verlobung versammelten sich die 60 engsten Verwandten in der Wohnung von Tahanis Vater. Das Esszimmer war für die Frauen reserviert, im Wohnzimmer saßen wir Männer. Vorn die Alten, die Kinder ganz hinten. Mein Großvater litt seit einigen Jahren an Alzheimer und wiegte sich mit entrücktem Blick auf seinem Stuhl hin und her. Ich sah Onkel Mohammed und Onkel Sadik und meine Cousins Mayad und Tamer, mit denen ich so viele Jahre lang Tobbeh und Dahhal gespielt hatte. In meinem Bauch kribbelte es. Glücklich war ich, nervös und neugierig. Noch nie hatte ich eine Entscheidung gefällt, die mein ganzes Leben betraf.

Der Scheich aus der Moschee war herübergekommen. Er war dick und alt und hatte einen langen Bart und trug eine weiße Dschallabija und roch nach Weihrauch. Ich saß neben ihm auf dem Sofa. Der Scheich begrüßte die Versammlung.

Tahanis Großvater, er hatte nur ein Auge, ergriff das Wort: »Wir haben eine Mitgift von 125 000 Pfund vereinbart.« (2500 Euro)

Eine ganz und gar angemessene Summe. Tahani würde damit ihre Aussteuer bezahlen.

In die Stille hinein sagte Tahanis Vater: »Wir sollten 75 000 Pfund vereinbaren.« (1500 Euro)

Erschrocken schwiegen alle. Der Scheich stutzte.

»Wir waren einverstanden mit der Summe«, sagte vorsichtig mein Vater. »Wir können es dabei belassen.«

»Nein. 75 000 Pfund. Challas. Genug«, sagte schroff Tahanis Vater.

Bis heute weiß ich nicht, warum er das gemacht hat. Es war ein Affront. Ein Satz wie dieser kann ganze Familien sprengen. Hatte er damit doch seinen Vater düpiert, indem er ihm öffentlich widersprach. Und auch meinen Vater hatte er bloßgestellt. Bösmeinende hätten behaupten können, er habe suggeriert, wir hätten nicht genügend Geld. Was für ein unbedachter Satz! Wie gut, dass niemand darauf einging.

»Einverstanden«, sagte mein Vater knapp.

Die Zeremonie begann. Der Scheich hielt eine kleine Predigt, las aus dem Koran vor, zitierte den Propheten, wir lasen die Fatiha-Sure gemeinsam.

Dann fragte er Tahanis Vater: »Gibst du Aeham Ahmad deine Tochter zur Frau?«

»Ja, ich gebe ihm meine Tochter.«

Der Scheich las den Ehevertrag vor. Dass diese Ehe vor Gott und allen Anwesenden geschlossen wurde und für immer gelte. Und dass Tahani im Falle einer Scheidung 200 000 Pfund (4000 Euro) erhalte. Dann fragte er: »Haben es alle gehört und stimmen alle zu?«

»Ja«, murmelten alle.

Der Scheich erhob sich und ging zur angelehnten Esszimmertür, hinter der Tahani wartete.

»Stimmst auch du zu?«, fragte er.

»Ja, ich stimme zu«, sagte Tahani, und ihre Stimme war vor Aufregung so trocken wie Papier.

Dann unterschrieben drei Onkel, die nicht zum engsten Kreis der Familie gehören, den Vertrag. Und dann waren wir verlobt, und alle standen auf und jubelten und klatschten und hauten mir auf die Schultern und riefen: »Mabruk, mabruk«, herzlichen Glückwunsch! Ich lachte.

Ein Junge ging mit einem Tablett voller Gläser herum und bot Orangensaft an. Tahanis Opa, der mit dem einen Auge, griff daneben und räumte das gesamte Tablett ab. Klirrend zersprangen die Gläser auf dem marmornen Boden, und während die Umstehenden begannen, die Scherben einzusammeln, schlüpfte ich nach nebenan ins Esszimmer. So war es Brauch.

Die Frauen erwarteten mich. Lose hatten sie ihre Kopftücher wieder über die Haare gelegt. Und da saß Tahani in einem dunkelblauen, kurzärmeligen Kleid, sie war geschminkt und trug kein Kopftuch, zum ersten Mal sah ich ihre wunderbaren Haare. Ich setzte mich neben sie und traute mich kaum, sie anzuschauen. Ihr ging es ähnlich. Nur manchmal schauten wir hoch und lächelten einander verlegen an.

Eine Frau kam und reichte mir eine Darbuka, eine Handtrommel aus Ton.

»Aeham, du bist doch Musiker«, rief sie. »Sing für uns!«

Ich nahm die Trommel und stimmte, ohne lange darüber nachzudenken, ein Lied an. *Dir ging's doch ganz gut alleine, mein Herz, was hat dich nur blind gemacht. Ich dachte, ich bin zufrieden, doch dann fühlte ich in mich hinein, und plötzlich fiel mir auf, wie flach du bist. Deine Art ist mir zuwider, du bist so mittelmäßig, Mensch, gings mir gut ohne dich.* Das sang ich unbeschwert.

Mit großen Augen schaute Tahani mich an. Erst da bemerkte ich den Lapsus. Um Himmels willen! Schnell gab ich die Trommel zurück. Meine Mutter hatte es nicht bemerkt. Zu sehr war sie damit beschäftigt, sich bei ihren Tanten und Cousinen nach dem Wohlergehen der Familie zu erkundigen. Bald rührte eine Frau die Trommel, einige begannen zu tanzen, andere saßen da und löffelten Eiscreme, und wir schwiegen und lächelten.

Nach einer halben Stunde rüsteten die Frauen zum Aufbruch. Ich blieb als Einziger zurück. Nun durfte ich eine kurze Weile mit Tahani allein sein. Wir gingen hinüber ins leere Wohnzimmer und setzten uns auf die Couch.

Aber was sagt man in so einem Augenblick? Wir waren viel zu aufgeregt. Erst haben wir geschwiegen. Und dann habe ich sie noch einmal gefragt, was ich längst wusste: was sie macht, wo sie arbeitet, warum sie sich für Kunst interessiert? Nach einer Viertelstunde kam ihr Vater herein, wir verabschiedeten uns, und ich ging heim, verwirrt, neugierig, glücklich. Ich war jetzt verlobt.

Einige Tage später besuchte ich Tahani das erste Mal. Ihre Tante servierte uns Orangensaft, ihr Vater setzte sich in einen Sessel, schlug eine Zeitung auf und tat so, als würde er darin lesen. Tahani und ich versuchten, uns zu unterhalten. Wieder gelang es nicht. Wir hatten uns so viel zu sagen. Aber doch nicht vor den gespitzten Ohren ihres Vaters!

Nein, so ging das nicht. Bei meinem nächsten Besuch steckte ich ihr unauffällig einen Zettel mit meiner Telefonnummer zu. Sie schickte mir am Tag darauf eine SMS, und dann verabredeten wir, dass ich sie nach der Schule abholen würde. Und so haben wir es in den kommenden Wochen oft gemacht. Sie ließ sich in den letzten Stunden von einer Kollegin vertreten, wir haben einen Minibus zur Altstadt genommen und sind dort spazieren gegangen.

Vom wilden Vladimir Zaritzky habe ich ihr erzählt und von der Werkzeugkiste, die ich als kleiner Junge mitgehen ließ, von Feissal Dschammal und den merkwürdigen Frauen an meiner Uni, von Sarah, der kleinen Klavierschülerin und den Eskapaden meines Bruders. Über alles haben wir geredet. Ich sagte ihr, dass ich ihr niemals etwas vorschreiben wolle. Es sei an ihr zu entscheiden, wie viele Kinder wir bekommen werden. Und ob sie danach weiter arbeiten wolle. Sie sagte, sie freue sich darauf, mit den Kindern daheimzubleiben. Ihre Arbeit sei so schlecht bezahlt.

Und jeden Abend, ehe wir schlafen gingen, haben wir

heimlich miteinander telefoniert und uns Geheimnisse und Geschichten erzählt. Meine Mutter hatte recht gehabt: Tahani war die Richtige.

Bald begannen die Hochzeitsvorbereitungen. Gemeinsam mit meinem Vater ging ich zu einer Druckerei, um die 200 Einladungskarten zu bestellen. Der Mann, der den Text setzte, zeigte mir den Entwurf. Dort stand, von allerlei schönen Worten umrahmt, der Satz: Die Familie Ahmad freue sich, die Heirat von »Aeham und der Teuersten der Munawwar-Familie« bekanntzugeben.

»Warum steht nur mein Name auf der Karte und nicht ihrer?«, fragte ich.

»So machen wir das eigentlich immer«, sagte der Mann.

»Das möchte ich nicht. Wenn mein Name auf der Karte steht, soll auch ihr Name dort stehen.«

»Gut, aber dann weiß jeder junge Kerl im Viertel, dass sie bald heiraten wird.«

»Ja, und?«

»Das ist so nicht üblich.«

»Ich möchte es trotzdem.«

Er sah meinen Vater an. »Wären Sie damit einverstanden, den Namen der Braut auf die Karte zu schreiben?«

»Ich habe nichts dagegen«, sagte mein Vater.

Der Mann ließ sich die Nummer von Tahanis Vater geben und rief ihn an. Ob auch er damit einverstanden wäre, den Namen der Braut auf die Karte zu drucken?

»Nein«, sagte Tahanis Vater.

Nun gut. Da war wohl nichts zu machen.

Am Fuß der Karte fügte der Drucker den Satz ein: »Zu Hause liegt das Paradies der Kinder.« Mit anderen Worten: Kinder bitte zu Hause lassen. Machten alle so. Damit nicht

Dutzende von aufgeregten Knirpsen durch den Saal sprangen.

Als die 200 Karten gedruckt waren, ging Onkel Mohammed los und verteilte sie im Viertel. Meine Mutter und ich kauften einen schwarzen Anzug und ein weißes Hemd. Gemeinsam mit meinem Bruder und meinen Cousins richtete ich die Wohnung ein, in die Tahani und ich bald einziehen würden. Wir trugen eine Couchgarnitur und ein Ehebett hinein, einen Flachbildfernseher und eine Stereoanlage, einen Gasherd und einen riesigen Kühlschrank; mein Bruder schreinerte die Küche. Und dann kam einige Tage vor der Hochzeit Tahanis Tante mit einigen Koffern vorbei, schaute, ob alles bereit sei, und räumte Tahanis Kleider in den Schrank.

Die Hochzeit? Die war ein großes Konzert. Ich saß in einem riesigen Sessel auf der Bühne und schaute hinunter in den dunklen Saal, erhellt von Diskokugeln und bunten Scheinwerfern. Kellner servierten arabisches Milcheis mit einer Haube aus Pistazienstreuseln und Honig und Orangensaft und Tee, und dann sind neben mir den ganzen Abend über Bands aufgetreten. Von den »Blumen«, die arabische Popsongs schnulzten, bis zur Gruppe »Hoffnung«, die palästinensische Revolutionslieder anstimmte. Mohammed Munaf spielte Laute, mein Vater geigte, ich sang zum Keyboard.

Den ganzen Abend über tanzten die Männer. Fassten einander an den Händen und zogen singend, sich vor und zurück wiegend, in langen Reihen durch den Raum.

Ein Verwandter meines Onkels Mohammed moderierte, er hatte das schon oft gemacht und redete wie ein Wasserfall. Trat jemand vor und überreichte sein Geschenk, überschlug er sich in Lobpreisungen. »Gott schütze dich, Abu Ibrahim, du unterstützt das junge Paar mit 1000 Pfund (10 Euro), gelobt sei der Prophet!«

Je bedeutender die Summe, desto aufwendiger die Lobpreisungen. »3000 Pfund (30 Euro), Abu Said, möge Gott dich und deine Familie in alle Ewigkeit schützen und seine Hand über dich und deinen Geschäften halten, mögest du und mögen die Deinen für immer in Wohlstand und Frieden leben, gepriesen sei Gott!«

Und dann notierte ein anderer Mann diskret die Summe des Spenders. Damit ich eines Tages wüsste, wie viel ich zu schenken hätte, sollte dieser Mann heiraten. Mein Vater hat die Liste heute noch.

Gegen Mitternacht, längst schwirrte mir der Kopf, kletterten mein Vater, mein Schwiegervater, zwei Onkel und ich in einen mit Blumen geschmückten Kia und fuhren laut hupend hinüber zum Hochzeitssaal der Frauen. Die Lichter der Stadt zogen vorbei, Passanten jubelten uns zu. Wir betraten den Saal. Er sah aus wie eine Disko, mit Trockeneisnebel und bunten Lichtern. Auf der Bühne, in einem dieser thronartigen Sessel, saß Tahani in ihrem Hochzeitskleid. Die Frauen sprangen auf, als wir hereinkamen, und begrüßten uns. Lose hatten sie ihre Kopftücher auf die Haare gelegt, sie waren geschminkt und trugen Abendgarderobe. Nie zuvor hatte ich meine Tanten so gesehen. Es war ein Schock.

Ich ging zu Tahani, gab ihr die Hand und setzte mich in den großen Sessel neben ihr. Raunte ihr zu, wie toll sie aussähe. Bald tanzten wir den Hochzeitstanz, während alle in einem großen Kreis um uns herumstanden und klatschten.

»Ich bin stolz auf dich«, flüsterte mir meine Mutter ins

Ohr. »Ihr werdet ein schönes Leben haben.« Und dann umarmte sie Tahani und sagte: »Von nun an bist du meine Tochter.«

Später sind wir in fünf blumengeschmückten Autos laut hupend durch die Straßen gefahren. Im ersten Wagen saßen wir. »Wie wunderbar das alles ist«, flüsterte ich Tahani zu, »ich bin so glücklich.« Sie lächelte. Als wir vor unserer Wohnung ankamen, begrüßte uns, wie der Brauch es will, mit großem Radau eine Percussionband und signalisierte allen Nachbarn: Hier zieht ein junges Paar ein. Und dann gingen wir gemeinsam die Treppe hinauf, ich trug Tahanis Schleier, meine Mutter und ihre Tante bereiteten uns etwas Essen zu, Brot, Hummus, einen Grillteller, und dann verabschiedeten sich alle und gingen.

Und ich? Konnte nicht mehr. War müde. Einfach nur noch müde. So viele Hände hatte ich geschüttelt, so viele Menschen angelächelt, so viele Geschenke und Glückwünsche entgegengenommen. Nun fiel die Anspannung von mir ab. Meine Augen wurden schwer.

»Ich lege mich mal kurz hin«, sagte ich zu Tahani. Sie schaute mich irritiert an.

»Wirklich, ganz kurz nur. Ich brauche mal 'ne Pause. Ich kann echt nicht mehr.«

Ich legte mich auf den Boden vor den Fernseher, die Füße hoch auf einen Sessel, um meinen Kreislauf wieder in Schwung zu bringen, nahm die Fernbedienung und schaltete den Fernseher ein. Es lief »Tom und Jerry«. Wie schön. Das hatte ich schon immer gern geschaut.

Tahani ging hinter mir hin und her und klapperte mit dem Geschirr. Sie klapperte etwas lauter. Ich konnte spüren, wie ihre Enttäuschung wuchs. Was für einen Kerl habe ich mir denn da geangelt!, mochte sie denken, es ist unsere Hochzeitsnacht und er legt sich vor den Fernseher und schaut »Tom und Jerry«!

Und ich selbst hasste mich ja auch dafür, dass ich mich so gehen ließ und so komplett erledigt auf dem Boden lag. Meine Mutter hatte mir erklärt, was man nun macht: Kerzen anzünden, schöne Musik auflegen, einander in die Augen schauen. Und ich konnte kaum die Augen aufhalten und schmunzelte in meinem Dämmerzustand über die doofe Katze und die flinke Maus. Die Minuten tickten dahin. Tahani klapperte lauter mit dem Geschirr, ich lachte über die doofen Witze, fast wäre ich eingeschlafen …

… doch dann, ich weiß nicht, woher, durchfuhr meinen Körper ein letztes Quäntchen Energie, ich sprang auf und ging in die Küche, warf mir kaltes Wasser ins Gesicht und stürzte ein Glas Cola hinunter und ging zurück ins Wohnzimmer. Und lachte Tahani an.

Am nächsten Morgen kamen meine Eltern und ihre Tante zu uns und haben mit uns gemeinsam gefrühstückt. Einige Tage später bin ich morgens wieder zur Arbeit gefahren. Mittags kam ich heim, dann aßen Tahani und ich zusammen, sie hatte noch Ferien. Manchmal besuchte sie mich im Laden, auch, um zu schauen, ob ich mit hübschen Klavierschülerinnen flirtete. Aber das wäre mir nicht im Traum eingefallen.

Einige Monate später hatten wir einen Termin bei ihrer Frauenärztin. Sie fuhr mit dem Schallkopf des Ultraschallgeräts über Tahanis Bauch, wir schauten auf den Monitor, und da bewegte sich etwas, zum ersten Mal sahen wir die Umrisse unseres Babys. Wir strahlten uns an. Und in diesem Augenblick traf mich die Liebe wie ein Schlag.

Was habe ich Tahani von nun an umsorgt. Jede freie Minute haben wir miteinander verbracht. »Hast du deine Vitamine genommen?«, fragte ich sie. »Hast du heute schon deinen Ayran getrunken?« So lange hatte ich von einer Familie geträumt. Nun wurde dieser Traum wahr.

Am 27. Juni 2012 kam Ahmad auf die Welt – und die Welt, in die er geboren wurde, war grausam. Der syrische Krieg war in vollem Gang. Nicht lange, da würden Soldaten die Straßen sperren und unser Viertel abriegeln, würden Hunger und Tod in Yarmouk regieren. Ich beschwor Tahani, das Viertel zu verlassen, sich und das Baby in Sicherheit zu bringen. Frauen durften die Checkpoints passieren, in wenigen Stunden wäre sie in einem Stadtteil, in dem Frieden herrschte. Viele Frauen haben das gemacht. Haben sich in die Normalität gerettet und ihre Männer in Yarmouk zurückgelassen.

Tahani wollte nichts davon wissen. »Ich war bei dir, als es uns gutging«, sagte sie. »Jetzt bleibe ich bei dir, wenn es uns schlechtgeht. Wir werden zusammen leben und wir werden zusammen sterben.«

# Schrei nach Freiheit

Vielleicht will ich es am Ende doch so nennen: eine Revolution. Denn jenseits aller bestialischen Gewalt, jenseits aller Extremismen fand und findet in Syrien ein Volksaufstand statt, ein großflächiger, ziviler Ungehorsam, eine kollektive Empörung über Willkür, Folter, Ungerechtigkeit und Korruption. Ein heller, klarer Freiheitsgesang der Helfer und Lehrer, der Ärzte und Journalisten, der Bürgerrechtler und Künstler, trotz allem. Wer ihn singt, wird von allen Seiten verfolgt. Dass man ihn im Westen nicht vernimmt, ist Programm. Was vordringt, ist nur das Rauschen des Krieges.

In Deutschland höre ich meist »Bürgerkrieg«, wenn vom Konflikt in Syrien die Rede ist. Syrer, vor allem jene, die sich als neutral bezeichnen, nennen es eine »Krise«. Nein, beides trifft es nicht: Es war eine Revolution.

Ganz abgesehen davon, dass jene, die sich »neutral« nennen, in Wahrheit auf Seiten Assads stehen. Wie damals in Deutschland, als viele so taten, als hätten sie nichts gewusst. Dabei wussten alle, was passiert. In Deutschland, in Syrien.

Als alles begann, als sich das Jahr 2010 dem Ende zuneigte, habe ich vor allem gearbeitet. Die Geschäfte liefen gut, ich war ehrgeizig, noch studierte ich, bald wollte ich heiraten. Eine Unterrichtsstunde nach der nächsten gab ich, in manchen Monaten hatte ich 250 Schüler. Abends kam ich todmüde heim und aß zusammen mit meinen Eltern und meinem Bruder in unserer schönen großen Wohnung in Yalda.

Mein Vater saß an diesen Abenden stundenlang vor dem Fernseher und lauschte gebannt Aljazeera, dem mittlerweile bei Assad verhassten Nachrichtensender aus Katar. Gebannt verfolgte er, wie in der Region Regimes ins Wanken gerieten, die sich dem Westen gegenüber als »demokratisch« gerierten, ihrem Volk aber einbläuten, sie seien »ewig«. Und nicht lange, da erschütterte eine Kettenreaktion die arabische Welt, begann ein Dominoeffekt, der ein Regime nach dem anderen kippte.

Am 17. Dezember 2010 übergoss sich der tunesische Gemüsehändler Mohamed Bouazizi mit Benzin und zündete sich an. Sein Tod war der Funke, der in Tunesien zur Explosion führte: Binnen weniger Wochen fegten Massenproteste den seit über zwei Jahrzehnten selbstherrlich regierenden Präsidenten Ben Ali hinweg – der mit seinen knapp 80 Jahren noch immer daherkam wie ein schnittiger Sunnyboy.

»Der Freiheitsdrang wird noch einmal die ganze arabische Welt ergreifen«, murmelte mein Vater, während er der Übertragung eines Massenprotestes aus Tunis zuhörte. Lag Hoffnung in seiner Stimme?

Für Tunesien interessierte ich mich noch wenig. Aber als Anfang 2011 die Protestwelle nach Ägypten überschwappte, verfolgte auch ich abends auf Aljazeera gespannt das Live-Streaming vom Tahrirplatz. Ich verfolgte vor allem die Künstler, die sich an den tagelangen Sit-ins beteiligten. Schalteten wir dann um zum syrischen Staatsfernsehen, erlebten wir die immer verzweifelter wirkenden Beschwörungsformeln des Assad-Regimes.

Erst hieß es: »Syrien ist nicht Tunesien.« Dann hieß es: »Syrien ist weder Ägypten noch Tunesien.« Schließlich hieß es: »Das syrische Volk steht voll hinter seiner Führung – der Führung des Herrn Präsidenten al-Assad, der als Einziger in der Lage ist, Syrien vor der universalen Verschwörung zu retten.«

Der ägyptische Staatspräsident Mubarak dankte ab, der Jemen wurde angesteckt, und spätestens, als in Libyen und Bahrain die Massen durch die Straßen zogen und Parolen skandierten, fragten wir uns: Wird es auch in Syrien zu Protesten kommen, dem »Königreich des Schweigens«?

Schon bald erreichten uns über das Satellitenfernsehen verwackelte Handy-Videos, aufgenommen bei sporadischen Protesten in Damaskus. Eine Studentendemo vor der libyschen Botschaft, um sich mit dem Aufstand gegen Gaddafi zu solidarisieren. Eine Kundgebung vor dem Justizpalast: Angehörige verlangten, politische Häftlinge freizulassen. Eine spontane Demonstration auf dem Hariqa-Markt, wo ein Polizist einen Händler geschlagen hatte.

Am 15. März 2011 schob sich ein Pulk von etwa 150 Demonstranten dichtgedrängt durch den historischen Hamidiyeh-Markt und skandierte: »Gott, Syrien, Freiheit und sonst nichts!« Eine Anspielung auf die regelmäßig von der Regierung organisierten Märsche, deren vorgeschriebener Sprechchor lautete: »Gott, Syrien, Baschar und sonst nichts«.

Die Demonstranten gehörten dem Bildungsbürgertum an und waren keineswegs barbarische Islamisten, eines der Labels, mit denen das Regime seit jeher jeden Protest brandmarkte. Allein der Ort der Kundgebung sprach Bände: Auf dem Hamidiyeh-Markt hatte in den 1930er Jahren die Revolution gegen die französische Besatzung begonnen. Wer dort demonstrierte, kannte die historischen Bezüge.

War es dieser Tag, an dem der syrische Volksaufstand begann? Oder war es drei Tage später, am 18. März 2011, als in Daraa, im Süden Syriens, Eltern vor einer Polizeistation aufmarschierten und forderten, ihre Söhne freizulassen? Man hatte die Teenager einen Monat zuvor festgenommen, nachdem einer von ihnen auf die Schulmauer gesprayt hatte: »Das Volk will den Sturz des Regimes.« Ein Satz, der uns im Satellitenfernsehen jeden Tag aus Tausenden Mündern entgegenschallte – und für den man diese Jugendlichen nun gefoltert und ihnen die Fingernägel ausgerissen hatte.

Die Eltern waren außer sich. Hunderte Anwohner schlossen sich ihrem Protest an, und als die Staatssicherheit mit scharfer Munition auf die Demonstranten schoss und vier von ihnen tötete, empörten sich auch in vielen anderen Städten die Menschen. Wieder schossen die Sicherheitskräfte. Allein im ersten Monat der Proteste starben mehr als 100 Menschen. Ab da waren die Massen nicht mehr zu stoppen.

Die Abgesandten des Assad-Regimes im Staatsfernsehen bestritten alles. Erst leugneten sie, dass es überhaupt Demonstrationen gab. Dann bestritten sie, dass dort Gewalt angewendet wurde. Schließlich verneinten sie, dass die Demonstranten Syrer seien. Schaffte es eine Kundgebung ins Fernsehen, dann waren es »ausländische Agenten des Zionismus und des amerikanischen Imperialismus«, die für die Unruhen verantwortlich waren. Oder irakische Kurden. Oder Palästinenser. Oder: Der »Lügensender« Aljazeera habe Tausenden Menschen halluzinogene Pillen verabreicht, um sie zum Demonstrieren anzustacheln.

Als im Juni in Hama Hunderttausende auf die Straße gingen, um gegen Assad zu protestieren, behauptete die Staatspropaganda glatt, die von tausend Handys gefilmten Aufnahmen entstammten einem Filmstudio in Katar, wo man den Oronthesplatz aus Hama originalgetreu nachgebaut habe. Aljazeera, BBC, France24, CNN – alles Fake-News! Agenten einer globalen Verschwörung gegen Syrien!

In Yarmouk traf das alles mit Verzögerung ein. Wir waren ja Palästinenser. Wir mussten neutral bleiben. Brav mieden wir weiterhin alles, was mit syrischer Politik zu tun hatte, so, wie es mir auch meine Eltern eingetrichtert hatten. Meine Schüler sprachen von den Ereignissen, als geschähen sie in einem fremden Land und nicht vor unserer Haustür.

»Hast du gehört, was in Daraa ist?«, fragte einer.

»Ja, krass«, gab ein anderer zurück.

Und das war es dann auch schon, und alle packten ihre Lauten aus, und es ging los mit Do-Re-Mi-Fa-So.

Viele Palästinenser steckten in einer Zwickmühle: Einerseits waren wir dem syrischen Staat zu Dank verpflichtet, der uns Flüchtlinge so großzügig aufgenommen hatte, großzügiger als die anderen Staaten der Region. Hinzu kam syrische Staatspropaganda. Andererseits sympathisierten viele mit den Demonstranten.

Unsere Politiker in Yarmouk mahnten uns zur Neutralität. »Wir halten uns heraus aus dem innersyrischen Konflikt«, war die Sprachregelung, von links bis rechts, von Fatah über Hamas bis Islamischer Dschihad. Aus dem innersyrischen Konflikt. Eine lustige Formulierung, wenn man bedenkt, dass wir seit fast 60 Jahren hier lebten.

Vielen war klar, dass wir Flüchtlinge rasch zum Sündenbock gemacht werden können. Das war keine Minderheiten-Paranoia: Im März hatte Assads Medienberaterin uns Palästinenser bereits beschuldigt, wir seien »ausländische Elemente« und wollten einen Bürgerkrieg in Syrien anzetteln. Also herrschte die Übereinkunft: Yarmouk kann es sich nicht leisten, sich gegen das Regime zu stellen.

Aber es sollte ein sicherer Hafen für Flüchtlinge sein. Sie kamen schon bald. Palästinenser in Daraa und Homs hatten sich den Demonstrationen angeschlossen – und teuer dafür bezahlt. Die Staatssicherheit hatte die Lager gestürmt und »durch den Fleischwolf gedreht«, wie es die Flüchtlinge nannten. Vor nichts und niemandem hatten sie haltgemacht. Immer wieder hörte ich die Geschichte von Scheich Ahmad Sayasina, dem blinden Imam einer historischen Moschee in Daraa. Er hatte Demonstranten Unterschlupf gewährt, woraufhin wild um sich feuernde Sicherheitskräfte die Moschee stürmten und mehrere junge Männer – mitten im Gotteshaus! – niederschossen.

Zehntausende fanden bei uns Zuflucht. Sie wurden in den UNRWA-Schulen untergebracht, viele Yarmouker halfen, wo sie konnten. Brachten Decken und Kleidung vorbei oder nahmen ganze Familien bei sich auf.

Es war höchste Zeit, dass ich mein Studium zu Ende brachte. Noch immer fuhr ich dann und wann mit dem Bus nach Homs, um Prüfungen zu absolvieren; die letzten wären im Juli 2011 gewesen. Doch als wir uns eines Morgens der Stadt näherten, stand die halbe syrische Armee mit ihrem Kriegsgerät auf der Autobahn. Der Bus fuhr im Slalom um Sattelschlepper herum, auf denen Panzer bereitstanden, den Aufstand niederzuschlagen.

Wir näherten uns einem Checkpoint. Ich hielt den Atem

an. Würden die Soldaten den Bus anhalten, meinen Ausweis kontrollieren und mich dabehalten, da ich meinen Wehrdienst nicht geleistet hatte? Oder mich verhaften, weil ein junger Palästinenser, der in diesen Tagen von Yarmouk nach Homs fuhr, per se verdächtig war? Die Soldaten winkten uns durch. Der Bus rollte, ohne anzuhalten, durch den Checkpoint. Ich atmete auf. Es war das letzte Mal, dass ich nach Homs gefahren bin.

Mein Kumpel Michail, ein angehender Opernsänger, bei dem ich zu Anfang meines Studiums einige Nächte auf der Couch geschlafen hatte, rief mich eine Woche später an und erzählte mir vom Uhrturm-Massaker. Er drückte sich vorsichtig aus, er hatte Angst, sein Telefon würde abgehört. »Wir haben viele Freunde verloren«, das waren seine Worte.

Ein anderer Kommilitone, ein Flötist, wurde deutlicher. Er schrieb mir auf Facebook, die Soldaten hätten auf die Demonstranten geschossen, bis »das Blut gegen die Hauswände schwappte«. Danach sei die Feuerwehr angerückt, habe ihre Schläuche ausgerollt und die Wände und die Straßen abgespritzt. Zwei Stunden später war alles wieder sauber.

Jedes Jahr am 15. Mai gedenken wir der Nakba, der »Katastrophe«, der Vertreibung von mehr als 700 000 Palästinensern im Jahr 1948. Dieses Jahr sollte es nicht nur die üblichen Reden und Umzüge geben, hieß es auf einer Facebook-Seite, diesmal fahre man zur Waffenstillstandslinie auf den Golanhöhen. Sammelpunkt: die Moschee in der Mitte der Yarmoukstraße. Der übliche Treffpunkt für offizielle Anlässe und Pro-Assad-Kundgebungen. Dort stünden Busse bereit, die alle an die Grenze bringen würden.

Busse? Das hieß, die Sache war von höchster Stelle genehmigt worden. Wollte der syrische Staat wieder einmal den Zorn der Massen von sich weg auf Israel lenken? Es wäre zumindest typisch. Seit jeher rechtfertigt das Regime seine Unterdrückungspolitik mit dem seit 1963 bestehenden kalten Kriegszustand mit Israel. Man befinde sich nun einmal im Krieg, man müsse eben ständig auf der Hut sein vor dem listigen, zionistischen Feind; daher das Versammlungsverbot, daher das Notstandsgesetz.

Wir Palästinenser waren offenbar nur ein Spielball. Im Ausland verkündete das Regime in diesen Tagen: Ohne Stabilität in Syrien könne es keine Stabilität in Israel geben. Mit anderen Worten: Wir sorgen für die Sicherheit Israels. Und daheim hetzte man die Leute auf gegen die zionistische Verschwörung. Welch zynische Doppelzüngigkeit.

Hunderte junger Männer fuhren mit. Als sie die Grenze bei Qunaitra erreichten, ließen die syrischen Soldaten sie durch. Die Demonstranten schnitten den Stacheldraht durch und rannten, palästinensische Fahnen schwenkend, über die Demarkationslinie. Einige schafften es bis in das direkt an der Grenze liegende Städtchen Madschdal al-Schams. Da eröffneten die israelischen Soldaten das Feuer.

Die Busse brachten die Überlebenden heim. 13 Demonstranten waren erschossen worden, mehrere Dutzend hatten zerfetzte Beine von Hohlspitzgeschossen, jenen Patronen, die erst explodieren, wenn sie im Fleisch stecken. Die verwundeten Rückkehrer wurden als Helden gefeiert und bekamen 1A ärztliche Behandlung im städtischen Mudschtahed-Krankenhaus.

Das war erst der Anfang. Am 6. Juni, drei Wochen später, war die Naksa, der »Tag des Rückschlags«, zum Gedenken an den Sechstagekrieg im Jahr 1967, in dessen Verlauf Israel die Golanhöhen und ganz Palästina besetzte. Wieder wurde dazu aufgerufen, an die israelische Grenze zu fahren. Und dieses Mal war es offensichtlich: Das »Generalkommando« stand hinter diesem Aufruf.

Der volle Name dieser radikalen Miliz: »Volksfront zur Befreiung Palästinas – Generalkommando«. Ihr Programm ist schlicht: Die »Bekämpfung des zionistischen Feindes« mit allen Mitteln. Als die PLO längst mit Israel verhandelte, forderte das Generalkommando weiterhin die Auslöschung Israels. Sein Hauptquartier hatte es in Yarmouk. Auch von hier aus organisierte es seine Anschläge.

Die Assads, erst der Vater, dann der Sohn, ließen das Generalkommando gewähren. Ihnen kam der Hass auf den Staat Israel gelegen. Sie schürten ihn nach Kräften, bei Syrern und Palästinensern gleichermaßen. Solange es gegen Tel Aviv ging, hatte das Generalkommando also freie Hand. Und durchsetzt mit Geheimdienstspitzeln war die Organisation sowieso.

Wieder fanden sich Hunderte Syrer und Palästinenser am Treffpunkt ein und fuhren mit Bussen auf die Golanhöhen. Wieder überwanden sie den Stacheldraht und rannten über die Waffenstillstandslinie nach Israel. Dieses Mal war der Blutzoll höher: 350 Demonstranten wurden verwundet, 23 tot. Sogar eine junge Frau war darunter. Wieder fuhren die Busse direkt ins Mudschtahed-Krankenhaus, wo die Verwundeten verarztet und die Leichen von Gerichtsmedizinern untersucht wurden.

Am nächsten Morgen gegen elf formierte sich in Yarmouk der Trauerzug. Die Leichname lagen in weiße Tücher gewickelt in offenen Särgen, auf den Schultern trug man sie in Richtung Friedhof. Doch es wurde nicht der übliche Heldenempfang. Die Trauer schlug in Empörung um. Längst stellten sich die Menschen in Yarmouk bohrende Fragen: Wieso hatte man die jungen Leute wie Schafe zur Schlachtbank geführt? Waren sie der Spielball, das Kanonenfutter, mit dem das Assad-Regime die Aufmerksamkeit im Lande wieder weg von sich und auf Israel lenken wollte?

Schon bald skandierten die Massen nicht mehr »Palästina, Palästina, Millionen Märtyrer!«, sondern: »Freiheit!«, wie bei den Protesten in Daraa und Damaskus. Es war die größte Demonstration, die ich in Yarmouk je gesehen habe. Zehntausende waren auf den Beinen. Angeheizt wurde der Furor von jenen, die aus anderen Palästinenserlagern zu uns geflüchtet waren, ihre revolutionäre Stimmung im Gepäck. Alte, Junge, Geschäftsleute, Arbeiter, Studenten und natürlich Linke – besonders jene Generation, die in den 80ern und 90ern mit Ziad Rahbanis Liedern aufgewachsen war. Der ich ja auch angehöre.

Übrigens: Rahbani, die Vaterfigur der Freigeister, der über Jahrzehnte unseren Blick für soziale Ungerechtigkeit geschult und uns – mit Jazz! – zur ständigen Kritik an Staat und Klerus aufgerufen hatte, war mit den Jahren immer zynischer geworden. Plötzlich fanden wir ihn auf der anderen Seite wieder: Nach langem öffentlichen Schweigen offenbarte er in einem Fernsehinterview, zur bitteren Enttäuschung seiner geistigen Sprösslinge, dass er auf Seiten des Assad-Regimes und der Hisbollah steht. Heute kann ich seine Lieder nicht mehr hören, ohne diesen Verrat irgendwie mitzudenken.

**Ich saß an jenem Morgen vor meinem Laden,** als mein Nachbar von der Aluminiumwerkstatt auf sein Fahrrad stieg und mir zurief, er fahre jetzt hinüber zur Kundgebung. Da packte auch mich die Neugier, ich schloss den Laden ab und fuhr hinterher. Als ich auf die Hauptstraße einbog, sah ich den schier endlosen Zug der Fahnen schwenkenden Demonstranten und hörte ihre Sprechchöre, übertönt vom Rattern der eisernen Rollos, mit denen die Besitzer hastig ihre Läden absperrten. Und schließlich hörte ich aus der Ferne, vom Friedhof her, drei Schüsse.

Wütende Demonstranten hatten begonnen, so erzählte man es mir später, Ahmad Dschibril zu beschimpfen, den Anführer des Generalkommandos. Sie bewarfen einen seiner Helfer mit Müll. Es gab eine Rangelei mit seinen Leibwächtern, schließlich schoss einer von ihnen in die Luft. Das brachte die Leute noch mehr auf.

»Was gibt ihm das Recht, hier herumzuballern?«, riefen sie. »Bestrafen sollte man ihn!«

Dschibril und seine Leibwächter machten sich davon und flohen durch die Gassen zu ihrem Hauptsitz. Rasch war er von Demonstranten eingekesselt.

Alle Rachsucht richtete sich gegen den unbotmäßigen Leibwächter. »Gebt den Mann raus!«, riefen die Männer auf der Straße wütend. »Er hat kein Recht dazu, über unseren Köpfen herumzuballern! Er soll nicht ungestraft davonkommen.«

Erst flogen Steine gegen das Gebäude, dann Molotowcocktails gegen die Fenster, nicht lange, da stieg Rauch aus dem Gebäude auf. Dann versuchten Demonstranten, ausgerüstet mit eisernen Mülltonnen, das Gebäude zu stürmen. Wieder fielen Schüsse.

Ich stand vielleicht 150 Meter entfernt, vor dem Paläs-tina-Krankenhaus. Ich sah, wie Verletzte aus der Schuss-linie geschleift und auf Decken in die Notaufnahme des Krankenhauses getragen wurden. Nur wenigen hatte man in die Beine geschossen. Den meisten in die Brust, in den Bauch, in den Kopf.

Ich konnte das nicht länger mitansehen. Aufgebracht stieg ich auf mein Fahrrad und fuhr heim. Zum ersten Mal war ich Zeuge von Gewalt geworden. Hatte erlebt, wie ver-bittert die Menschen auch bei uns waren.

In den Monaten danach spalteten sich die palästinen-sischen Gruppen. Die großen Milizen schlugen sich mehr oder weniger auf die Seite des syrischen Protests und blie-ben vorerst in Yarmouk. Ahmad Dschibril, der angeblich von einem Helikopter der syrischen Armee vom Dach des brennenden Gebäudes gerettet wurde, kommandierte seine Milizen nun von außerhalb des Lagers. Sie waren zwar weiter in Yarmouk präsent, hörten aber immer weniger auf die Anweisungen ihres Befehlshabers. Viele von ihnen desertierten auch, und immer öfter gerieten die Milizen mit den Bewohnern Yarmouks aneinander, die nicht einsahen, warum jemand das Sagen haben sollte, nur weil er ein Ge-wehr trug. »Guck mal, da schwingt wieder einer sein Stöck-chen«, spotteten sie.

Die Jüngeren hatten ohnehin längst andere Helden als die Kader von Fatah, Hamas oder dem Generalkommando. Ihre Idole waren junge Leute aus Italien, Deutschland, Frankreich oder Schweden, die nach Yarmouk gekommen waren, um Arabisch zu lernen oder die palästinensische Sache zu unterstützen. Von ihnen guckten sich die Jünge-ren vieles ab. Das »Wir halten uns raus« des Generalkommandos klang in ihren Ohren wie die Musik einer alten zerkratzten Schallplatte.

Doch Yarmouk kam noch einmal zur Ruhe. Wir bekamen eine Galgenfrist. Anderthalb Jahre noch sollte es dauern, bis der Krieg unser Viertel erreichte. Anderthalb Jahre, in denen die syrische Revolution immer blutiger wurde, das Leben in Yarmouk aber seinen gewohnten Gang ging.

Für mich war dieser Sommer 2011 ein Sommer des Glücks. Am 7. Juli – einen Monat nach der großen Demonstration – feierte ich meine Verlobung mit Tahani. Wir begannen, uns heimlich in der Altstadt zu treffen und uns gegenseitig alle unsere Geheimnisse zu erzählen. Ich hatte nur Augen für sie.

Zwei Monate später, am 7. September 2011, haben wir geheiratet. Auch da war die Welt in Yarmouk noch in Ordnung. Unsere Hochzeit war ein ausgelassenes Fest, und als wir mitten in der Nacht mit dem Autokorso quer durch Yarmouk und schließlich hinüber nach Yalda fuhren, da hielt uns kein Checkpoint auf.

Wenig später wurde Tahani schwanger. Ich entflammte in Liebe. Alles hatte ich im Kopf in dieser Zeit. Aber keine Politik. Ich war dabei, eine Familie zu gründen, ich wollte, dass es meine Kinder einmal besser haben. Unser Geschäft lief weiterhin bestens. In Yarmouk lebten nun viele Leute, die aus umliegenden Stadtteilen zu uns geflohen waren. An den Zufahrtsstraßen gab es erste Checkpoints. Die Flüchtlinge konnten nicht ohne weiteres raus aus Yarmouk. Sie langweilten sich. Ich bekam noch mehr Schüler.

Unter ihnen waren drei Studentinnen. Ich mochte sie sehr. Sie unterstützten die Revolution mit Haut und Haar. Zwei von ihnen waren Christinnen, die dritte war Ismaelitin, eine winzige muslimische Glaubensgemeinschaft. Warum ich das weiß, weiß ich auch nicht. Es muss im Laufe unserer Gespräche von allein zur Sprache gekommen sein. Gefragt habe ich sie sicher nicht danach, denn jemanden nach seiner Konfessionszugehörigkeit zu fragen, ist in Syrien ein Tabu.

Die Jahre 2011 und 2012 nahmen sie den immer gefährlicheren Weg nach Yarmouk auf sich, um Klavierunterricht bei mir zu nehmen. Die Erste kam aus Bab Scharqi, dem Herzen der Altstadt, die Zweite aus dem benachbarten Zahira, wo es bis heute ruhig ist, die Dritte aus Taqaddum, im Süden Yarmouks, wo bald gekämpft wurde. Alle drei trugen natürlich kein Kopftuch, sondern Jeans und enge Oberteile. Meine Güte, was haben ihnen die Jungs bei uns in Yarmouk hinterhergeguckt! Was war Tahani eifersüchtig!

Ich sprach mit meinen Schülern nie über Politik. Das war mir zu gefährlich. Man wusste ja nie, wo der andere steht. Am Ende würde ich meine Ansichten dem Falschen offenbaren. Das kann einen in einer Diktatur wie Syrien den Kopf kosten. »Zwischen Zweien steht immer ein Spitzel«, war ein geflügeltes Wort.

»Warum nimmst du eigentlich den weiten gefährlichen Weg auf dich?«, fragte ich einmal die junge Frau aus der Altstadt, nennen wir sie Rania. »Es gibt doch sicher auch in deinem Viertel Klavierlehrer.«

»Du bist eben ein guter Lehrer«, antwortete Rania, »und noch dazu so günstig.«

Das war mal eine ehrliche Antwort! Ich fasste Mut und fragte sie: »Was hältst du von der Protestbewegung in Damaskus?«

Ranias Augen leuchteten, als sie nun zu einer großen

Rede ausholte. »Wir brauchen dringend einen Wandel!«, rief sie. »Und wenn nicht jetzt, wann dann? So geht es jedenfalls nicht weiter!«

Wie gut das tat, so etwas zu hören. Bei dem üblichen Geschimpfe, das es sonst so gab, verstand man ja nichts. Auch die anderen beiden Schülerinnen offenbarten mir, wie sehr sie sich einen Wandel wünschten. Demokratie! Ein Ende der Angst und der Spitzelei und der alles aushöhlenden Korruption! Freiheit!

Denke ich heute an die ersten hoffnungsvollen Monate der syrischen Revolution, dann denke ich an diese drei. Sie verkörperten für mich den Weg, den wir hätten einschlagen sollen, weitab von Diktatur und Fundamentalismus.

Aber es kam anders.

Bald wurde Tadamon bombardiert, im Westen von Yarmouk. Die Raketen kamen vom Kassiounberg angeflogen, manchmal auch vom Flughafen Damaskus oder vom Mezzeh-Militärflughafen. Mit einem »Bufffff!« fielen sie auf die Häuser von Tadamon, und dann stieg eine Säule aus schwarzem Rauch auf.

Die Revolte in Tadamon war von Anfang an bewaffnet. Vielleicht, weil dort besonders viele Soldaten lebten – die mit ihren Waffen desertiert waren, um die Demonstrationen gegen die Schüsse der Sicherheitskräfte zu verteidigen. So war die FSA entstanden, die Freie Syrische Armee. Immer wieder kauften wohlhabende Damaszener dem Regime große Mengen an Waffen ab und spendeten sie der FSA.

Tadamon war ein Neubaugebiet, Sunniten lebten dort, Alawiten, Christen, Schiiten, Murshidis, Orthodoxe und Ismaeliten. Als 2012 die Unruhen das Viertel ergriffen, verliefen die Fronten keineswegs entlang der Konfessionen.

Ich kann es nur wiederholen: Am Anfang war die syrische Revolution kein Religionskrieg. Das kam viel später.

Das Generalkommando begann, Checkpoints an den Eingängen von Yarmouk zu errichten, stellvertretend für das Assad-Regime. Doch die Kämpfer der Freien Syrischen Armee rückten immer näher. Immer häufiger lieferten sich die beiden Gruppen nun Schusswechsel. Und dann beging AD, der schnauzbärtige Generalsekretär des Generalkommandos, der Freund Assads, den Sündenfall: Er rief die syrische Armee zu Hilfe.

Am 15. Juli 2012 rollte zum ersten Mal ein Panzer durch Yarmouk. Ich sehe ihn noch vor mir: Er kam von der »Wassermelone« hereingefahren, so nannten wir den kugelförmigen Brunnen im Kreisverkehr Richtung Damaskus. Bog in die Haupteinkaufsstraße und rasselte bis zum Palästina-Krankenhaus. Und wieder zurück. Das war seine Route. Fuhr ich nun mit meinem Fahrrad die Hauptstraße entlang, ratterte ich über die Rillen, die der Panzer in den Asphalt gestempelt hatte.

Und zugleich war ich – der glücklichste Vater von allen. Ahmad, unser erster Sohn, war gerade drei Wochen alt. Er kam am 27. Juni 2012 in der al-Bassel-Geburtsklinik mit einem Kaiserschnitt zur Welt. Wir hatten viel Geld ausgegeben, damit Tahani die bestmögliche Behandlung bekam. Eines Morgens stiegen wir in ein Taxi, um zur Klinik zu fahren, am nächsten Morgen fuhren wir heim, das Baby auf dem Arm.

Es begann die wundervolle Zeit der jungen Elternschaft. Nur das Allernötigste machte ich im Laden, um möglichst viel daheim zu sein. Um einfach nur zu dritt im Bett zu liegen. Und wie glücklich meine Eltern waren. Ihr erster Enkel! Nicht lange, da holte mein Vater seine Violine hervor und begann, dem kleinen Ahmad etwas vorzuspielen. Ihm schwebte wohl ein zweiter Aeham vor.

Bis Anfang August blieb alles friedlich. Wir konnten den Kleinen in den Kinderwagen legen und mit ihm spazieren gehen. Ich konnte nach Yarmouk hinüberfahren. Und dann ging alles ganz schnell.

Plötzlich tauchten Soldaten in unserer Straße auf. Tagsüber fuhren sie wie wild mit ihren Wagen umher, ließen die Reifen quietschen und die Motoren heulen, um allen zu zeigen, wer das Sagen hat. Sie begannen, Häuser zu durchsuchen, nach Kämpfern, Waffen und Personen, die man auf Demonstrationen gefilmt hatte. Eines Abends filzten sie die Wohnung direkt unter uns. Ich war nicht da, Tahani lag zitternd im Bett und umklammerte den Kleinen. Ein Horrorabend. Am nächsten Tag hörten wir, es habe Massenexekutionen gegeben. Immer mehr Bewohner packten ihre Siebensachen und verließen Yalda Hals über Kopf.

Wir brauchten einen Plan B. Ich bat meine Musikschüler, mir zu helfen, und eines Nachmittags trugen wir die Hunderten von Instrumenten, die bei uns im Laden hingen, hinüber in die größere Lautenwerkstatt. Es waren nur einige Minuten zu Fuß. Zigmal gingen wir hin und her. Das sollte von nun an unser Musikladen sein. Und zur Not könnten wir darin auch wohnen.

Parallel transportierten wir die schweren Maschinen, all die Sägen und die Schleifgeräte auf einem Anhänger in den viel kleineren Musikladen. Mein Bruder würde ihn weiter als Tischlerei nutzen, um Fenster und Türen zu schreinern. Das Lautengeschäft lag darnieder. Wer brauchte in diesen Zeiten schon ein neues Instrument?

Ich hatte einen Fehler gemacht. Mit dem Überschwang des Jungvermählten hatte ich Ende 2011 einen großen Auftrag angenommen von unserem besten Kunden, dem Großhändler aus dem Libanon. 1200 Lauten hatte er bestellt. Und weil er so ein guter Kunde war, bestanden wir nicht auf Vorkasse. Das taten wir bei ihm nie. Sondern kauften eifrig all die teuren Hölzer. Sicher 40 000 Euro gaben wir dafür aus.

Wenig später, das war die zweite Dummheit, kauften wir einen Restposten hochwertiger Yamaha-Gitarren, 600 Stück zu je 100 Euro. Ein Schnäppchen. Ein Desaster. Wir sind die Gitarren – im Wert von 60 000 Euro! – niemals losgeworden. Wir haben sie heute noch. Genau wie die 1200 Lauten. Als sie fertig waren, als sie ausgeliefert werden konnten, machte der Großhändler einen Rückzieher, vertröstete uns erst und stornierte dann den Auftrag. Als der Krieg kam, besaßen wir Tausende Instrumente. Aber hatten kaum Geld.

Der Umzug geschah keine Sekunde zu früh. Am 4. September hatte mein Cousin Mayad Geburtstag, er wohnte in der Wohnung über uns. Tahani hatte sich schon schick gemacht, gleich wollte sie hinaufgehen. Ich war noch unterwegs mit einem Onkel, der einen Minibus besaß, um Lautenwirbel zu besorgen. In diesem Augenblick startete die Armee einen Artillerieangriff auf Yalda.

Als die ersten Häuser bei uns in der Straße getroffen wurden, schnappte sich Tahani den kleinen Ahmad, schnappte sich, warum auch immer, eine Tüte mit Kaktusfeigen aus der Küche, mein Vater schnappte sich den kleinen Rucksack mit unseren Ersparnissen, meine Mutter eine Tüte mit Lebensmitteln, und dann rannten die drei mit dem Baby auf dem Arm in Richtung Yarmouk, nur fort aus dem Bombenhagel.

Ich war noch immer im Auto unterwegs. Auch um uns herum regneten die Mörsergranaten herab. Ich hörte ihr Pfeifen, und – buff – schlugen sie einige hundert Meter hinter uns ein. Trümmer stürzen auf die Straße.

»In was für eine Gefahr bringst du uns!«, schrie mein Onkel. »Was mache ich hier?!«

»Gott wird uns schützen!«, rief ich. »Gib Gas! Schneller!«

Längst hatte ich Tahani an der Strippe, die mir sagte, wo sie war. Im Rückspiegel konnte ich sehen, wie ein Haus zusammensackte. Hupend raste mein Onkel in Richtung Yarmouk. Ich schickte ein Stoßgebet zum Himmel.

Endlich trafen wir die vier. Ich sprang aus dem Minibus und umarmte Tahani. Über unsere Köpfe heulten Granaten hinweg Richtung Yalda. Wir fuhren in die ehemalige Lautenwerkstatt.

Es war früher Abend. Wir hatten unser nacktes Leben gerettet. Und sonst nichts. Nicht einmal Matratzen gab es. Ein Nachbar, der freundliche Abu al-Abed, sah, wie wir in den Laden stürzten, und kam, um sich nach uns zu erkundigen. Er besorgte uns Bettzeug und zwei große Matratzen. Wir legten uns in unseren Straßenkleidern schlafen.

Als wir am nächsten Morgen gerädert aufwachten, hatte der kleine Ahmad eine rote Schwellung an der Hand: Eine Spinne hatte ihn gebissen.

Wir gingen los, das Nötigste zu besorgen: Unterwäsche und Zahnbürsten, Schnuller und Windeln. Tahanis Tante lieh uns Töpfe. Der Raum war sicher sechs Meter hoch, die Wände roh, der Boden aus Beton. Wir hatten zwei Mauern eingezogen. Vorn war nun der Laden mit Verkaufstresen, dort standen die Keyboards und Klaviere und hingen Hunderte von Lauten wie Trauben von der Decke. Hinter der Mauer war nun unser einziges Zimmer, vollgestellt mit Geigenkästen und Zehnerkartons mit Gitarren. Ganz hinten hatten wir die provisorische Küche und das spärliche Klo abgetrennt.

Jeden Tag hofften wir, kurz in unsere Wohnungen in Yalda gehen und einige Dinge holen zu können. Aber die Lage wollte sich einfach nicht beruhigen. Ein Jahr dauerte es, bis wir sie wieder betreten konnten. Es fehlten alle Fenster, und von der Wohnung meiner Eltern war nur noch die Hälfte übrig.

Es begannen schwierige Zeiten. Nein, wir haben uns nicht gut verstanden. Gerade war ich ausgezogen. Nun musste ich mit meinen Eltern in einem Raum leben. Wie Sardinen in der Büchse schliefen wir nebeneinandergepfercht auf den Matratzen, die wir auf den Boden gelegt hatten. Ich war gereizt. Und Tahani ging es noch viel schlechter. Sie war eine junge Mutter, sie stillte, ihre Nächte waren kurz. Und tagsüber musste sie nun das schiefe Gedudel der Musikschüler erdulden. Privatsphäre? Die würde es lange nicht mehr geben.

Um uns herum lebten die Leute weiter in ihren Wohnungen, nur wir waren schon Flüchtlinge. Verzweifelt versuchten wir, so etwas wie Normalität zu schaffen. Morgens legte meine Mutter Musik von Fairouz auf, deren helle Stimme Zuversicht und Überschaubarkeit vermittelte. So, wie sie es immer gemacht hat. So, wie in den alten Zeiten. Aber sie hat sich nicht getraut, dazu zu singen.

# Der Exodus

Am 16. Dezember 2012 gegen Mittag saß ich im Laden und spielte Klavier. Plötzlich gab es in der Nähe eine schwere Explosion. Und noch eine. Der Laden bebte, eine der großen Scheiben knackte – und sprang. Ich rannte vor die Tür. An den Lärm der Artillerie hatten wir uns gewöhnt, ganze Straßenzüge hatte die Luftwaffe in den Nachbarbezirken in den vergangenen Monaten in die Steinzeit gebombt. Yarmouk war noch immer verschont geblieben. Doch diese Explosionen fühlten sich näher an als alle anderen. In der Ferne hörte ich ein Kampfflugzeug davonjagen.

Ich setzte mich aufs Fahrrad und suchte den Himmel nach Rauchsäulen ab, doch auch die waren trügerisch, denn nach Tadamon hin war die Luft meist voll damit. Leute riefen mir zu, ein MiG-Jet habe eine Rakete in die Mansoura-Schule gejagt. Meine alte Mittelschule! Ich fuhr hin – und war im Krieg. Autos standen in Flammen, schwarzer Rauch hing in der Luft. Die Rakete war in den Garten neben dem Pausenhof eingeschlagen, alle Fenster der Schule und der umliegenden Häuser waren zerstört, die Splitter hatten Löcher in die Wände gerissen.

Kaum war ich dort, hieß es, eine weitere Rakete habe die al-Bassel-Geburtsklinik getroffen – hier war eben noch unser Sohn auf die Welt gekommen. Auch dorthin bin ich gefahren in meiner verfluchten Neugier. Man hatte die Toten und Verletzten auf Decken auf die Straße getragen, manchen fehlten Gliedmaße, gerade kam ein Arzt angelaufen, um zu sehen, wer gerettet werden könne.

»Bringt den hinein«, rief er, und dann hoben vier Männer eine Decke, auf der ein Mann mit zerschlagenem Gesicht lag, man konnte es vor Blut kaum erkennen.

Aufgeregt kam ein Mann angerannt und wollte eine Decke zurückschlagen, die man über eine Frau gebreitet hatte.

»Sie ist tot!«, rief jemand.

»Ich suche meine Mutter!«, rief der Mann und schlug die Decke zurück und schickte ein Stoßgebet – »Alhamdulillah« – zum Himmel und rannte weiter.

Ich sah meinen Freund Thaer, den Filmemacher, zitternd mit einer Kamera herumlaufen. Später sollte aus diesem Material sein Kurzfilm »MiG« werden.

Auch die Husseini-Moschee war getroffen worden. Flüchtlinge hatten hier Unterschlupf gefunden. Menschen schrien, Überlebende irrten durch den Qualm und suchten nach Angehörigen, Ambulanzen kamen angerast, überall war Blut.

Ich konnte nicht mehr. Ich konnte nicht helfen. Ich fuhr heim.

Abends saßen wir lange zusammen. Ich erzählte meinem Vater, was ich gesehen hatte.

»Warum Yarmouk?«, fragte er sorgenvoll. »Wir wollten uns heraushalten. Und jetzt werden wir bombardiert.«

Und warum hatte man eine Schule, eine Moschee, ein Krankenhaus – und das Standesamt – ins Visier genommen, in denen höchstens Flüchtlinge lebten, aber weit und breit keine Rebellen? Die Bombe hatte sich in den Keller der Moschee gebohrt, Dutzende Familien hatten dort Zuflucht gefunden. Mehr als 40 Menschen waren gestorben. Bedrückt gingen wir zu Bett – das heißt, wir legten uns nebeneinander auf die Matratzen. Und lagen noch lange wach.

Am nächsten Morgen standen wir früh um sechs Uhr auf, ich wollte zusammen mit meinem Vater ins Zentrum gehen. Wir mussten an etlichen Checkpoints vorbei. Da ist man am besten früh auf den Beinen. Mittags, wenn die Sonne sticht, werden die Soldaten immer gereizter. Dann kann dir alles passieren.

Eine Woche zuvor hatte die UNRWA ihre Angestellten aus Yarmouk abgezogen. Weil sie nicht mehr für deren Sicherheit garantieren konnte, weil die von der UNRWA betriebenen Schulen voller Flüchtlinge waren und an Unterricht ohnehin nicht mehr zu denken war. Als Ersatz hatte die UNRWA angekündigt, nun erstmals Bargeld an uns Palästinenser auszugeben. Jeder würde von nun an 3000 syrische Pfund (30 Euro) pro Monat erhalten. Ausgezahlt wurde es in einer Bank im Zentrum von Damaskus. Dorthin wollte ich gehen an diesem Tag. Mein Vater sollte mich begleiten.

Es war noch früh – doch durch das Schaufenster sahen wir, wie unsere Nachbarn Koffer und Taschen durch den Hauseingang manövrierten.

»Wo wollt ihr hin?«, fragte ich.

»Für ein paar Tage Verwandte besuchen.«

Bettzeug und Matratzen wurden aus dem Hausflur gereicht. Nach einem kurzen Besuch sah das nicht aus. Mein Vater und ich traten aus dem Haus. Wir fassten einander an der Hand, so, wie wir es immer gemacht haben, und zogen los.

Als wir in die Yarmoukstraße einbogen, bot sich mir ein Anblick, der mir das Blut in den Adern gefrieren ließ: Ein nicht abreißen wollender Strom von Menschen, bepackt mit allem, was sie nur tragen konnten, zog durch den endlosen Stau in Richtung Damaskus. Es war noch früh, doch Zehntausende waren auf den Beinen. Die Menschen trugen Tüten und Koffer, schoben Schubkarren und Kinderwagen, hatten ihre Fahrräder mit Kisten bepackt und die Dachgepäckträger ihrer Autos mit Matratzen. So ähnlich müssen die Menschenströme bei der Nabka ausgesehen haben, dem Massenexodus aus Palästina im Jahre 1948.

Ich sprach einige der Vorbeihastenden an. Wohin sie denn gingen?

»Unsere Familie besuchen«, sagte einer.

»Wissen wir noch nicht«, sagte ein anderer. »Bloß raus aus Yarmouk.«

»Warum das denn?«

»Hast du es etwa noch nicht gehört? Auf Yarmouk-News stand heute geschrieben: Die Regierung fordert alle Bewohner dazu auf, Yarmouk umgehend zu verlassen. Gott bewahre. Wer weiß, was sie mit uns vorhaben.«

Nein, das hatte ich nicht gelesen. Yarmouk-News war eine der vielen von Bürgerjournalisten betriebenen Nachrichtenseiten auf Facebook. Seit Beginn der Protestbewegung poppten immer mehr solcher Seiten auf. Da war für jede politische Richtung etwas dabei. Manche waren ähnlich überflüssig wie die syrischen Staatsmedien, andere leisteten akribische journalistische Arbeit und boten eine wertvolle Alternative zu den klassischen Medien. Facebook ermöglichte es, zumindest virtuell, das seit den 1960er Jahren in Syrien bestehende Versammlungsverbot zu umgehen. Zwar schaltete das Regime die Plattform immer wieder ab, doch längst wussten alle, wie man die Zensur umging.

Gestern die beiden MiG-Raketen. Heute das Ultimatum der Armee. Und nun raunte mir einer der Fliehenden zu: »Mein Onkel arbeitet bei der Staatssicherheit. Der hat gesagt, dass sie eine Blockade über Yarmouk verhängen werden.« Mir wurde noch mulmiger.

Wir reihten uns ein in den Strom der Menschen. Normalerweise dauerte es keine zehn Minuten, die Yarmoukstraße hinunterzugehen. An diesem Tag brauchten wir eine Dreiviertelstunde.

Das Handy meines Vaters klingelte. Onkel Mohammed war dran. Wo wir seien? Ob wir auch Yarmouk verlassen werden? Ob er uns abholen solle?

»Nein«, sagte mein Vater, »wir warten erst mal ab. Wir werden sehen, was passiert.«

Wir diskutierten eine Weile – und beschlossen, diesen Tag wie eine Testflucht zu begreifen. Ein Was-wäre-wenn-Szenario. Sollte sich das Ganze als machbar erweisen, würden auch wir Yarmouk verlassen. Bevor auch wir vom Krieg zermalmt würden. Wie die Leute prophezeiten.

Ich schaute mir die Vorüberhastenden an. Ein guter Teil waren Menschen, die in den vergangenen Monaten aus anderen Vierteln zu uns geflohen waren – als in ihren Straßen geschossen wurde, als ihre Häuser bombardiert wurden. Kein Wunder, dass sie nun gleich wieder auf den Beinen waren. Sie hatten nichts mehr zu verlieren.

Wir passierten die Wassermelone, den großen Kreisverkehr am Eingang zu Yarmouk, und liefen wenig später über eine Brücke hinüber nach Neu-Zahira. Eine Neubaugegend mit gepflegten Straßen, die Häuser nicht aus rohen

Betonblocks wie in Yarmouk, sondern mit hellem Granit verkleidet. An den Straßenrändern parkten Autos, die Geschäfte hatten geöffnet – und dazwischen der Strom der Flüchtlinge. Die ersten hatte man auch hier in Schulen und Moscheen untergebracht. Doch nun quoll Zahira über mit gestrandeten Menschen, die nicht wussten wohin. Erschöpft saßen einige am Straßenrand und erzählten: Überall habe man sie abgewiesen.

Es war ein deprimierendes Bild. Hier die fliehenden Menschenscharen, dort die Bewohner von Zahira, die ihre Aufgänge hinuntergerannt kamen, die Hausschlüssel in der Hand, um hastig die Eingangstüren zu verriegeln. Damit die Verzweifelten ja nicht auf die Idee kamen, in ihren Treppenhäusern zu übernachten.

Eigentlich sind die Bewohner von Zahira keine Unmenschen. Doch beim Anblick dieser Massen müssen sie es mit der Angst zu tun bekommen haben. Sie wollten wohl nicht, dass Zahira vom selben Schicksal heimgesucht würde wie Yarmouk: das so viele Flüchtlinge aufgenommen hatte und nun so teuer dafür zahlte.

Vor meinem geistigen Auge spielte ich die Optionen durch. Wollte ich mir, meiner Frau und meinem sechs Monate alten Baby das antun? Unser Geschäft zurücklassen? Von was sollten wir unterwegs leben? Wohnungen wurden an Geflüchtete nur zu astronomischen Preisen vermietet. Das würden wir uns nie leisten können. Also bliebe uns nur, in einer Schule oder Moschee unterzukommen. Dort würde es alle paar Tage eine Razzia geben.

Ich hatte meinen Militärdienst nicht geleistet. Erst hatte mich das Studium davor geschützt, eingezogen zu werden. Würden mich nun meine Heirat und mein Baby davor schützen? Eigentlich durfte man in Syrien erst heiraten, nachdem man seinen Militärdienst absolviert hat. Doch mein Vater kannte jemanden, der jemanden kannte, der mir gegen ein Bakschisch die Erlaubnis zur Heirat in den Wehrpass gestempelt hatte. Doch auch mit Frau und Kind könnte es mich jederzeit erwischen. In diesen Tagen galt nichts von dem, was einmal gegolten hatte.

Schnappten mich die Soldaten nicht bei einer Razzia in einer Flüchtlingsunterkunft, dann ganz sicher an einer Straßensperre, wie man sie jetzt überall errichtete. Sie schossen, so viel hatten wir gelernt, bei jeder Flüchtlingsbewegung wie Pilze aus dem Boden. Nein, die vermeintlich sicheren Stadtteile außerhalb Yarmouks waren für mich alles andere als sicher.

Prompt sprach mich einer der Soldaten an, die in Gruppen am Wegesrand standen. »Zeig mir mal deinen Ausweis!«

Ich gab ihn ihm.

»Wohin geht ihr?«, fragte er.

»Zur Bank, das UNRWA-Geld abholen.« Ich blieb ruhig. Mein blinder Vater war dabei, ich hatte mein Familienbuch im Rucksack, ich rechnete nicht damit, dass er Probleme machen würde.

»Und wohin geht ihr dann?«

»Zurück nach Yarmouk.«

Er grinste hämisch. Dann gab er mir den Ausweis zurück.

Wir gingen zügig weiter. Es war der alte Weg, den ich zusammen mit meinem Vater so oft zurückgelegt hatte, der Weg zur Musikschule. Die Erinnerung machte mich melancholisch. Wie viele Stunden hatten wir hier zusammen in Minibussen gesessen und über Gott und die Welt geplaudert. Was hatte ich ihn als kleiner Junge mit Fragen gelöchert. Und immer hatte er mir geduldig geantwortet. Oder als ich mit dem Fahrrad hier hindurchgezischt bin, damals, als die Zukunft noch weit und endlos zu sein schien. Und nun? Hausten wir auf Matratzen, und die Zukunft reichte bis zum nächsten Checkpoint.

Vor der Bank reihten wir uns ein in die Schlange der Wartenden. Wie normal das Leben im feinen Malki-Viertel war! Dass einige Kilometer entfernt ein Krieg tobte, wirkte von hier aus wie ein böser Traum. Als wir an der Reihe waren, zeigte ich meinen Personalausweis vor und erhielt die 9000 Pfund für Tahani, Ahmad und mich. Umgehend machten wir uns auf den Heimweg. Es war nach elf, die Sonne stand hoch am Himmel, es wurde höchste Zeit. Schweigend liefen wir nebeneinaner her. Nur ab und an fragte mein Vater: »Was war das?«, oder: »Was siehst du?«

Je näher wir Yarmouk kamen, desto mehr Soldaten waren auf den Straßen. Desto angstvoller beschleunigten wir unseren Schritt. Auf was hatten wir uns eingelassen? Polizeiwagen fuhren vorbei, Truppentransporter, Schützenpanzer. Zwei Bagger rollten in Richtung Wassermelone. Noch am gleichen Tag würden sie Erdwälle auf allen Zufahrtsstraßen auftürmen. Es war, wie der Geheimdienstmann prophezeit hatte: Yarmouk wurde abgeriegelt.

Noch einmal hielt uns ein Soldat an. »Wohin wollt ihr?«

»Zurück nach Yarmouk.«

»Seid ihr verrückt?«

Wir zuckten mit den Schultern und hasteten vorbei an den Soldaten. Hörten das Einrasten der Magazine in die Kalaschnikows. Jede Sekunde konnte der Kampf beginnen.

Überall konnten Scharfschützen lauern. Wir wichen aus in möglichst kleine Gassen – und hasteten gebückt von Ecke zu Ecke, wenn wir eine Straße überqueren mussten.

»Und das alles wegen 9000 Pfund«, fluchte mein Vater. »Die gebe ich dir das nächste Mal.«

»Es tut mir leid!«, sagte ich. »Ich hätte nie gedacht, dass es so schlimm wird.«

Mein Vater war starker Raucher, er war solch lange Strecken nicht gewohnt, er schwitzte und keuchte.

»Papa, halte durch«, sprach ich meinem Vater hilflos zu, »da müssen wir jetzt durch. Gleich sind wir zu Hause.«

Schließlich hatten wir die Soldaten passiert. Die Straßen in Yarmouk waren leer, die Geschäfte geschlossen. Niemand außer uns war zurückgekehrt. Wir hasteten die leere Hauptstraße hinunter. Zehn Minuten lang begegneten wir kaum jemandem.

Dann sahen wir sie: die Kämpfer der FSA, der Freien Syrischen Armee. Sie kamen zu Fuß die Straße hinauf, sie beachteten uns nicht, sie trugen schwarze Tücher vorm Gesicht, aufgeregt redeten sie durcheinander, einer rief, seine Waffe schwingend: »Heute Abend sind wir in Damaskus!« Die anderen jubelten.

Endlich waren wir daheim. Tahani und meine Mutter fielen fast mit Fäusten über mich her, so wütend waren sie. »Was fällt dir ein?!«, tobte meine Mutter. »Das nächste Mal, wenn du dich in Gefahr begibst, machst du das gefälligst allein und nicht mit deinem alten Vater! Wir sind gestorben vor Angst!«

Tahani standen Tränen in den Augen, so erleichtert war sie.

Recht hatten sie. Das war das letzte Mal, dass ich Yar-

mouk verlassen hatte. Hier war es, trotz allem, am sichers-
ten.

Mein Vater war müde. Er hatte sich völlig überanstrengt.
Er hat noch eine Zigarette geraucht, eine Tasse Tee getrunken und sich dann hingelegt.

Abends haben wir die Nachrichten eingeschaltet. Die
Armee, erfuhren wir dort, habe eine Offensive gestartet
gegen die »Terroristen, die Yarmouk besetzt haben«. Und
dann wurden Flüchtlinge interviewt, die man bestens untergebracht hatte und die nun auf die Terroristen schimpf-
ten.

Es war anders. Ich kann es bezeugen. Man hatte ein
Viertel entleert und die FSA so hineingelockt. Um deren
Kämpfer besser einkesseln zu können. Und die verbliebe-
nen Bewohner gleich mit.

# Die Granate am Falafelstand

Unser Viertel war nun abgeriegelt. An den Ausgängen lauerten die Scharfschützen der syrischen Armee, unterstützt von den Milizen des Generalkommandos. Yarmouk verwandelte sich in eine Geisterstadt. Die Rufe der Händler, das Lachen der Kinder, das Keifen der Mütter, die Jungen, die den Mädchen hinterherpfiffen, die Mädchen, die nur scheinbar genervt ihren Schritt beschleunigten, Abu Mohammed, der an der Ecke seine Wasserpfeife rauchte, Abu Balila, der mit bolleriger Stimme seine gekochten Kichererbsen anpries – alle weg. Genau wie meine Musikschüler, meine Kunden, meine Freunde. Eben hatte hier noch eine halbe Million Menschen gewohnt. Übrig blieben höchstens 50 000. Als habe ein tödlicher Virus die Menschheit dezimiert.

Ziellos lief ich durch die Straßen. Ich hatte nichts zu tun. Ich war deprimiert. Fragen quälten mich. Letztlich blieb meine Familie nur meinetwegen in Yarmouk. Konnte ich ihnen das zumuten? Sollten wir ebenfalls fliehen und hoffen, dass ich unbehelligt durch den Krieg kam? Hatten wir die richtige Entscheidung getroffen? Was würde aus uns werden?

Yarmouk war nun in der Hand der FSA. Jeden Tag sah ich deren Kämpfer durch die Straßen laufen, viele hatten schwarze Tücher vor ihren Gesichtern. Sie wollten nicht erkannt werden, vielleicht lebten ihre Frauen und Kinder in Damaskus. Ehe die Rebellen in ihren kaputten Mad-Max-Autos an die Front fuhren, hielt einer ihrer Anführer eine Rede, danach schwangen alle ihre Kalaschnikows und riefen: »Gott ist groß!« So gestärkt machten sie sich auf in Richtung Wassermelone. Dort tobten die heftigsten Kämpfe. Wie gut, dass unser Laden am anderen Ende von Yarmouk lag.

Mit jedem Monat wurde die Blockade schärfer. Frauen und alte Männer konnten die Checkpoints zwar weiter unbehelligt passieren, aber nur zu bestimmten Zeiten und sie wurden dabei gründlich gefilzt. Immer weniger durften sie in ihren Einkaufstaschen transportieren. Erst hieß es: Fünf Kilogramm pro Person. Dann: »Nur für den Tagesbedarf.« Und dieser »Tagesbedarf« wurde dann immer weiter runterrationiert.

Wir kannten die Berichte aus Homs, Daraa und Duma, wo Hunderttausende von der Armee eingekesselt und ausgehungert worden waren. Wo die Menschen am Ende Hornklee und Blätter gefressen hatten, um ihren Hungertod hinauszuzögern. Stand Yarmouk das gleiche Schicksal bevor? Aber wir sind doch neutrale Palästinenser, hieß es dann, treue Flüchtlinge seit 1948! Wieso sollte unsere Regierung, die Festung des Widerstands gegen die zionistische Besatzung, ausgerechnet uns aushungern?

Noch gab es einige Geschäfte, die verkauften, was in ihren Lagern war. Mütter, deren Töpfe leer waren, konnten noch nach Damaskus gehen, Reis oder Öl kaufen – und einen Teil der Ware als Provision behalten, um ihre Kinder durchzufüttern. Doch wöchentlich wurde alles teurer, und schon bald blieben die Mägen leer.

All unsere Verwandten hatten Yarmouk Hals über Kopf

verlassen, auch Onkel Mohammed und Onkel Sadik. Die beiden besaßen kleine Gemischtwarenläden, in denen sie Bohnen und Reis, Zucker und Tee, Kichererbsen und Gewürze verkauften. Eines Mittags kam Onkel Sadik durch die Straßensperren zu uns in den Laden und brachte mir die Schlüssel.

»Verkauf alles aus den Läden«, trug er mir auf, »aber verkauf es zu den gleichen Preisen wie immer. Mach es bloß nicht teurer! Das wäre haram.« Wider den guten Glauben. Auf keinen Fall wollten die beiden Wucher treiben mit den Lebensmitteln. Der Laden von Onkel Mohammed war ziemlich leer, er lief zuletzt nicht gut. Aber Onkel Sadik besaß acht Tonnen Lebensmittel. Darunter sieben Tonnen rote Linsen, gekauft als Taubenfutter.

Ich nickte. Ja, kann ich machen. Aber dann machte ich erst mal nichts. Ich war doch kein Bohnenverkäufer!

Im Februar kam ich zufällig am Laden von Onkel Sadik vorbei – und sah, dass das eiserne Rollo schief vor dem Eingang hing. Eine Granate war in der Nähe explodiert und hatte es eingedrückt. Seit Tagen musste der Laden offenstehen, jeder hätte hineingehen und ihn ausräumen können. Wir mussten sofort handeln. Doch tagsüber konnten wir die Säcke unmöglich transportieren. Wäre ein Soldat vorbeigekommen, hätte er womöglich alles beschlagnahmt.

Also kamen wir in der Nacht zurück, mein Vater, mein Bruder und ich. Packten die Säcke auf einen großen Rollwagen, den wir im Laden fanden, und schoben los. Die ganze Nacht waren wir unterwegs. Tagsüber haben wir uns ausgeruht und sind abends, als es dunkel wurde, noch mal losgezogen und schoben Fuhre um Fuhre durch die leeren Straßen. Nur einmal kam uns ein Mann entgegen. Und wie es der Teufel so will – ausgerechnet da fiel ein Sack vom Wagen und platzte auf.

»Was sind das für Bohnen?«, fragte er.

»Die sind von meinem Onkel«, sagte ich, »wir werden sie verkaufen.«

»Gib sie mir.«

»Wir werden sie zu einem fairen Preis verkaufen. Jeder soll etwas bekommen. Komm gern bei uns vorbei.« Ich erklärte ihm, wo unser Laden war. Er zog von dannen.

Was blieb mir übrig? Ich hatte nichts zu tun. Also begann ich, die Bohnen zu verkaufen. Anderthalb Monate lang stand ich jeden Tag von 13 bis 16 Uhr vorn im Musikladen und verkaufte Reis statt Violinsaiten, Weizen statt Gitarren. Ein Kilo Zucker kostete bei mir 25 Pfund (20 Cent). Bald würden die Menschen 2500 Pfund dafür zahlen. Und schließlich 25 000 Pfund. Wahrscheinlich war ich naiv. Aber ich konnte mir einfach nicht vorstellen, wie total eine Blockade sein kann. Inmitten einer Großstadt wie Damaskus.

Rasch sprachen sich meine guten Preise herum. Öffnete ich den Laden mittags um eins, standen meist schon zehn Leute an. Um sicherzugehen, dass sich keine Wucherer bei mir eindeckten, achtete ich streng darauf, dass jeder Kunde die gleiche Menge bekam. Anfangs zwei Kilo pro Person und Tag. Dann ein Kilo. Schließlich ein halbes.

Gierig beobachteten die Wartenden jeden meiner Handgriffe. Allen saß die Angst im Nacken, bald zu hungern. Manchmal gab es Streit. »Du gibst den anderen mehr!«, beschwerte sich jemand.

»Nein«, sagte ich, »schau, das ist die Waage, jeder bekommt die gleiche Menge.«

Im Mai hatte ich alles verkauft, den Zucker, den Reis, die Thunfischdosen, den Bulgur, das Butterschmalz. Das Einzige, was ich nicht losgeworden war: die roten Linsen. Die wollte noch immer keiner. Nur einmal kam irgendein Idiot zu mir und machte mir ein Angebot:»Ich habe zu Hause einen Taubenschlag. Verkauf mir die Linsen für meine Vögel.« Ich lehnte ab. Die Menschen hatten Hunger, und dann sollten die Linsen an einen Schwarm Tauben verfüttert werden? Auf keinen Fall.

Ich hatte eine bessere Idee.»Weißt du was, Papa? Das mit den Bomben scheint ja erst mal so weiterzugehen. Wir können uns hinter den Linsen verbarrikadieren.« Und dann stapelten wir die 140 Fünfzig-Kilo-Säcke rund um unseren Schlafplatz. Sollte eine Granate in der Nähe niedergehen, blieben die Splitter hoffentlich stecken in diesem Wall aus Hülsenfrüchten.

**Der einzige Lichtblick dieser Tage war der kleine Ahmad.** Er quietschte und lachte und brabbelte und gedieh. Bald würde er laufen können. Wir hatten ihm einen Babywalker besorgt, in dem er auf Zehenspitzen durch den Laden rollen konnte. Er liebte es, mit seinen Fingern in den groben Linsensäcken herumzupulen. Jeden Tag nahm ich ihn auf den Schoß und spielte ihm am Klavier vor, während er mit seinen Händchen auf den Tasten herumpatschte. Auch mein Vater spielte weiter für ihn Geige. Manchmal sang meine Mutter dazu. Aber so leise, dass es keiner hörte, der vorbeiging.

Alaa, mein Bruder, arbeitete weiterhin als Tischler. Er hatte alle Hände voll zu tun, denn für Einbrecher und Plünderer war das verlassene Yarmouk ein Fest. Ganze Häuser standen leer. Zig Eingänge wurden aufgehebelt. Und dann riefen die Besitzer, die vielleicht kurz nach dem Rechten hatten sehen wollen, meinen Bruder. Oder er reparierte Fenster, eingedrückt vom Druck der Explosionen. Alaa wohnte in der Tischlerei, in unserem ehemaligen Musikladen, kochte dort für sich und hing abends mit seinen Freunden herum. Uns besuchte er nur selten.

Nach wie vor arbeitete er auch in Dscharamana, einem Neubaugebiet östlich von Yarmouk. Viele seiner Freunde wohnten dort. Er durchquerte frühmorgens den Checkpoint, baute tagsüber Türen auf den Baustellen und schlief nachts bei seinen Freunden. Kam er nach einigen Tagen zurück, brachte er uns Brot und Tomaten mit.

Mein Vater beschwor ihn, damit aufzuhören. »Bitte, Alaa, es gibt genug Arbeit für dich in Yarmouk«, flehte er ihn an, »die Checkpoints sind zu gefährlich, mach das nicht, bitte!«

»Sei still«, wischte mein Bruder die Bedenken weg, »ich habe keine Angst vor den Soldaten. Was soll mir schon passieren?« Es stimmte: Er hatte seinen Wehrdienst abgeleistet. Gleich nach der Schule war er für zwei Jahre zur Armee gegangen. Einen Einberufungsbefehl hatte er nicht bekommen. Was konnte ihm schon passieren?

»Es kann jeden treffen«, sagte mein Vater, »du weißt es! Sie können dir alles anhängen. Du kennst die Geschichten!«

Mein Bruder zuckte mit den Schultern. Er hatte noch nie auf meine Eltern gehört. Warum sollte er es jetzt tun?

Am 22. Juni 2013, einem Samstag, verließ er frühmorgens Yarmouk, um durch den Checkpoint Richtung Dscharamana zu gehen. Am Tag zuvor hatte er sich von uns verabschiedet.

Gegen elf Uhr kam ein Mann zu uns.

»Ich muss mit euch reden«, sagte er zu mir und meinem Vater. Wir standen vorn im Laden. »Aber ihr müsst mir versprechen, dass ihr nie, nie, nie irgendwem meinen Namen verratet.«

Wir versprachen es.

»Sie haben Alaa geschnappt.«

Mein Vater brach zusammen. Es war, als entwiche alle Luft aus seinem Körper. »Was war los? Erzähl es mir, bitte!«

»Heute Morgen am Checkpoint sind Dutzende Männer verhaftet worden. Mich hat es auch erwischt. Ich wurde in einen Gefangenentransporter geworfen. Zum Glück habe ich einen Onkel beim Generalkommando. Er hat den Kommandanten bestürmt, mich freizulassen. Im letzten Moment rief Alaa mir zu: Sag meinen Eltern Bescheid!«

Mein Vater zitterte. »Umm Aeham, komm schnell!«, rief er mit hoher Stimme nach hinten.

Meine Mutter trat durch den Vorhang nach vorn, ihr Kopftuch zuknotend. »Was ist los?«

»Sie haben Alaa.«

Es brauchte einen Moment, bis meine Mutter begriff. Dann begann sie zu schluchzen.

»Schnell, schnell, lass uns zum Checkpoint gehen!«, rief mein Vater. »Vielleicht können wir etwas tun!«

Zu viert hasteten wir los. Im Laufen erfuhren wir: Der Mann mit der Maske hatte auf meinen Bruder gezeigt.

Der Maskierte – an jedem Checkpoint stand inzwischen ein Mann mit einer schwarzen Sturmhaube. Schaute sich die Leute an, zeigte auf irgendwen und sagte: Der da. Den nahmen sie mit. Warum auch immer. Das konnte alles heißen. Es konnte heißen, dass du ab jetzt verdächtig bist, zur

FSA zu gehören. Es konnte heißen: Du gehst jetzt zur Armee. Es konnte heißen: Du wirst jetzt in einem unserer Folterknäste verschwinden. Es konnte dein Todesurteil sein. Der Maskierte war Richter und Henker in einem.

Jeder konnte unter der Kapuze stecken. Ein Geheimdienstmann. Ein Denunziant. Oder einfach irgendein Häftling, den sie eine Weile lang mit Stromschlägen bearbeitet hatten und ihm dann ein Stück Stoff mit zwei Löchern über den Kopf banden und an genau denselben Checkpoint stellten, an dem er festgenommen worden war. Und dann zeigte er wahllos auf Leute, um sein tägliches Soll zu erfüllen, Hauptsache, sie folterten ihn nicht länger.

Der Kapuzenmann hatte auf meinen Bruder gezeigt und gesagt: »Das ist Alaa.« Er kannte ihn also. Woher? Alaa hatte sich mit vielen Jungen bei uns im Viertel angelegt. Wer hatte was über ihn erzählt? Wer rächte sich so gnadenlos an ihm?

Ich begleitete meine Eltern, so weit ich konnte. Ich wünschte ihnen Glück. Sie gingen allein weiter. Ich setzte mich in den Schatten. Alles stürzte zusammen. Ich malte mir aus, wo Alaa jetzt sein könnte. Was sie jetzt mit ihm machten. Warum hatte er nicht auf meinen Vater gehört? Dieses eine Mal? Warum musste er immer, wenn mein Vater »hüh« sagte, um jeden Preis »hott« sagen?

Ich erinnerte mich daran, wie Alaa eines Abends rausgerannt war auf die Straße. Keine zwölf Jahre war er damals. Gerade hatten wieder Nachbarn über mein Klavierspielen gemeckert. Er schrie: »Wer sich noch einmal beschwert, den werde ich höchstpersönlich verdreschen!« Mir fiel ein, wie er bei seinem kurzen Gastspiel in der Musikschule mit dem sündhaft teuren Solfège-Buch in einen Springbrunnen

186

gefallen war. Wie er mich bei der Renovierung des Ladens auf den Boden geschubst hatte. Wie endlos oft er sich mit meinem Vater gestritten hatte. Fünf zähe Stunden wartete ich im Schatten.

Endlich kamen meine Eltern zurück. Sie kamen ohne Alaa. Sie waren zum Checkpoint gegangen. Ein Soldat hatte ihnen gesagt: »Wartet, bis der Kommandant zurückkommt.«

Also warteten sie, zwei Stunden lang. Schließlich kam der Mann. Meine Eltern wurden vorgelassen.

»Ich bin blind, ich brauche meinen Sohn«, jammerte mein Vater, »er ist mein einziger Trost, bitte geben Sie ihn mir zurück.«

»Ich weiß nicht, von was Sie reden«, entgegnete der Mann.

»Er ist heute Morgen verhaftet worden.«

»Wir haben niemanden verhaftet.«

»Ich weiß es ganz sicher. Jemand hat es mir erzählt.«

»Wer hat es Ihnen erzählt?«

»Ich weiß nicht, wie er heißt.«

»Du bist ein Lügner. Verschwinde, oder ich verhafte dich.«

Sie gaben auf. Checkpoints sind Einbahnstraßen. Wer sich einmal angestellt hat, für den gibt es kein Zurück. Also mussten sie Yarmouk verlassen und sich am Checkpoint in der Gegenrichtung anstellen.

Wir gingen heim. Meine Mutter weinte leise vor sich hin. Als wir zu Hause ankamen, war Tahani außer sich vor Sorge. In der Aufregung hatte keiner daran gedacht, ihr Bescheid zu sagen. Sogleich begann mein Vater zu telefonieren, das Festnetz funktionierte weiterhin. Wer kennt wen beim Generalkommando? Wer hat etwas gehört? Wer kennt wen, der wen kennen könnte, der etwas weiß?

Früh am nächsten Morgen machten sich meine Eltern auf den Weg nach Damaskus, um vorzusprechen bei den Behörden. Um irgendetwas herauszukriegen. Alaa Ahmad, geboren am 13. Februar 1991, verhaftet am 22. Juni, wissen Sie etwas?

Und weil die Schlangen an den Checkpoints Hunderte Meter lang waren in diesen Tagen, kamen sie erst spät am Abend zurück. Und gingen am nächsten Morgen gleich wieder los.

Tagelang waren sie unterwegs. Jahrelang würden sie unterwegs sein. Auf der Suche nach einer Spur. So, wie Zehntausende in Syrien unterwegs sind. Auf der verzweifelten Suche nach irgendeiner Spur.

Der letzte Rest an Lebensfreude war dahin. Nachts lag meine Mutter nun oft wach, und wenn sie aufstand, hatte sie verweinte Augen. Mein Vater, dieser fröhliche, redselige Mensch, saß stundenlang in sich versunken da und rauchte vor sich hin. Bis er plötzlich hochschreckte und ausrief: »O mein Gott. O mein Gott, ich ertrage es nicht. Es ist zu viel. Was kann ich tun?«

Fünfmal beteten meine Eltern am Tag, so, wie sie es immer gemacht haben. Oft beteten sie gemeinsam. Ich konnte hören, wie sie mit lauter Stimme Gott anflehten, er möge uns Alaa zurückgeben. Und ihm beistehen in seiner Not.

**Am 18. Juli 2013 war es so weit:** Yarmouk wurde abgeriegelt. Von einem auf den anderen Tag waren die Checkpoints dicht. Keiner kam mehr heraus. Nichts kam mehr hinein. Kein Reis, kein Öl, kein Milchpulver, kein Zucker. Die Belagerung begann. Der Strom wurde abgestellt. Die Lebensmittelpreise explodierten.

Manchmal denke ich, dass die Blockade von Yarmouk bis ins Detail geplant war. Ja, als habe man Yarmouk so angelegt, dass man es, schnipp, schnapp, vom Rest der Stadt trennen konnte. Ein Checkpoint an der Wassermelone, ein paar Scharfschützen auf der schnurgeraden Palästinastraße, die das Viertel nach Osten hin begrenzt – schon waren Yarmouk und die südlichen Vororte isoliert.

Nicht lange, da hatten wir den ersten Hungertoten. Am 18. August verhungerte ein sechs Monate altes Mädchen, während seine Mutter ganz Yarmouk nach Babynahrung absuchte. Dann ein nierenkranker Mann, dem die miserable Ernährung den Rest gegeben hatte. Ihr Tod verunsicherte die Menschen. »Sehe ich elend aus?«, fragten die Leute einander. »Haben sie etwas zu bedeuten, meine roten Augen?«

Nun erwies es sich – welch perverse Logik – als Vorteil, dass mein Vater blind war. Man begegnete ihm mit Respekt, man behandelte ihn bevorzugt. Zum Beispiel, als es eines Tages hieß, ein kleines Wäldchen werde abgeholzt. Wer sich registriere, bekomme einen Stamm. Da sind auch wir schnell zum Büro der FSA gelaufen und erhielten tatsächlich die Genehmigung, einen Baum abzusägen. Anderthalb Tonnen wog er. Dreimal mussten wir unseren großen Rollwagen hin und her schieben.

Vor dem Haus zersägte ich den Stamm in flache Scheiben und spaltete sie mit Hammer und Meißel. Und stapelte die Scheite um den Ofen, damit sie schneller trockneten. Nach würzigem Harz roch unser Laden nun.

In der Ferne hörten wir weiterhin jeden Tag das Artilleriefeuer und die Gewehrsalven. Zugleich versank Yarmouk in Dunkelheit und Stille. Alles war nun improvisiert. Ohne Strom ging die Waschmaschine nicht mehr. Ich zog mir Gummistiefel an und trampelte in einem Zuber durch die Windeln. Es gab kein Spülmittel mehr. Wir reinigten die Teller mit Asche. Es gab kaum noch Shampoo. Wir duschten mit kaltem Wasser. Wir hatten kaum noch Seife. Wir wuschen uns die Hände einmal am Tag. Es gab keinen Kaffee oder Tee. Wir brauten Ersatz aus Zimt, den gab es reichlich. Wir hatten fast nie Milch. Ahmad bekam Zuckerwasser. Es gab keinen Tabak mehr. Ich drehte meinem Vater Zigaretten aus getrockneter Minze.

Es stank entsetzlich, wenn er sie vor dem Laden rauchte. Aber er wollte nicht darauf verzichten und nahm es in Kauf, selbst ganz fürchterlich danach zu riechen. Nahm er nun Ahmad auf den Schoss, stank bald auch der nach Minzrauch.

Einmal wurde es Tahani zu viel. Sie beschwerte sich lautstark darüber, wie grässlich Ahmad rieche, nun müsse sie ihn schon wieder waschen.

»Es ist immer noch mein Enkel«, sagte mein Vater scharf, »ich nehme ihn so oft auf den Schoß, wie ich will.«

Erschrocken schwieg Tahani. Sie verstand: Sie hatte ihn verletzt.

Abends gingen wir früh zu Bett. Was sollten wir schon machen? Über was reden? Wir waren jetzt Höhlenbewohner, die Pupillen geweitet vom schwachen Kerzenschein, die Gesichter schwarz vom Ruß der Holzfeuer.

Ich hielt dieses Nichtstun nicht mehr aus. Diese Trübsal. Ich musste etwas Neues beginnen. Und hatte eines Tages eine meiner verrückten Ideen. Ich hörte mich zu meiner Mutter sagen: »Wie wäre es denn, wenn wir Falafel aus den Linsen machen?«

»Was?«, fragte sie erstaunt. »Aus Linsen?«

Ich muss vorausschicken – bis dahin hatte ich noch nie gekocht. Konnte ich nicht, lag mir nicht, war nicht meins. Als Kind hatte ich mich einmal an heißem Öl verbrannt, woraufhin mir meine Mutter den Zutritt zur Küche verbot. Als ich mit Tahani zusammenzog, habe ich mir prompt beim Tomatenschneiden in den Finger gesäbelt, und da meinte auch sie: Lass mal lieber.

Seit Wochen war ich an den Linsensäcken vorbeigelaufen. Während da draußen die Mägen immer leerer wurden. Das konnte doch nicht sein.

Eigentlich werden Falafel aus Kichererbsen gemacht. Man lässt sie über Nacht quellen, gibt Backpulver hinzu, Petersilie, Knoblauch, Zwiebeln, schmeckt ab mit Koriander und Kreuzkümmel, Pfeffer und Salz. Dreht alles durch einen Fleischwolf und formt aus der Masse tischtennisball-große Bällchen, die man in siedendem Öl knusprig ausbackt. Das alles kannte ich nur vom Zusehen. Ich hatte in meinem Leben nicht eine Falafel geformt.

Doch nun war ich Feuer und Flamme. Das müsste doch gehen! Ich weichte die steinharten Linsen zwei Tage lang ein, schnipselte ein wenig gemeinen Hornklee hinein, der auf den Wiesen von Yalda wuchs, und schmeckte ab mit dem einzigen Gewürz, das es noch gab: Brühpulver aus einer Asia-Nudel-Fabrik, die Bewaffnete kürzlich in der Nähe geplündert hatten. Drehte alles durch den Fleischwolf, formte einige Bällchen, frittierte sie. Probierte. Das Brühpulver gab meinen Falafel eine leichte Currynote. Aber ansonsten – ausgezeichnet.

Meine Mutter war dran. »Das ist gut!«, rief sie.

Ich strahlte. Endlich hatte ich etwas zu tun! Einige Tage später eröffnete ich meinen primitiven Falafel-Shop. Hockte mich ein paar Meter von unserem Laden entfernt auf den Boden, vor mir ein kleiner Brenner, neben mir der Bottich mit dem Linsenteig und legte los. Zwei Bällchen verkaufte ich für zehn Pfund (8 Cent), den Preis, der in Damaskus üblich war. Wucher treiben mit der Not? Das fiel auch mir nicht ein.

Nicht lange, und vor meinem Linsenfalafel-Stand bildeten sich lange Schlangen. Sogar aus Yalda kamen die Hungrigen herübergelaufen und nahmen es in Kauf, eine Stunde anzustehen. Auch Kämpfer der FSA reihten sich manchmal in die Schlange, ihre Kalaschnikow über der Schulter. Ich bat sie höflich, ohne ihre Waffe wiederzukommen. Sie widersprachen nicht.

Mindestens 25 Kilogramm Masse bereiteten Tahani und ich jeden Abend zu. Die roten Linsen, das Kleegrün, die Suppenwürze durch den Fleischwolf drehen – fertig waren die Belagerungsfalafel. Wobei Tahani mich immer wieder bat, nicht den ganzen Tag draußen zu sitzen. Es sei zu gefährlich. Ich hörte nicht auf sie. Sicher 3000 Bällchen formte ich während einer Schicht. Hilfe bekam ich von Samer, einem entfernten Cousin, dem einzigen Verwandten, der noch in Yarmouk war. Er nahm die Falafel aus dem Öl, kassierte das Geld und reichte sie den Leuten.

Öl hatte ich reichlich. Denn auch eine Fabrik für Kartoffelchips war in diesen Tagen geplündert worden. Man verkaufte das Frittierfett auf dem improvisierten Markt von Yarmouk in Blöcken zu 25 Kilo. Ich kaufte zehn auf Vorrat.

Fehlte nur noch das Benzin für meinen Brenner. Aber auch das gab es. Man gewann es, indem man Plastik verbrannte und den schwarzen Rauch im Abzugsrohr abkühlen ließ. Hinuntertropfte eine Art Benzin. Befeuert wurde die Schmelze mit Einbauschränken, Türen, Teppichen. Und dann wurde alles Plastik verbrannt, das die Leute finden konnten. Ganze Wohnblöcke weidete man aus. Die Wände steckten schließlich voller Plastikrohre, und in den Rohren steckte Sprit.

Von morgens um acht bis abends um sieben formte ich an manchen Tagen Falafel. Die Hungrigen strahlten, wenn sie sich die warmen Bällchen in den Mund schoben. Sie ergingen sich in Lobeshymnen über mich. Möge Gott mich schützen!

Trotzdem fühlte ich mich miserabel. Ich war wütend. Was war aus mir geworden? Eben noch hatte ich von einer Karriere als Musiker geträumt. Dachte, ich könnte ein erfolgreicher Unternehmer sein. Ging ein und aus bei Feissal Dschammal, einem der besten Pianisten dieses Landes. Und nun hockte ich hier auf dem Boden, die Kleidung voller Ölspritzer, und frittierte Linsenteig. Es fühlte sich an wie eine Strafe. Was hatte ich verbrochen?

Ich hörte die Leute wispern: Er ist der Klavierspieler. Und dann nickten sie hinüber zu unserem Laden. Verwunderung sah ich in manchen Blicken. Schadenfreude. Hörte das Flüstern, das Zischeln. Wie sehr ich das hasste.

»Oho, wen haben wir denn da?«, rief einmal ein Bekannter, der zufällig vorkam. »Das ist doch der Herr Pianist! Hat es dich zum Falafelbraten berufen?«

»Ja!«, sagte ich forsch. »Ich bin Pianist und Falafelverkäufer!« Und rief ihm hinterher: »Immerhin ernähre ich meine Familie selbst und stehle unser Essen nicht!« Ich hatte gehört, dass dieser Mann in leerstehende Wohnungen einstieg und sie nach Lebensmitteln durchwühlte. Trotzdem schäumte ich vor Wut. Was war aus mir geworden?

An einem jener Abende saß ich mit ein paar Nachbarn vor unserem Laden ums Feuer. Klingt romantisch, stank aber leider höllisch, denn was da brannte, waren Plastikflaschen. Brennholz war zu schade für ein Lagerfeuer. Immerhin loderten die Plastikflaschen kräftig, und man konnte sich gut daran wärmen.

Wir saßen da und tauschten die üblichen Neuigkeiten aus. So und so ist umgekommen. Was ist eigentlich aus so und so geworden? Wer verteilt jetzt die Suppe an die Bedürftigen? Suppe aus Brühpulver, mit sonst nichts drin.

Da kam Tahani heraus und fragte: »Warum spielst du den Leuten nicht was vor? Komm, ich bringe dir das Akkordeon!«

»Meinst du wirklich?«, fragte ich zurück. »So mitten in der Nacht und auf der Straße?« Es war immerhin 23 Uhr.

Tahani warf mir einen liebevoll entschlossenen Blick zu, der so viel hieß wie »egal«, lief ins Haus und brachte mir das Akkordeon. Sie ertrug es nicht länger, mich so niedergeschlagen zu sehen.

Ich begann zu spielen. Ein Lied von Fairouz, das jeder kennt. Die deprimierten Blicke hellten sich auf, die Jungs begannen mitzusingen. Und noch ein Lied. Und noch eines. Wir tauten auf, das Plastikflaschenfeuer stank plötzlich gar nicht mehr. Es wurde ein schöner Abend.

**Eines Mittags hockte ich wie immer** auf dem Boden, frittierte im Akkord Falafel, neben mir Samer. Die Schlange war wieder endlos, 50, 100, 150 Leute mochten gerade anstehen, ich habe sie nicht gezählt. Da gab es plötzlich eine Explosion und einen Schlag, ich lag bewusstlos am Boden.

Meine Ohren klingelten. Ich sah, wie Leute durch den aufgewirbelten Staub rannten, hörte sie schreien, leise, als seien sie weit weg.

Samer rüttelte mich an der Schulter. »Aeham, Aeham«, schrie er, »ist alles okay?« Seine Hose war voll Öl. Er musste den Frittiertopf abgekriegt haben.

»Ja, alles okay«, murmelte ich wie betäubt. Mir tat nichts weh. Ich spürte, dass etwas nicht stimmte. Aber was?

»Bist du sicher?«, schrie er. »Deine Hand blutet!«

Ich schaute hinunter. Aus meiner rechten Hand quoll Blut, im Takt meines Herzschlags. »Was ist los?«, nuschelte ich.

»Eine Granate ist eingeschlagen!«

Er nahm ein kleines Handtuch und drückte es mir auf die Hand, um die Blutung zu stillen. Er half mir auf. »Kannst du gehen?«

Ich probierte es. Ja, ging. Noch immer war ich ganz benommen.

»Schnell, zum Krankenhaus!«

Wir gingen los. Jetzt sah ich es: Die Granate war in eine Hausecke eingeschlagen. Nur ein paar Meter weiter, und niemand hätte überlebt. Dutzende waren auf den Beinen. Sie hatten wie ich einen Granatsplitter oder ein herumfliegendes Trümmerstück abbekommen. Vor mir trugen sie in einer Decke einen Mann. Sein Gesicht war voll Blut, er schlenkerte hin und her, als sei er aus Gummi. Ich kannte ihn. Er hatte oft bei mir Falafel gegessen. Er war tot.

Ich untersuchte meine rechte Hand. Mein Zeigefinger und mein Mittelfinger hingen schlaff herunter. Wollte ich die beiden Finger krümmen, bewegte sich etwas auf meinem Handrücken. Gleich unter der Haut. Was bewegte sich dort? Das fühlte sich merkwürdig an.

Schluss, aus, vorbei, dachte ich, jetzt sind meine Finger durchtrennt, das war's dann wohl mit dem Klavierspielen. Vor einigen Tagen hatte ich mir ein Stück von Mozart genommen und damit improvisiert. War es das letzte Mal gewesen, dass ich am Klavier gesessen hatte? Aber die linke Hand war ja noch heil, ich würde mit der Linken spielen und den drei übriggebliebenen Fingern der rechten Hand, und da fiel mir ein YouTube-Film ein über einen Mann, der mit zwei Fingern aufwendige Stücke spielte, oder dieser Typ, der mit seinen Zehen Klavier spielte. Wenn ich also viel übte, wenn ich die restlichen acht Finger … und so, gefangen in Gedankenschleifen, betraten wir hinter den Männern, die den Toten in der Decke trugen, das Feldlazarett von Hadschar al-Aswad.

Es brauchte eine Weile, bis sich meine Augen an das Dämmerlicht gewöhnten. Früher hatte man hier Hochzeiten gefeiert, nun war der Saal mit Leinen und Decken in zwölf provisorische Krankenzimmer unterteilt. Der Tote wurde auf die Pritsche vorne links gelegt. Ich nahm die dritte Liege. Das Leder hatte dunkle Flecken, sah aus wie getrocknetes Blut. Nur wenige Betten waren belegt. In diesen Tagen wurde Yarmouk nicht so viel beschossen.

Nach einigen Minuten trat ein Mann zu mir. Sein weißer Kittel war voller Blutspritzer.

»Was ist passiert?«, fragte er.

»Ich habe auf der Straße Falafel verkauft, da ist eine Granate explodiert. Ich habe einen Splitter abbekommen.« Ich zeigte ihm meine rechte Hand.

»Okay, ich schaue mal«, sagte er, setzte eine Lupenbrille auf und richtete einen Lichtstrahler auf meine Hand. Er bat mich, die Finger zu bewegen, testete meine Reflexe, prüfte, welche Stellen taub und welche schmerzhaft waren.

»Der Splitter hat die Fingerstrecker von Zeige- und Mittelfinger durchtrennt. Ich habe einmal gesehen, wie ein Arzt so etwas zusammengenäht hat. Ich kann es versuchen.«

»Bist du kein Arzt?«

»Nein, Tischler.«

»Tischler?«

»Aber ich habe ein halbes Jahr lang mit einem der Ärzte zusammengearbeitet und schon viele OPs gemacht. Normalerweise würden wir die beiden Finger amputieren.«

»Bitte nicht! Ich bin nämlich auch kein Falafelverkäufer, sondern Pianist.«

Er schmunzelte. »Ich versuche es. Heute ist wenig los. Wobei ich nicht garantieren kann, ob du später Gefühl in den Fingern hast.«

»Mach es so gut du kannst.«

»Schließ die Augen«, sagte er, »entspann dich, beweg dich nicht, schau nicht auf deine Hand.« Er hielt mir einen Wattebausch mit einem Narkosemittel unter die Nase. Ich dämmerte weg.

Und dann holte er, Samer hat es mir später erzählt, mit zwei Pinzetten die beiden gerissenen Strecksehnen hervor und nähte sie zusammen. Vernähte die Wunde, die der Granatsplitter gerissen hatte, bandagierte die Hand und band ein Holzstück hinein, um so die beiden Finger zu schienen. Sicher zwei Stunden lang kümmerte er sich um mich.

Dann war er fertig. Er bat Samer, mich nach Hause zu bringen. Und mir gab er mit auf den Weg: »Wehe, du spielst jetzt Klavier! Du musst mindestens zwei Monate warten, bis du sie wieder bewegen darfst. Alles Gute.« Ich nickte und tapste aus dem Saal. Vorn, auf dem ersten Bett, lag noch immer der Tote.

Was hat Tahani mit mir geschimpft, als ich heimkam. Sie hatte die Explosion gehört, die Blutpfützen gesehen, die Menschen bestürmt mit Fragen, wo ich geblieben sei. Niemand sagte es ihr. Von niemandem erfuhr sie, dass ich verwundet worden war. Inzwischen hassten es die Menschen, schlechte Nachrichten zu überbringen und dann mit all der Trauer konfrontiert zu sein. Lieber erzählten sie sonst was. Oder taten ahnungslos, auch wenn sie wussten, was passiert war.

Nach vier Wochen nahm ich den Verband ab, um die Wunde zu begutachten, und die Naht aus schwarzem Kunststofffaden. Meine Fingerspitzen waren kalt, das Fleisch unter den Fingernägeln hell, ich hatte kein Gefühl mehr darin.

Ich setzte mich ans Klavier und begann zu spielen. 1–3–2–3–3–4–1–4. Und wieder von vorn. Tonleitern. Es war schmerzhaft, aber es ging. In den ersten Tagen eine halbe Stunde, später eine Stunde, noch später anderthalb Stunden. Jahre später, in Deutschland, bin ich einmal zu einem Arzt gegangen. Der hat meine Finger geröntgt und untersucht. »Deine Finger können unmöglich funktionie-

198

ren«, sagte er. »Wie willst du damit Konzerte spielen?« Die Nerven in den beiden Fingern seien zu 70 Prozent zerstört. Ich weiß es auch nicht, wie es ging.

Falafel verkauft habe ich schon nach einer Woche wieder. Wir stellten uns einige Straßen weiter auf, fern der Blutflecken, Samer und ich tauschten die Positionen. Nun frittierte er, ich verkaufte. Schon bald ging die Schlange wieder um den halben Block. Dass man sterben kann, wenn man ansteht für Falafel? Interessiert doch einen leeren Magen nicht.

Die Menschen waren hungrig. Waren sie an der Reihe, dann nahmen sie die warmen Bällchen in die Hand und schauten sie verliebt an. Beschnupperten sie. Knabberten an der Kruste. Taten vorsichtig den ersten Biss. Schoben ihn genüsslich in den Mund. Manche hatten sich irgendwo bitteres Grünzeug gepflückt, einen Strunk Löwenzahn, wilden Rucola oder Hornklee, und bissen nun abwechselnd hinein. Als sei es das Letzte, was sie an diesem Tag zu essen kriegten.

# Mein Freund Raed

Während alles zerfiel, habe ich einen neuen Freund gefunden. Oder soll ich sagen: einen Schutzengel? Als wir uns schon eine Weile kannten, saßen wir einmal bei mir zusammen. Die letzten schrägen Sonnenstrahlen fielen auf seine Augen und ließen sie leuchten. Ich saß ihm gegenüber, wir redeten, worüber, weiß ich nicht mehr. Ich weiß nur noch, wie die orangefarbene Abendsonne in sein Gesicht schien und seine Augen strahlen ließ und ich plötzlich das Gefühl hatte: Das ist der beste Freund, den ich je treffen werde. Als habe Gott mit dem Finger auf ihn gezeigt und gesprochen: »Der da.«

Samer und ich verkauften wieder unsere Falafel, als ich eine kleine, rundliche Frau vorbeilaufen sah. Sie trug Kopftuch, war stark geschminkt und hatte links und rechts ihre Tochter und ihren Sohn an der Hand. Hübsch sahen die drei aus, sie hatten einen gesunden, braunen Teint. Etwas an ihnen war eigenartig. Als seien sie von der Vorkriegsmatrix in unsere Belagerungsmatrix hinübergeglitten. Sie passten nicht hierher.

Zwei-, dreimal sah ich die Frau mit ihren Kindern vorbeikommen. Immer war sie adrett zurechtgemacht, geschminkt und schick gekleidet. Ihr Gang war stolz und aufrecht. Immer kamen sie aus derselben Richtung, gingen an unserer Falafelschlange vorbei und bogen dann rechts ab. Was gab es dort, dass sie sich so zurechtmachte? Wo zum

Geier gingen sie hin? Beim vierten Mal reihte sich die Frau in die Schlange ein.

»Guten Tag, Lehrer Aeham«, sagte sie, als sie an der Reihe war. Ach du heiliger Sesam! Mir fiel fast die Kinnlade herunter. Die musste mich von früher kennen. »Drei Falafelbällchen, bitte.«

Ihre Kinder hatten saubere, appetitliche Gesichter. Sie sahen aus wie ganz normale Kinder auf ihrem ganz normalen Schulweg. Also ziemlich ungewöhnlich. Was gab es, wenn man rechts um die Ecke bog? Mit einem Mal war ich ganz aufgeregt. Als habe sie mit ihrem »Guten Tag, Lehrer Aeham« den unter vielen Schichten Linsenteig begrabenen Künstler in mir geweckt.

»Du kennst mich von früher?«, fragte ich strahlend.

»Na klar«, sagte sie. »Du bist doch der Lehrer Aeham. Ich kenne dich, und mein Mann Raed kennt dich auch.«

Ich konnte mich kaum halten vor Neugier. »Wo geht ihr da eigentlich immer hin? Und warum nennst du mich Lehrer? Und wer ist dein Mann Raed?«

Ein Professor namens Abu Saussan, erzählte sie mir, habe um die Ecke eine Grundschule eröffnet. Im ehemaligen al-Andalus-Hochzeitssaal. Sie sei dort Lehrerin, ihr Mann arbeite als Techniker. Darum machte sie sich so früh am Morgen so schick. Ich vergaß, die Falafel aus dem Öl zu nehmen. So sehr war ich von unserer Unterhaltung und dieser seltsamen Erscheinung gebannt. Ich musste diese Schule sehen!

An diesem Tag machten wir unseren Falafelstand früher zu. Ich ging zu dem alten Hochzeitssaal. Ich klopfte an die eiserne Tür. Sie gab nach. Ich schob sie vollends auf und trat in einen dunklen Flur. Ein Generator stand nutzlos auf dem Boden. Ich hörte Kinderstimmen. Ich ging ihnen nach, schob eine weitere Tür auf – und stand hoch oben im dunklen Hochzeitssaal. Er war voller Kinder und wurde schwach erhellt von winzigen Lichtpunkten. Als ich näher kam, sah ich, dass es Dioden waren, die man in manchen Plastikfeuerzeugen findet. Jemand hatte sie mit Kabeln verbunden. Wer hatte sich so etwas ausgedacht?

Auch dieser Saal war mit Tüchern unterteilt. Hier saßen die Kinder aus der ersten Klasse, nebenan die aus der zweiten. Wenn hinter einem Vorhang Ethikstunde war, hörten die Kinder mit, die nebenan Rechenunterricht hatten. Und umgekehrt. Ein ganz schönes Durcheinander.

Ich kam an einer Klasse vorbei, in der gerade ein Clown seine Späße machte. Er trug eine bunte Wollperücke auf dem Kopf und hatte sich ein Kissen unter sein Hemd geschoben. Er tat so, als würde er Luft essen. »O Gott, bin ich satt!«, japste er und tätschelte seinen dicken Bauch. »Lecker, dieser Sauerstoff. Probiert doch auch mal. Esst euch richtig satt.« Die Kinder kicherten und machten mit. Schnappten nach Luft und rieben sich die Bäuche. Auch ich schmunzelte. Das gefiel mir. Warum Trübsal blasen?

Und da schoss es mir plötzlich durch den Kopf: Verdammt, ich muss hier Klavier spielen! Ich bin doch Pianist und kein Falafelverkäufer! Ich werde Abu Saussan fragen, ob ich mit den Kindern musizieren kann.

Ich fragte mich durch zu seinem Zimmer und klopfte an. »Herein!«, kam es von drinnen. Ich öffnete – und stand im ehemaligen Bad des Hochzeitssaals. Hier gab es mehr Licht. Keine Ahnung, wo sie die Toiletten versteckt hatten, Abu Saussans Laptop jedenfalls thronte auf einer seltsamen Konstruktion. Ein zweiter Mitarbeiter saß mit ihm am Tisch.

Abu Saussan war jenseits der 50, klein und dünn und hatte schwarzes, krauses Haar. Er trug Jeans und T-Shirt und blickte streng. Gerade hielt er eine Tirade – »… wer zum Teufel lädt schon wieder etwas aus dem Netz runter? Ich werde das Passwort ändern, wenn das nicht aufhört! Ich kann mit diesem Zeitlupen-Internet nicht arbeiten!«

Internet? Licht? Laptop? In diesen Zeiten ohne Strom? Unerhört!

Endlich begrüßte mich Abu Saussan. »Was kann ich für dich tun?«

»Ich möchte gern hier arbeiten«, sagte ich ohne Umschweife.

Er schaute mich verständnislos an: »Wie, was willst du denn hier machen? Überhaupt, wie kommst du hierher?«

Ach so, ich vergaß. Und trug ein bisschen dicker auf. Ich beobachte die Schule schon lange, erzählte ich ihm, und würde mich gern hier einbringen und zusammen mit den Kindern Klavier spielen. Abu Saussan Gesicht hellte sich auf, er schien die Idee zu mögen.

»Kannst du an Freitagen zu uns kommen?«, fragte er.

»Wieso an Freitagen? Warum nicht unter der Schulwoche?«

»Das geht leider nicht«, sagte er. »Wir sind eine Schule, wir haben uns an einen festen Stundenplan zu halten. Musik ist nicht dabei.«

Ich stutzte. Mein erster Eindruck war nicht gewesen, dass hier schnurstracks für die Abschlussprüfung gelernt wurde. Es ging doch darum, die Kinder herauszuholen aus der Ödnis dieser Tage. Zum Beispiel mit Musik. Und dann würde ich nur am Wochenende kommen dürfen?

»Wie wäre es mit samstags?«, schlug ich vor.

Er schüttelte den Kopf. Freitags oder gar nicht.

Ich war perplex. Wie konnte er bei diesem Ameisengewimmel so pingelig sein? Freitags wollte ich nicht. Da begleitete ich meinen Vater zur Moschee. Außerdem würde am Freitag sowieso niemand in die Schule kommen.

Wir schwiegen einen Augenblick. Und weil hier fürs Erste keine Einigung in Sicht war, wich ich auf ein grundlegenderes Problem aus: Würde es Strom geben für ein Keyboard?

»Frag Raed«, sagte er »Der ist hier der technische Assistent.« Technischer Assistent hieß in Yarmouk unter anderem: Der, der die Zwiebeln schält und den Kaffee kocht. Die Stühle besorgt und den Strom, wenn der Generator kaputt ist. Das Mädchen für alles.

Ich verabschiedete mich und fragte mich durch zu Raed. Er filmt in dem Nebenraum da hinten, sagte jemand. Ich klopfte an die Tür und öffnete. Hinter einer Kamera stand ein breitschultriger Mann mit Oberlippenbart und einem zufriedenen Grinsen. Das musste Raed sein. Ob ich ihn kurz sprechen könne? Aber klar. Er trat aus der Klasse.

»Ah, ich kenne dich, du bist der Falafelmann«, rief er freundlich.

Normalerweise genügte dieser Satz, um mich gegen jemanden einzunehmen. Aber Raed lächelte mich so liebenswürdig an, dass ich ihm nicht böse sein konnte.

»... und Pianist«, ergänzte ich. »Hättest du mal zehn Minuten?«

Ich erzählte ihm, dass ich seine Frau getroffen habe und sie mir von der Schule erzählt hatte. »Ich würde hier gerne Musik unterrichten.«

Nach kurzem Zögern sagte Raed, ernst und eigenartig bestimmt: »Das vergiss mal besser.«

»Wieso denn?«, fragte ich verwundert.

»Das erzähle ich dir später.«

Für einen Moment zweifelte ich, ob er mir nicht gönne, Teil dieses Projekts zu sein. Aber etwas sagte mir, dass sein Rat von Herzen komme. »Das vergiss mal besser.« Die Worte hallten in meinem Kopf nach. Warum arbeiteten er und seine Frau denn dort, wenn es so schlecht war? Ich hatte das Gefühl, er wollte mehr sagen. Wir verabredeten uns für ein Gespräch nach der Schule bei mir zu Hause.

Und tatsächlich kam er pünktlich um fünf, direkt nach Schulschluss. Das überraschte mich. »Nach Schulschluss« kann in Yarmouk alles zwischen vier Uhr nachmittags und ein Uhr nachts heißen. Raed schien also jemand zu sein, dem Verabredungen etwas bedeuten. Tahani servierte ihm einen Zimt-Kaffee.

Ich fragte ihn, warum er die Kinder filme. »Das ist doch gefährlich!«, rief ich. »Wer weiß, wer die Aufnahmen in die Hände kriegt. Am Ende landen sie bei der Staatssicherheit. Und die stellt sonst was damit an!«

»Was soll ich machen? Das ist mein Job«, sagte Raed. Erst filme er alles, dann lade er die Videos hoch ins Internet – um die Arbeit an der Schule für den Geldgeber aus dem Ausland zu dokumentieren. Er müsse alles filmen: den Unterricht, die Verwaltung, die Kinder beim Essen. Damit der Sponsor sah, dass sein Geld ankam.

»Wer ist denn dieser Sponsor?«, fragte ich.

»Das weiß nur Abu Saussan. Niemand kennt den Namen. Ich weiß nur: Mich und meine Frau bezahlt er miserabel.«

Dann sagte Raed, dass er vor Jahren mal einen Satz Saiten in unserem Laden gekauft habe. Das versetzte mich schlagartig in jene Zeit zurück. Ich erinnerte mich, wie voll das Geschäft damals war, wie viel Arbeit es gab. Nicht lange, dann nannte ich ihn freundschaftlich Abu Rur, eine Koseform für Raed. Ich sehnte mich nach jemandem, mit dem ich offen reden konnte. Mit dem ich die Bitterkeit dieser Tage teilen konnte, damit sie ein wenig leichter wird. Mir gefiel Raeds offene, ehrliche Art.

»Wie kommt es eigentlich, dass ihr Internet habt in der Schule?«, fragte ich.

Er lachte. »Das ist das Einfachste von der Welt. Alles, was du brauchst, ist ein Router und ein bisschen Strom.«

Ich schaute ihn verständnislos an.

»Du musst einfach eine Telefonleitung finden, die noch freigeschaltet ist. Schon kannst du dich einwählen.«

»Was? Verrückt!«

»Brauchst du Internet?«

»Ich könnte es wahnsinnig gut gebrauchen.«

»Dann komme ich in drei Tagen vorbei und bringe dir meinen Router mit, und wir schauen, ob es geht.«

»Das wäre genial.«

»Alles, was du dann noch brauchst, ist eine Batterie. Hast du eine?«

Ich überlegte. Mir fiel mein Rama ein, mein chinesisches Elektromofa. Es stand drüben in der Tischlerei, verborgen unter allerlei Gerümpel. Ich hatte es fünf Jahre zuvor gekauft. Damals platzte der Verkehr in Damaskus aus allen Nähten, Neuwagen wurden unglaublich hoch besteuert, viele wichen aus auf ein Elektromofa. Man hing es für eine Weile an eine Steckdose und konnte dann mit 40 Stundenkilometern durch die Stadt brausen. Das Rama hatte auch einen Pedalantrieb, doch der eignete sich nur für den Notfall – das Gefährt war schwer und klobig.

»Du hast ein Rama? Großartig! Darin stecken fünf gute Akkus. Dann bekommst du bald Internet.«

Was für Aussichten! Internet! Strom! Endlich wieder mit meinen Cousins und Onkeln drüben in Damaskus chatten!

Nach drei Tagen kam Raed wieder. Zapfte eine Verteilerbox in meiner Straße an, zog von dort ein Kabel bis in meine Wohnung und schloss seinen Router an eine Batterie an, die er ebenfalls mitgebracht hatte. Schon hatte mein Handy Internetempfang. Ich jubelte. Wir gingen hinüber zur Tischlerei, um die Akkus aus dem Rama auszubauen, schlenderten hinüber zur Yarmoukstraße, um uns zu fotografieren, und später habe ich ein Foto von mir auf Facebook hochgeladen.

Ein Lebenszeichen, nach vielen, vielen Monaten.

Ich erhielt zig Kommentare. »Du bist schmal geworden!« – »Was, so leer ist jetzt die Yarmoukstraße? Das gibt es doch nicht!« – »Dort rechts habe ich früher immer Falafel gegessen. Verdammt, ich vermisse es!«

Und wenn ich in den folgenden Monaten Videos von mir ins Netz laden konnte, aus dem belagerten Yarmouk, wenn ich der *Süddeutschen Zeitung* und dem *Guardian* Interviews gab, wenn ich später Livekonzerte via Skype veranstaltete, die übertragen wurden nach Belgrad oder Beirut – dann war es Raed, der die Kameras, Batterien und Halogenscheinwerfer bediente. Nur ihm verdanke ich das.

Am Ende habe ich zwei-, dreimal in Abu Saussans Schule musiziert. Er hatte recht: Eine Musikstunde übertönte den Unterricht aller anderen Klassen. Es passte einfach nicht.

Abu Saussan war kurz angebunden und hatte eine hohe Meinung von sich. Aber ich kann nur Gutes über ihn sagen. Noch anderthalb Jahre würde er seine Untergrundschule betreiben, mit Geld aus Europa. Bis der IS kam. Seine Schule war ein Hoffnungsschimmer. Was hätten die Kinder denn sonst den ganzen Tag lang tun sollen? Zu Hause rumsitzen? Auf der Straße spielen? Mutige Menschen wie Abu Saussan waren es, die das Leben in Yarmouk möglich machten. Ohne sie wäre alles noch viel trostloser gewesen.

Und ich hatte einen neuen Freund gefunden.

# Eine Idee wird geboren

Es wurde Herbst. Tahani, der kleine Ahmad und ich waren in eine Nachbarwohnung umgezogen. Sie gehörte Abu al-Abed, jenem hilfsbereiten Mann, der uns damals, in der ersten Werkstattnacht, Matratzen, Kissen und Decken heruntergetragen hatte. Auch er war längst geflohen und hatte uns immer wieder angeboten, zu ihm zu ziehen. Nun gab er uns die Schlüssel der Nachbarwohnung gleich mit.

Als die Kämpfe in Yalda nachließen, haben wir den großen Transportwagen genommen und ihn hinübergeschoben. Wir sahen es schon von weitem: Die Wohnung meiner Eltern hatte einen Treffer abbekommen. In der Außenmauer klaffte ein Loch, die Fenster fehlten. Das Treppenhaus war intakt. Doch als wir die metallene Tür aufschlossen, rieselte Staub herab. Die Granate war in der Wohnung explodiert. Einen tragenden Pfeiler hatte sie weggerissen, von den Wänden war der Beton abgesprengt bis auf die Armierung. Niemand hätte hier überlebt.

Eine Wand war eingestürzt. Sie hatte die Bibliothek meines Vaters zur Hälfte unter sich begraben. Ich beschrieb ihm, was ich sah: »Die linke Seite deines Bücherregals ist unter Schutt begraben.« – »Ein Glück«, sagte er. »Meine Braille-Bücher stehen rechts.« Er tastete ihre Rücken ab und nahm einige Bände heraus, darunter einen Geographieband und ein Traumdeutungsbuch, die er an den stillen Abenden in der Werkstatt lesen wollte.

Wir trugen das Doppelbett meiner Eltern herunter, damit sie nicht mehr auf dem Boden schlafen mussten, den Flachbildfernseher und den Kühlschrank, damit sie nicht gestohlen wurden, Geschirr und Gewürze. Meine Hochzeitsfotos. Ein Kindheitsfoto von Alaa und mir. Meine Mutter seufzte, als sie es von der Wand nahm. Vor allem aber: sechs Kanister Olivenöl, die meine Mutter einst auf Vorrat gekauft hatte. 96 Liter gutes, sämiges Olivenöl. Ein Schatz.

Zweimal fuhren wir hin und her. Und machten dabei einen Abstecher zu Tahanis und meiner Wohnung. Sie war weitgehend intakt: Nur die Fenster fehlten, in einer Außenwand war ein Loch. Fotoalben und CDs nahmen wir mit, den Kühlschrank und den Fernseher, Schnuller und Fläschchen.

Ja, wir hatten Glück. In jenen Tagen kam ein Mann zu mir und bot mir an, ihm Reis und Zucker abzukaufen, je einen großen Sack. Er wollte das Viertel verlassen, lobte meinen Falafelstand, sagte, er kenne einen meiner Onkel. Er verlangte einen fairen Preis, nicht die astronomischen Summen, die inzwischen auf dem Schwarzmarkt gezahlt wurden. Dankbar nahm ich an.

Von nun an waren diese beiden Säcke unsere eiserne Reserve. Einmal pro Woche gönnten wir uns Reis. Nur Ahmad bekam jeden Tag ein Tellerchen voll. Und eine Flasche warmes Zuckerwasser.

Yarmouk hungerte. Kaum eine Woche verging, ohne dass ein »Hunger-Märtyrer« vermeldet wurde. Vielleicht war es auch verdrecktes Wasser oder ein Virus oder eine Krankheit oder alles auf einmal, was den Ausgemergelten den Rest gab. Den Schwächsten. Den Babys und den Alten. Eine lokale Menschenrechtsorganisation protokollierte:

Mahmoud Alaa al-Din, gestorben am 26. Oktober, verhungert.

Aya (Baby), gestorben am 28. Oktober, verhungert.

Abdelhay Yousef (4 Jahre), gestorben am 2. November, verhungert.

Omar Hussein (Kind), gestorben am 10. November, verhungert.

Malik Dschumaa (Baby), gestorben am 10. November, verhungert.

Mahmoud Mohammad al-Aydi, gestorben am 20. November, verhungert.

Einmal entdeckte man die klapperdürre Leiche eines Alten. Er war in seinem Bett gestorben, alle hatten ihn vergessen. Er sah aus wie eine Mumie. Nicht mal mehr Särge gab es, viel zu kostbar war das Holz. Man brachte die Leichname auf einer Krankentrage zum Friedhof. Formierte sich der Begräbniszug, den Toten auf den Schultern, erschollen bald Sprechchöre: Yarmouk, Yarmouk ist neutral! Öffne deine Tore, o Yarmouk. Ha! Ha! Hier ist Yarmouk!

Yarmouk sei ein »Todeslager«, schrieben die Zeitungen in Europa. 18 000 Menschen – von einst 650 000 – sollten noch zwischen den Ruinen leben.

Nur eines gab es weiterhin im Überfluss: die grässliche Asia-Brühwürze. Die Notleidenden schlugen sich den Bauch damit voll, literweise tranken sie das salzige Wasser, es füllte den leeren Magen und verlieh für einige Stunden die Illusion, satt zu sein. Ungesund war das Chemiezeug. Es schwemmte die Menschen auf. Sie wurden immer magerer und aufgedunsener zugleich.

Oder war es der Hornklee, der die Menschen aufblähte? Hornklee hat gelbe Blüten wie die Dotterblume und ist eine genügsame Pflanze, die eigentlich überall wächst, von England bis in den Iran. Bauern schätzen ihn als Futterpflanze, er enthält viel Eiweiß. Und winzige Mengen Blausäure. Für Schnecken ist Hornklee darum tödlich. Wie schädlich ist es, wenn sich Menschen monatelang den Bauch damit vollschlagen? Ich weiß es nicht. Ich weiß nur: Viele bekamen entsetzlichen Durchfall von der Grasfresserei.

Auch bei uns kam er jeden Tag auf den Tisch. Meine Mutter schnitt das Grünzeug klein und wässerte es zweimal in Salzwasser, ehe sie es zusammen mit roten Linsen kochte. Die hatten wir ja auch noch. Das war unser Standardmenü an sechs Tagen die Woche: Hornklee mit Linsen und Gewürzpulver. Ein ekliger Fraß. Immer wieder biss man auf grüne Strünke, die das Salzwasser nicht erreicht hatte. Sie waren so bitter, dass sich einem der Mund zusammenzog.

Alle paar Tage fuhr ich mit dem Rad los, um Hornklee zu ernten, auf den Feldern verlassener Bauernhöfe. Eines davon war unterteilt durch eine Reihe von Steinmännchen. Jeder wusste: Wer diese Linie übertrat, geriet in das Visier eines Scharfschützen. Schon einmal hatte er hier jemanden abgeknallt. Von dieser Linie musste man sich fernhalten. Um alles in der Welt.

Eines Morgens hockten wir zu sechst oder siebt im Gras und schnitten Hornklee. Ein Mann kam hinzu. Ich hatte ihn noch nie gesehen. Ihm fiel das ungleich saftigere Grün hinter der Absperrung auf. »Sogar Radieschen wachsen dort!«, rief er. Wir warnten ihn. Beknieten ihn, er dürfe auf keinen Fall hinübergehen, dahinter lauere der Tod. Das Knurren seines Magens war lauter. Er nahm seinen Korb und ging hinüber.

Eine halbe Stunde verging. Er kam zurück, den Korb gefüllt mit Radieschen. »Und das ist lange noch nicht alles!«, rief er. »Alles voll mit Radieschen!« Was sollten wir sagen? Noch einmal ging er hinüber, hockte sich auf den Boden, begann zu ernten – da knallte es. Und es gab ein Plopp, als zerplatze eine Melone. Alle warfen sich zu Boden. Als wir hochschauten, lag der Mann blutüberströmt im Gras. Der Scharfschütze hatte ihn mit einem Explosionsgeschoss in den Kopf getroffen. Bis zum Unterkiefer war alles weggesprengt. Ein grauenhaftes Bild. Mir drehte sich der Magen um.

Wir beratschlagten. Wir konnten ihn nicht einfach liegenlassen. Einer machte sich auf, eine Eisenstange zu suchen, ein anderer besorgte eine Decke. Einer schob die Stange in sein Hosenbein und angelte den Toten heran. Dann legten sie ihn auf die Decke. Vier Männer trugen ihn. Ich schob das Fahrrad des Getöteten. Wir brachten ihn in das Feldlazarett von Hadschar al-Aswad, wo kürzlich der Tischler meine Finger geflickt hatte.

Wir legten den Toten draußen ab. Vielleicht hatte er Angehörige, die ihn vermissten. Sie würden hier als Erstes nach ihm suchen.

Wieder daheim sagte ich zu Tahani: »Dieser Mann ist für ein paar Radieschen gestorben. Kannst du dir das vorstellen?« Betreten schwiegen wir.

**Wer einen leeren Magen hat, ist mies gelaunt.** Mürrisch irrten die Ausgehungerten durch die verlassenen Gassen oder wärmten sich an irgendeinem Lagerfeuer, wo Plastik und Kleider verbrannt wurden. Wer einmal dort gesessen hatte, stank höllisch und war bisweilen so verrußt, dass man ihn kaum erkannte.

Die Menschen alterten im Zeitraffertempo. Eben war meine Mutter noch frisch und blühend. Nun wurden ihre Haare grau, Falten gruben sich in ihr Gesicht. Sie nahm rapide ab. »Und das alles ohne Diät und Fitnessstudio«, bemerkte sie sarkastisch. Sie besaß eine Waage von früheren Abnehmversuchen. Manchmal stellte ich mich drauf. Einst hatte ich 65 Kilo gewogen. Eines Tages sah ich die 49; ich konnte meine Rippen zählen.

Ein großer, stämmiger Junge aus der Nachbarschaft verlor seine Pfunde so rasant, als habe er sich den Magen verkleinern lassen. Ein Bodybuilder, der einst als Security-Mann gearbeitet und vor den Goldläden Wache gehalten hatte – schwarzer Anzug, polierte Lackschuhe, Knopf im Ohr, Sonnenbrille –, wurde dünn und krumm wie ein abgebranntes Streichholz. Bald hatte er einen langen Bart. Aber nicht, weil er zu Gott gefunden hatte. Sein Aussehen war das Ergebnis von Fatalismus und mangelndem Rasierschaum.

Nur ein Ventil gab es noch zum Abreagieren: die Orubastraße. Früher war dort der Flohmarkt von Yarmouk, nun wurde sie zur apokalyptischen Einkaufsstraße. Manche verkauften Holz, das sie aus Sofas ausgeweidet hatten, andere Haushaltswaren, die sie aus Lagern und Geschäften gestohlen hatten, Säcke voller Zimtstangen, geplündert aus einem Gewürzdepot. Es gab Tage, da wurde ein großer Flachbildschirm für eine Zigarette verkauft oder eine Zigarette gegen einen Kühlschrank oder eine Waschmaschine eingetauscht. Hartnäckig hielt sich das Gerücht, dass man für eine Niere einen 25-Kilo-Sack Reis bekam. Mit gelblich-fahlen Gesichtern schlichen die Menschen von Stand zu Stand. Und über allem hing der entsetzliche Gestank der Spritschmelzen.

Eines Tages liefen Tahani und ich die Orubastraße entlang, als wir eine Frau panisch rufen hörten: »Der Junge muss hier raus! Er wird sterben! Seine Mutter hat keine Milch! Er wird verhungern!«

Wir traten näher. »Was ist los?«, fragte Tahani.

Die Frau sagte, ihr fünf Tage alter Enkelsohn liege im Sterben. Die Mutter sei völlig entkräftet und habe nichts mehr zu essen. Tahani ließ sich die Adresse sagen. Wir gingen hin. Tahani ging hinein. Ich wartete draußen. Die Mutter habe sich an ihre Brüste gegriffen und gerufen. »Sie sind leer. Ich habe nichts, was ich ihm geben kann!« Dann kamen die beiden heraus, das verhungernde Baby auf den Armen. Ich erinnere mich noch an sein Gesicht – es war ein einziger offener Mund. Der Kleine bewegte sich kaum. Tahani beugte sich hinunter, um seinen Atem zu hören. Er war ganz schwach. Tahani versprach wiederzukommen. Sie hat der Frau ein Kilo Reis geschenkt.

Ich weiß nicht, was aus dem Baby geworden ist. Ob es überlebt hat. Es wäre unhöflich gewesen, die Frau noch einmal zu besuchen und sie so an unser Almosen zu erinnern. Genauso wenig schickt es sich, öffentlich darüber zu sprechen, wenn man anderen hilft. Man helfe und schweige.

Anfang November, ich frittierte mal wieder Falafel, kam ein Mann namens Abu Mohammed zu mir. Er war Mitte 40 und groß und füllig und hatte eine Halbglatze. Ich mochte ihn. Vor dem Krieg gehörte er zu meinen Gesangsschülern, ein Bariton, der sich viel Mühe gab und immer pünktlich kam.

»Sei gegrüßt, Aeham«, sagte er

»Abu Mohammed!«, rief ich. »Du bist noch in Yarmouk!«

»Ja. Und du auch. Und du verkaufst hier Falafel. Finde ich gut.«

Wir unterhielten uns eine Weile. Schließlich fragte er: »Aeham, was hältst du davon, wenn wir wieder zusammen singen? Ich will einen Chor gründen. Wir brauchen jemanden, der uns begleitet. Hast du Lust?«

»Die Mägen sind leer«, antwortete ich, »wer braucht da schon Musik?«

»Ich kümmere mich darum, eine Gruppe zusammenzutrommeln. Sogar Strom gibt es.«

»Strom?« Ich wurde hellhörig. Niemand hatte in diesen Tagen Strom. Es sei denn, irgendeine Partei oder Gruppierung steckte dahinter. Anders ging das nicht. »Nimm es mir nicht übel, Abu Mohammed«, sagte ich, »aber du weißt, dass ich mich vor keinen Karren spannen lasse.«

Nein, nein, versicherte Abu Mohammed, die Gruppe sei komplett unabhängig. Samed solle sie heißen, »standhaft«. Er werde sich um alles kümmern. »Bring du dein Keyboard mit, ich besorge die Leute, und dann singen wir zusammen. So wie früher.«

Und weil ich ihn mochte und weil ich Lust hatte, wieder mal zu musizieren, sagte ich zu.

Zwei Tage später holte mich Abu Mohammed zur verabredeten Zeit ab. Ich klemmte mir ein Keyboard unter den Arm, wir machten uns auf den Weg – und marschierten geradewegs ins Hauptbüro der Fatah-Bewegung, der größten palästinensischen Partei, einst von Jassir Arafat gegründet. An den Wänden prangte unübersehbar das gelbe Fatah-Wappen: zwei Gewehre, eine Handgranate, dahinter die Umrisse Palästinas. Ich wäre am liebsten wieder umgedreht.

Aber das ging natürlich nicht. An einem Ort wie Yarmouk konnte man in tausend Fettnäpfchen treten. Und das kann schnell gefährlich werden. Ich nahm Abu Mohammed also diskret beiseite und fragte ihn höflich: »Hattest du mir nicht gesagt, dein Samed-Chor sei unabhängig?«

»Ja«, insistierte er. »Der Chor ist unabhängig. Nur finden die Proben eben hier statt.«

»Und am Ende wollen die Brüder doch, dass man nach ihrer Pfeife tanzt.«

»Nein, glaub mir.«

»Ich habe meine Zweifel.«

Aber gut. Ich beschloss, über meinen Schatten zu springen und über die ungewollten Allianzen hinwegzusehen, die hier überall lauerten. Denn inzwischen waren elf Männer aufgetaucht, um mitzusingen. Wir stellten einander vor.

Der Mann, der uns aufgeschlossen hatte, warf einen Generator an. Das Licht im Saal flammte auf, die Dioden meines Keyboards leuchteten. Wir begannen. Tonleitern sangen wir, einfaches La-la-la, um zu sehen, wer die Töne trifft. Ging so, ehrlich gesagt. Meine rechte Hand schmerzte, die Männer brummten vor sich hin – aber es machte trotzdem Spaß, hier am Keyboard zu sitzen, nach all den Monaten, in denen ich nur den Falafelportionierer bedient hatte.

Nach einer Stunde – buff – ging das Licht aus. Das Benzin im Generator war alle. Die Männer strahlten. »Endlich weiß ich, wie man singt«, sagte einer. »Danke, Prof!«

»Lass das mit dem Prof«, entgegnete ich, »nenn mich Aeham.« Und hielt dann doch eine lehrerhafte Ansprache: »Das Wichtigste ist, dass immer alle pünktlich zu den Proben kommen. Nur so machen wir Fortschritte.« Wir verabredeten uns für zwei Tage später. Beschwingt ging ich heim.

In der zweiten Stunde ging das La-la-la schon besser. Ich hatte eine Idee. Warum Lieder von anderen nachsingen? Wir sollten über uns singen! Über Yarmouk! Über den Hunger, die Bomben, die Leere. Ich fragte in die Runde, ob jemand Lust habe, ein Gedicht zu schreiben. Das würde ich vertonen.

»Ah, du komponierst Lieder?«, fragte Abu Mohammed.

»Schon ewig nicht mehr. Aber ich will es versuchen.«

Ein junger Kerl namens Mustafa meldete sich. Sein Onkel habe Arabisch studiert, erklärte er, und schreibe Gedichte. Aber er lebe nicht mehr in Yarmouk. Er habe es am Herzen und durfte darum ausreisen.

»Wie will er über das Elend in Yarmouk schreiben, wenn er nicht mehr hier wohnt?«, gab ich zu bedenken. »Aber gut, frag ihn!«

In der nächsten Gesangsstunde, der dritten, hielt mir der Junge verschmitzt und stolz seine Fäuste entgegen. Ich sollte wählen. Ich spielte mit und wählte rechts. Er gab mir einen Zettel. Ich faltete ihn auseinander und las vor:

O ihr Emigranten, kehrt zurück,
ihr seid schon viel zu lange weg.
Wir sind Yarmouks Männer,
ihm bleiben wir treu.

Yarmouk, du Siegesmarsch gen Jerusalem,
du gibst nicht auf.
Kommt zurück, ihr Bewohner und freut euch.
Yarmouk sieht nicht gern, dass ihr weg seid.

Yarmouk, Schoß des Heldentums
hast unsere Ära geprägt.

Nun ja. Besonders angetan war ich nicht. Der Siegesmarsch gen Jerusalem, der Schoß des Heldentums – da war es wieder, das falsche Pathos der palästinensischen Revolutionslieder, die hier seit 60 Jahren gesungen wurden. Wo blieb die Gegenwart? Wo waren Hornklee, Plastiksprit und Granaten? Andererseits war das Gedicht schön geschrieben, rhythmisch, in feinstem Arabisch. Ja, ich würde es vertonen.

Noch während ich nach Hause ging, begann ich zu komponieren – und hatte kurz darauf die Melodie im Kopf. So etwas war mir noch nie passiert. Daheim setzte ich mich ans Klavier, spielte das Motiv, fügte eine Einleitung hinzu, verfeinerte die Rhythmen, variierte das Thema, setzte es von d-Moll in g-Moll, damit es alle singen konnten. Nach nicht mal zwei Stunden war das Lied fertig. Und später habe ich noch mal einige Stunden lang am Intro gefeilt.

Bei der nächsten Probe – der vierten – bat ich die Jungs, sich den Liedtext abzuschreiben. Und dann haben wir es Zeile für Zeile geprobt. Ein orientalischer Chor ist einstimmig. Wir sangen gemeinsam eine Zeile, dann sang sie jeder einzeln, und noch mal, bis sie saß, dann wieder alle zusammen, weiter zur zweiten Zeile, und so fort.

Allmählich wurde es den Ersten zu viel. »Aeham, warum müssen wir so viel proben? Lass doch nur die Besten singen, die anderen machen Playback.«

»Nein, wir brauchen jede Stimme.«

»Das ist zu kompliziert. Reicht es nicht so?«

»Lasst es uns noch einmal proben.«

In der Pause diskutierte ich mit einigen diskret über unser erstes Stück. Auch sie waren nicht besonders angetan vom Schwulst, von den Siegesmärschen und dem Heldentum.

Und so sagte ich, als wir uns verabschiedeten: »Bitte, schreibt jeder ein Gedicht. Darüber, was hier los ist. Wie beschissen es uns geht. Das ist es, worüber wir singen sollten.«

Tatsächlich brachten einige von ihnen zur nächsten Probe – der fünften – ein Gedicht mit. Das schönste war von Mahmoud Tamim. Überhaupt war er der Auffälligste. Nicht nur, weil er der Größte war und riesige Füße und Hände hatte. Vor allem, weil er so lebhaft und gutgelaunt war. Sein halblanges, glattes Haar trug er nach hinten gekämmt, darüber meist eine Baseballkappe. Jeder in Yarmouk kannte ihn, auch mir war er schon oft aufgefallen. Auf Demos ließ er sich gern auf den Schultern tragen und rief dazu aus voller Kehle: »Nusra-Front, raus mit euch!«, »Assad, Mörder, raus mit dir!« Er ließ keine Partei davonkommen, der ganze Erdball bekam Mahmouds Sprüche ab. Und bei dem Stakkato der Sprechchöre, die er so erfand, hatte er immer ein ziemlich gutes Rhythmus- und Reimgefühl, so dass es fast wie Rap klang.

Sein Text ging so:

> Ach mein liebes vertriebenes Volk,
> treibst dich schon so lang rum.
> Kommt ihr Lieben, kommt zurück!
> Ihr fehlt uns doch schon viel zu lang!

> Lebst du heute in Qudsayya:
>     Yarmouk vermisst dich, Bruder!
> Lebst du heute in Bahrain:
>     Yarmouk vermisst die Seinen!
> Lebst du heut' in Dscharamana:
>     Yarmouk vermisst dich, Bruder!

Lebst du heut' in der Türkei:
    Du bist Yarmouk nicht einerlei!
Lebst du heut' im Libanon:
    Du fehlst uns viel zu lange schon.
Wo auch immer du heut' lebst,
    Yarmouk vermisst dich, Bruder!

Wieder setzte ich mich daheim ans Klavier. Dieses Mal komponierte ich in Dur, ich hatte Mozart im Ohr, ich wollte es besonders eingängig machen. Wie zahme Vögel kamen mir die Töne zugeflogen. Nach einer halben Stunde war der Song fertig. Er würde mein größter Hit werden, wenn ich das so sagen darf.

Ich steuerte »Sidja« bei, einen der beiden Songs, die ich als Teenager geschrieben hatte. Damals war es ein Vertriebenenlied voll kitschiger Sehnsucht nach der verlorenen Heimat. Nun machte ich daraus einen Überlebenssong. »So lange die Nacht auch andauern mag/das Licht der Sonne gehört uns«.

Es lief prima mit unserem Chor. Doch bei der achten Probe, wir hatten gerade Pause, trat der Fatah-Mann zu uns, der immer den Raum aufschloss und den Generator anwarf. Er holte aus zu einer weitschweifigen Rede. Dass nun ein wichtiger Tag näher rücke, ein Tag, bedeutsam für alle Palästinenser: der Todestag von Abu Ammar. So heißt bei uns Jassir Arafat, der Gründer der Fatah. Es werde eine Gedenkfeier geben. Und dann ließ er die Katze aus dem Sack: Ob wir dort singen könnten?

Also doch! Ich hatte es geahnt. Diskret zog ich Abu Mohammed beiseite und flüsterte ihm zu: »Siehst du, jetzt werden wir doch vor den Parteikarren gespannt!«

»Keine Sorge, ich werde mit ihm reden«, sagte er.

Doch an seiner Stimme konnte ich hören, dass er sich niemals gegen diesen Mann durchsetzen würde. Ich ließ alle Vorsicht fahren und protestierte.

»Ich bin dagegen«, sagte ich laut. »Lasst uns für die Hungernden in Yarmouk singen. Oder für die Bombenopfer. Lasst uns die Leute einladen und zusammen musizieren. Für Yarmouk. Und am Ende gedenken wir Abu Ammar.«

Der Mann schwieg.

»Sicher hat Abu Ammar viel erreicht für uns«, setzte ich nach. »Aber jetzt haben wir andere Sorgen. Täglich verhungern hier Leute. Das ist es, worüber wir singen sollten.«

Der Mann schwieg immer noch.

»Wir singen für Yarmouk, oder?«, fragte ich und blickte die anderen an. Sie nickten. »Einverstanden?« Noch mehr Nicken.

»Ich habe einen anderen Vorschlag«, sagte der Fatah-Mann. »Wir machen ein erstes Konzert für Abu Ammar. Und dann ein zweites für die Hungernden in Yarmouk.«

Ich überlegte einen Augenblick. Ja, das wäre möglich. Ich würde in den sauren Apfel beißen und Heldenlieder spielen. Und dann würden wir für die Menschen von Yarmouk singen. Gegen die Granaten, den Hornklee und den Plastiksprit.

»Einverstanden«, sagte ich.

Und so kam es. Es war der 11. November 2013, der neunte Todestag von Jassir Arafat. Der Versammlungssaal war überfüllt, sicher 500 Leute drängten sich darin. Wir Männer trugen die Kufiya, den schwarz-weißen Quastenschal der Palästinenser, Fahnen wurden geschwenkt, fast hätte man denken können, es sei alles wie früher. Auch weil die Rede, die der Fatah-Mann nun herunterleierte, so zeitlos war:

»Eines Tages werden wir die Grenzen niederreißen und gen Jerusalem marschieren, und dann werden wir …« Blablabla. Ich hörte weg. Ich fühlte mich zurückversetzt in meine Schulzeit, mit den hohlen Ansprachen meines Direktors. Und dachte im Stillen: Mir würde es reichen, wenn du die Checkpoints hier niederreißt und wir nach Damaskus marschieren.

Egal. Erst sangen wir unsere eigenen Lieder, die von unserem Samed-Chor, dann die pathetischen Revolutionslieder, die jeder Palästinenser kennt. Die mit den Kalaschnikows und dem vergossenen Blut und den Siegesmärschen nach Jerusalem. Der Generator tuckerte, die Neonröhren leuchteten, die Leute tanzten, die Ventilatoren flappten, wirklich, es war wie früher.

Gegen Ende machte ich eine Ansage. »In genau einer Woche gibt es ein zweites Konzert. Für die Hungernden von Yarmouk. Bitte sagt es weiter. Und bitte kommt alle.«

Als wir zusammenpackten, bedankte sich der Fatah-Mann bei mir.

»Dann in einer Woche wieder hier?«, fragte ich ihn.

»Aber ja. Ich werde dafür sorgen, dass der Generator Sprit hat.«

»Wirklich?«

»Und wenn ich ihn selbst bezahle.«

Eine Woche später, der gleiche Saal, die gleiche Zeit. Allerdings kamen dieses Mal höchstens halb so viele Leute. Der Fatah-Mann begrüßte die Anwesenden. »Noch immer werden wir belagert. Immer mehr Menschen sterben an Hunger. Lasst uns mit Musik dagegen protestieren. Das war Aehams Idee. Er wollte dieses Konzert machen. Bitte sehr!«

Die Jungs stellten sich neben meinem Keyboard auf, die Arme umeinander gelegt. Wir begannen. »O ihr Emigranten, kehrt zurück« sangen wir und »Sidja« und »Yarmouk vermisst dich, Bruder« und – buff – ging das Licht aus. War das Keyboard stumm. Brach der letzte schiefe Gesang ab. Gab es keinen Strom mehr. Ich konnte es nicht fassen: Der Fatah-Mann hatte nicht genug Sprit in den Generator gefüllt.

»Buh!«, riefen einige im Publikum. Und als klar war, dass es vorbei war, dass wir keinen Strom mehr hatten und das Konzert abbrechen mussten, standen die Leute auf und gingen heim. Ich sagte nichts. Stumm saß ich hinter meinem Keyboard und schämte mich. Schämte mich und war wütend. Und als zwei Tage später die nächste Chorprobe war, bin ich nicht hingegangen.

Was war ich wütend! So etwas würde ich nie, nie wieder tun! Ich fühlte mich gedemütigt. Ich hatte es geahnt. Erst ließ man uns für Abu Ammar singen, dann ließ man uns hängen. Nie wieder! Ich musste unabhängig werden. Das hieß vor allem: unabhängig vom Strom. Keyboards fielen damit flach in Yarmouk. Wütend tigerte ich durch die Straßen.

Ich hatte eine Idee.

Ich sah mir den großen Transportwagen an, mit dem wir schon Bohnensäcke und Baumstämme transportiert hatten, Sofas und Olivenöltanks. Ich inspizierte die großen Rollen.

»Wie wäre es«, fragte ich meinen Vater, »wenn wir die großen Rollen unter mein Klavier schrauben? Denkst du, ich könnte es dann auf die Straße schieben?«

»Nein«, sagte er, »es wäre viel zu kippelig.«

Sechs Wochen lang rumorte es in mir. Dann wusste ich es. Ich ging zu Mahmoud Tamim, dem Mann aus dem Chor, der den Text zu »Yarmouk vermisst dich, Bruder« geschrieben hatte. Er war genauso verrückt wie ich. Er würde mein Verbündeter sein. Ich wusste, wo er wohnte, und klopfte unten an die Tür.

»Ja?«, kam es von oben. Ich schaute auf. Tamim blickte über die Brüstung der Dachterrasse.

»Mahmoud, hast du Zeit?«

»Klar. Ich komme runter und mache dir auf.«

Früher hatte er im kleinen Baumarkt seines Vaters gearbeitet. Nun hatte ihn der Hunger ziemlich erwischt. Sein Vater war gestorben, seine Mutter war zuckerkrank, in einem fort war er auf der Suche nach Essen. Seine blühende Phantasie ließ er sich trotzdem nicht nehmen. Einmal ließ er sich bei einer sarkastischen Stadtführung durch Yarmouk filmen, in der er anpries, wie gut es uns gehe: »Sehen Sie, wie fit und schlank die Leute hier sind?«

Als wir auf die Dachterrasse hinaustraten, erkannte ich, dass Mahmoud Tamim Tauben züchtete. Davon wusste ich nichts. Aber das war kein Zufall. Wir sind ein Volk der Taubenzüchter, und Dächer haben eine lange, symbolträchtige Geschichte bei uns. Der Palästinenser, der einen über den Durst trinkt und auf dem Dach seinen Taubenschlag hat, ist eine fast schon legendäre Figur. Während der 60er und 70er Jahre gehörte das zur Jugendkultur bei uns. Yarmouks Jugend trug damals Afro und Schlaghosen, züchtete Tauben auf dem Dach und schloss sich der PLO an. Das war das Bild der Fedajin, der palästinensischen Guerillakämpfer, das mir noch mein Vater in seinen Erzählungen malte.

»Ah, du züchtest Tauben«, bemerkte ich. »Wie schön!«

»Na ja, früher«, antwortete er. »Da hatte ich mal über hundert.« Er wies auf die vielen leeren Volieren. »Jetzt sind es noch fünf.« Ich traute mich nicht zu fragen, was mit den anderen geschehen war.

Seit fast zwei Monaten hatte ich Mahmoud Tamim nicht mehr gesehen. Seit unserem desaströsen Auftritt. Er hatte noch mehr abgenommen, wirklich, es ging ihm nicht gut. Also redete ich eine Weile herum, ehe ich mit meinem Anliegen herausrückte: »Was hältst du davon, wenn wir weitermachen mit dem Chor – aber ohne die von der Fatah? Wir nehmen einfach das Klavier und singen auf der Straße.«

»Wie willst du das Klavier auf die Straße kriegen? Ist doch ziemlich schwer, so ein Ding.«

»Das lass meine Sorge sein. Trommle die anderen zusammen, ich kümmere mich um den Rest.«

Er sah mich an.

»Was denkst du?«, hakte ich nach. »Kriegen wir das allein hin?«

Ohne weiter nachzudenken, sagte er: »Lass es uns versuchen. Ich bin dabei.«

Ich strahlte. Später fragte er: »Und wo sollen wir singen?«

Ich überlegte. »In der Mansoura-Mittelschule. Dort, wo die erste Rakete eingeschlagen ist. Da singen wir. Nur für uns. Unter freiem Himmel.«

Mahmoud Tamim hielt Wort. Zwei Tage später tauchte er bei mir am Laden auf, fünf von den Samed-Jungs im Schlepptau. Lachend begrüßte ich sie. Ich hatte sie vermisst. Und dann machten wir uns an die Arbeit. Wir nahmen mein Shanghai-Klavier – das billigste, das ich hatte – und hoben es auf einen großen Rollwagen – vier Räder, eine Holzplattform, drumherum ein flaches Gitter. Ich stellte einen Stuhl mit auf die Plattform. Fertig war das mobile Orchester.

Tahani und meine Mutter schauten uns zu, mit Fragezeichen auf der Stirn. Ich hatte ihnen nichts erzählt. Nur mein Vater kannte meinen Plan, er rief von hinten: »Aeham weiß schon, was er tut.«

Und was erst die Nachbarn glotzten, als wir sieben Männer das Klavier durch die Straße schoben! So zogen wir zur Mittelschule und gingen hinein, auf den Pausenhof. Dorthin, wo die erste Rakete eingeschlagen war. Hier sollte unser erster Auftritt sein. Ein symbolisches Konzert am ersten Einschlagloch, jenem ersten Riss durch unsere Welt.

Ich spielte mich schon warm, da bog ein dicker Mann um die Ecke. Wer war denn das? Mahmoud Tamim begrüßte ihn und stellte ihn vor: Er sei von der Redaktion Bukra Ahla, was so viel heißt wie: Morgen wird alles besser. Er wolle uns filmen.

»Wie bitte?«, rief ich. »Uns filmen? Auf keinen Fall! Warum hast du mir nichts davon gesagt?«

»Warum bist du so dagegen?«, fragte Mahmoud Tamim.

»Weißt du, wo der Film landet? Dann können wir ja gleich beim Geheimdienst vorbeispazieren und uns bei denen vorstellen. Warum will der Mann uns filmen?«

»Sie stellen es auf ihre YouTube-Seite, und dann sieht uns jeder.«

»Ich bin dagegen.«

Es gab eine längere Diskussion. Wir beschlossen abzustimmen. Die anderen waren geschlossen für das Video. Ihr Argument: Wir kommen hier doch eh nicht raus. Wir werden hier eh verhungern. Da können sie doch auch unsere Nasen auf YouTube sehen.

Ich fügte mich.

Wir begannen. Und als nun die ersten Töne meines verstimmten Klaviers erklangen in meiner alten Mittelschule, als wir das erste Mal in den Trümmern spielten, als wir diesen im Nachhinein so unerhörten Schritt machten und »O ihr Emigranten, kehrt zurück« unter freiem Himmel anstimmten – da hatte ich nur einen Gedanken: Was wird mit diesem Video geschehen?

Der Typ von Bukra Ahla kroch mit seiner Kamera fast in uns hinein. Warum musste er so nah herankommen? Wer wird den Film sehen? Und dann? All das fragte ich mich in diesem Augenblick. Nur ein Gedanke dämpfte mein Unbehagen: Dass wir zu siebt waren. Ich würde also nicht allein verhaftet werden. So griff ich in die Tasten. Bis heute gibt es dieses Video auf YouTube. Man kann sehen, wie angespannt ich war. Und außerdem tat mir die rechte Hand weh.

Später schoben wir das Klavier zum Laden zurück. Wir waren beschwingt. Weil es nun mal glücklich macht, wenn man zusammen musiziert.

So war es. So entstand die Idee, mein Klavier hinauszuschieben in die Trümmerwelt. In die Ruinen von Yarmouk. Ich bin nicht eines Morgens aufgewacht und habe gerufen: Ich hab's! Ich gehe jetzt raus in die zerbombten Straßen und spiele dort Klavier, um mit meiner Musik ein Zeichen zu setzen. Male ein Bild, das jeder Mensch auf Anhieb versteht. Der Pianist, der Assad die Stirn bietet, Spottlieder gegen Fassbomben, Kunst gegen Gewalt – ein Triumph der Schönheit über die Zerstörung.

Nein, es war verwickelter. Der Abend, als wir mit dem Akkordeon zusammen am Lagerfeuer gesungen hatten, klang in mir nach. Ich wollte musizieren, wann und wo und wie ich wollte, unabhängig von Strom und Geld und irgendwelchen Gruppen. Ich wollte den Menschen bei mir im Viertel helfen, doch meine Linsen waren alle. Ich hatte für die Hungernden singen wollen und war vorgeführt worden. Man hatte mich ausgebuht.

Ich bin Pianist. Ich habe nie Fahnen geschwenkt. Meine Revolution ist die Musik. Ich spürte: Das muss die Sprache sein, in der ich protestiere. Auch wenn es niemand hört.

Es war der 28. Januar 2014.

# Der UNRWA-Karton,
# ach weh, ach weh

Drei Tage später, am 31. Januar und am anderen Ende von Yarmouk, hat ein Fotograf ein Bild aufgenommen, das zu den unfassbarsten des syrischen Krieges zählt. Ein Bild, das um die Welt ging und sie schockierte. Wer es nicht kennt, wer begreifen will, was Hunger mit den Menschen macht, wer sehen will, wie wir aussahen, nachdem wir sieben Monate lang Gras gefressen hatten, wer die Verbitterung, die Trostlosigkeit und die Gier nachfühlen will, die damals bei uns herrschten, der möge die Suchwörter »Yarmouk« und »Hunger« an seinem Rechner eingeben.

Tausende Menschen drängen sich zwischen zusammenfallenden Häusern, ausgemergelt und verdreckt. Wie Geister sind sie aus den Ruinen aufgetaucht, nun stehen sie da und blicken stier nach vorn. Wie verhext starren alle auf den gleichen Punkt. Auf jenen Durchlass, den die Wartenden passieren müssen, um weiter vorn einen Karton voll Lebensmitteln in Empfang zu nehmen. Voll Reis und Öl und Zucker.

Inmitten dieser Woge der Verzweiflung standen auch meine Eltern. Ich wartete am kahlen Baum auf sie, ganz hinten. Ich kenne viele auf dem Bild. Den jungen Mann mit der Brille ganz vorn. Er war Englischlehrer an der Amal-Schule. Oder die Frau mit dem schwarzen Kopftuch, darunter, Umm Mohammad heißt sie und ist eine Bekannte von Tahani. Abu Mazen Abu Aischeh sehe ich, den weiß-haarigen Mann mit dem Schnurrbart, er steht eingeklemmt unten in der Mitte. Er ist blind und mit meinem Vater befreundet, meine Mutter hat einst mit ihm zusammen unterrichtet. Der Mann mit dem hohen Haaransatz, ein Stückchen weiter rechts – Abu Mazens Nachbar. Drei Kinder hatte er. Aber nie genug zu essen.

Seit Monaten hatte die UNRWA mit dem Assad-Regime um die Erlaubnis gerungen, den Hungernden in Yarmouk Nothilfe leisten zu dürfen. Monatelang hatte das Assad-Regime das abgelehnt. »Al-Dschu' au al-Ruku'«, Hunger oder Kniefall, vor diese Wahl hatte Assad schon Teile von Aleppo oder Homs oder ganze Städte wie Moadhamiyeh gestellt. Auch bei uns gab es dieses schreckliche Graffiti, jenseits des Checkpoints, die Soldaten hatten es an eine Wand gesprüht: »Ergebt euch oder verhungert.«

Nun endlich hatte die Regierung nachgegeben. Am 18. Januar 2014 versuchte die UNRWA erstmals, Lebensmittel nach Yarmouk zu bringen. Auch da hatten die Menschen seit zwei Uhr früh Schlange gestanden. Doch kaum begann morgens die Verteilung, hagelte es Schüsse. Schreie waren zu hören. Die Hilfskarawane war unter Scharfschützenbeschuss geraten. Ich war nicht vor Ort. Aber ich kenne Leute, die sagten, die Schüsse kamen von der Seite des Regimes. Und das war auch das Naheliegende.

71 Nothilfekartons wurden an jenem 18. Januar verteilt. 41 Pakete am 20. Januar. Am 21. Januar waren es 26 Kartons. Dann war erst mal wieder Schluss.

Zusammen also 138 Nothilferationen, wie UNRWA-Sprecher Chris Gunness in seinen von nun an täglichen Pressemitteilungen vermerkte. Sie sind neutral gehalten, in der Sprache der Diplomatie – was blieb ihm anderes übrig. Und doch lugte durch die nüchternen Sätze immer wieder die Verzweiflung der Helfer hervor, die nun jeden Tag an der Wassermelone vorfuhren mit einem Lastwagen voll Reis und Zucker und dann nicht durchgelassen wurden. Weil am Vortag ein Mörser in der Nähe des Verteilungspunktes explodiert war. Weil es in der Nacht zuvor Schusswechsel in der Nähe gegeben hatte. Weil ein Fahrer, der die Kartons in einem kleineren Auto nach vorn zu den Checkpoints brachte, von einem Scharfschützen abgeknallt worden war. Weil es irgendwer aus irgendeinem Grund nicht wollte.

Am 30. Januar war es der UNRWA gelungen, 1026 Pakete zu verteilen. Nun, an diesem 31. Januar, sollten es 980 werden. Ein Erfolg. Gut 25 Kilo wog ein Karton. Eine achtköpfige Familie konnte von den Lebensmitteln darin zehn Tage lang satt werden. Oder, rechnete die UNRWA vor, verteilte man 200 Pakete, bekämen 1000 Menschen einen Monat lang täglich 1000 Kalorien. Sie würden nicht verhungern.

Doch das war es auch schon. Wieder stockte die Versorgung. Die UNRWA-Helfer warteten an der Wassermelone; einige hundert Meter weiter, am Reidschehplatz, warteten wir. In den folgenden Monaten wurde es zur Routine, dass meine Eltern und ich früh um sechs aufstanden, unseren Zimt-Kaffee tranken und dann die Yarmoukstraße hinuntereilten, Richtung Verteilungspunkt. In sicherer Entfernung zu den Checkpoints verabschiedete ich Vater und Mutter und setzte mich in den Schatten, um zu warten. Meist kehrten sie zurück mit leeren Händen.

Damals wusste ich nicht warum. Heute kann ich es nachlesen. In den täglichen »Updates« des UNRWA-Sprechers Chris Gunness:

### 1. Februar 2014

»Eine große Menschenmenge steht in der Nähe des Verteilungspunktes. Die Situation ist angespannt. Zeugnis dafür, dass es den Menschen in Yarmouk am Allernotwendigsten fehlt.«

### 20. Februar 2014

»UNRWA hat heute nach einer Pause von elf Tagen die Nahrungsverteilung an Zivilisten in Yarmouk in Damaskus wieder aufgenommen. Wir begrüßen die Unterstützung der syrischen Behörden.«

### 16. März 2014

»Es ist selten, dass einem Sprecher die Worte fehlen. Doch nach drei Jahren Konflikt in Syrien haben die Wörter ihre Bedeutung verloren. Sie zerbrechen im Angesicht dieser Tragödie. Ihre Bedeutung zerfällt. Dem Rechnung tragend, veröffentliche ich heute 17 Fotos.« (Unter ihnen die Aufnahme vom 31. Januar.)

### 20. März 2014

»Gestern kam es zu chaotischen Szenen in Yarmouk, als andrängende Massen hungriger und verzweifelter Menschen es unmöglich machten, Nahrungsmittel zu verteilen.«

### 21. März 2014

»Nach nur zwei Stunden musste sich das UNRWA-Team zurückziehen. Der Verteilungspunkt wurde von Yarmouk aus beschossen. Alle UNRWA-Mitarbeiter sind in Sicherheit. Hunderte Zivilisten waren über mehrere Stunden zwischen den aufeinander schießenden Parteien gefangen. Mehrere Menschen wurden getötet.«

### 8. April 2014

»Eine zeitraubende Inspektion der Hilfsgüter verlangsamte das Tempo der Lieferung am frühen Nachmittag. UNRWA fordert die Behörden auf, in den kommenden Tagen eine erhöhte Verteilungsrate zu erleichtern.«

### 23. April 2014

»UNRWA wurde von der Regierung von Syrien informiert, dass wir unsere humanitäre Arbeit in Yarmouk morgen, 24. April, nach einer fünfzehntägigen Pause wieder aufnehmen können. Wir begrüßen diesen Schritt.«

### 24. Mai 2014

»Erstmals hat UNRWA Hygienesets verteilen können, an 690 Familien. Jedes Set enthält Seife, Handtücher, Zahnpasta, Waschmittel, Shampoos und weitere Hygieneartikel.«

### 7. Juli 2014

»Es kam heute zu dramatischen und chaotischen Szenen, als UNRWA erstmals seit sechs Wochen in dem belagerten Yarmouk-Viertel Nahrungsmittel verteilte.«

Anfang Februar ergatterten auch meine Eltern den ersten Lebensmittelkarton. Wie immer hatte ich sie in der Fedajinstraße abgeliefert. Als ich aus der Ferne sah, dass sie den Durchlass passiert hatten, wechselte ich die Position. Ich ging einige Blöcke weiter, zu einem anderen Ausgang des Reidschehplatzes. Das war der Rückweg, den alle nehmen mussten. Der Platz war groß und von kahlen Baumstämmen gesäumt, ein Niemandsland, von den Scharfschützen beider Seiten belagert. Eine Todeszone, in der es immer wieder zu erschütternden Szenen kam.

Doch dieses Mal ging alles gut. Ich sah meine Eltern kommen. Mein Vater trug den 25 Kilo schweren Karton auf den Armen, meine Mutter führte ihn. Gut, dass ich mein altes Herrenrad mitgebracht hatte, ein massives Gefährt aus China. Jubelnd umarmte ich sie und schnallte den Karton auf den Gepäckträger. Wir eilten heim und packten all die Schätze aus:

Fünf Kilo Reis.

Fünf Kilo Bohnen.

Fünf Kilo Zucker.

Fünf Liter Öl.

Drei Kilo Milchpulver.

Anderthalb Kilo Nudeln.

Fünf 200-Gramm-Portionen billiges Dosenfleisch.

Jeder von uns gönnte sich ein Glas Milchpulver-Milch. Mein Gott, tat das gut. Mein Körper vibrierte förmlich, als ich es trank. Als zischte die Milch direkt ins Blut.

Niemals hätte ich gewagt, mich selbst für einen Karton anzustellen. Denn das berühmte Bild erzählt nur die halbe Wahrheit. Der UNRWA-Fotograf blickte von der Fedajinstraße aus auf den Reidschehplatz. Würde er sich umdrehen, kämen drei Checkpoints in den Blick. Der erste wurde betrieben vom Generalkommando, der palästinensischen Miliz. Der zweite von einer schiitischen Gruppierung, keine Ahnung, was die hier verloren hatte. Der dritte von der syrischen Armee. Dahinter standen die Fahrzeuge der UN.

Erst wenn man seinen Ausweis dreimal vorgezeigt hatte, wenn jede der drei Parteien genug junge Männer rausgefischt, genug alte Rechnungen beglichen hatte, erst wenn man diesen Spießrutenlauf aus drei Checkpoints überstanden hatte, erhielt man seinen Reis von der UN.

Hunderte junger Männer wurden bei den Lebensmittellieferungen verhaftet. All jene, die niemanden hatten, der für sie anstehen konnte. Die irgendwann, besinnungslos vor Hunger, ihren Folterknechten direkt in die Arme liefen. Das ist der Grund, warum auf dem berühmten Foto nur Frauen und alte Männer in den ersten Reihen stehen. Sie kamen unbehelligt durch. Bis auf den jungen Mann mit der Brille. Den Englischlehrer. Ich habe ihn danach nie wieder gesehen.

Die UNRWA-Kartons retteten uns vor dem Hungertod. Aber viele bezahlten dafür mit dem Leben. Wer sich hineinbegab in das Gewühl, musste mit allem rechnen. Einmal fuhren Soldaten mit einem Bulldozer in die Menge, um die Hungrigen zurückzudrängen. Einmal drückten sie die Anstürmenden so weit gegen eine der Ruinen zurück, dass diese vollends einstürzte und ein halbes Dutzend Menschen erschlug. Und immer wieder fielen Schüsse.

Endlose Stunden habe ich am Reidschehplatz gesessen und auf meine Eltern gewartet. Habe das hemmungslose Schluchzen all jener gehört, die mit leeren Händen heimkamen. Habe die Frauen gesehen, die ihre Männer suchten, wie von Sinnen rannten sie umher und fragten wildfremde Menschen: Kennen Sie ihn? Kennen Sie ihn? Die sich schreiend ins Gesicht schlugen vor Verzweiflung. Und allen Umstehenden war klar: Man hatte ihn verhaftet.

Ich habe den Kerl gesehen, der mit Schaufel und Handfeger angerannt kam, um eine Spur aus Zucker aus dem Straßenstaub zu fegen und für sich zu retten.

Ich habe die Frau gesehen, der Blut das Gesicht hinunterlief. Ihre Zähne und ihre Nase waren eingeschlagen, ihre Wange aufgeschürft bis auf den Knochen. Doch sie lachte, denn auf dem Kopf balancierte sie den schweren Karton mit dem hellblauen UN-Logo. »Ich habe ihn, ich habe ihn!«, rief sie. Strahlend.

Ich habe gesehen, wie Abu Omar im Niemandsland des Reidschehplatzes erschossen wurde. Ich kannte ihn seit meiner Kindheit, ein Hüne von Mann, der Tischplatten herstellte aus Granit oder Marmor. Ich traf seinen Neffen, gemeinsam warteten wir im Schatten des Platzes. Er erzählte mir, Abu Omar gehe es nicht gut, er habe Diabetes und lebe allein in einem halbzerschossenen Haus. Immer wieder stand der junge Mann auf und hielt Ausschau nach ihm. Da sahen wir ihn.

Abu Omar hatte tatsächlich einen Karton ergattert. Er trug ihn im Arm, wie man ein Baby trägt, darüber lag sein Gehstock. Er schwankte hin und her unter der Last des Pakets. Da fiel ein Schuss. Abu Omar stürzte zu Boden. Mit dem Schuss kam die Panik. Die Masse trat rennend den Rückweg an. Vier Männer nahmen Abu Omar und trugen ihn. Er blutete aus dem Kopf. Der Neffe eilte weinend hinterher. Es gab eine neue Spur auf der Yarmoukstraße.

Und immer wieder fielen Schüsse. Einmal waren meine Eltern mitten in der Menge, als es von irgendwoher knallte. Schon rannten alle um ihr Leben, Scharen fliehender Menschen trampelten einander nieder. Mein Vater und meine Mutter, die immer so eisern aneinander festhielten, wurden getrennt. Mein Vater stürzte.

»Umm Aeham, Umm Aeham«, rief er, doch meine Mutter war längst abgedrängt, und dann stürzte auch sie. Jemand trat ihr auf die Brust.

Ihr gelang es, wieder aufzustehen. Das Atmen fiel ihr schwer, etwas war nicht in Ordnung. Sie kämpfte sich zu meinem Vater zurück. Sein Knie blutete, seine Hose war zerrissen. Sie half ihm auf, so machten sie sich auf den Rückweg. Als sie auf den Reidschehplatz hinauseilten, sah ich sie. Vergaß alle Vorsicht und rannte ihnen entgegen, hinaus ins Niemandsland. Zu einer Zeit, als meine Videos auf Facebook längst rauf und runter liefen.

Aus den Augenwinkeln sah ich links eine Gruppe Soldaten stehen, keine 20 Meter entfernt.

»Das ist Aeham Ahmad!«, rief einer.

Ich rannte weiter, meinen Eltern entgegen, hinaus auf den Platz. »Was ist passiert?«, rief ich panisch. »Ist alles in Ordnung?«

»Aeham, was machst du hier?«, zischte meine Mutter. »Zurück! Schnell!«

Jederzeit hätten die Soldaten im Laufschritt nach vorn stürmen und mich greifen können. 20 schnelle Schritte, dann wären sie bei mir gewesen. Ich schaute nicht zu ihnen hin, aber ich spürte ihre Blicke. Mein Herz klopfte, mein Mund war trocken. Mein Vater hinkte, Blut lief sein Bein hinab. Meine Mutter hustete und fasste sich an die Brust. Wir eilten weiter.

Nur eines schützte mich: Wären die Soldaten losgelaufen, hätte ein Scharfschütze der Rebellen sie erwischen können. Das war es, was mich rettete. Wir überschritten jene imaginäre Linie, hinter der wir sicher waren. Wir hielten an.

Meine Mutter klagte über einen stechenden Schmerz in der Brust. »Wahrscheinlich ist deine Rippe gebrochen«, sagte mein Vater, »wir müssen sie röntgen lassen.«

»Weißt du, wie lange es schon kein Röntgengerät mehr in Yarmouk gibt?«, fragte meine Mutter sarkastisch.

Daheim legte sich meine Mutter gleich ins Bett und stand mehrere Tage lang nicht mehr auf. Tahani bereitete ihr einen Verband aus Heilkräutern. Meine Mutter würde vorerst ausfallen. Es gab nur eine Lösung: Tahani musste meinen Vater begleiten. Wir überlegten: Was wäre, wenn die Soldaten sie nach mir fragen würden? Für den Fall dachten wir uns eine Legende aus. Sie würde dann antworten: »Ich weiß nichts über ihn. Wir sind geschieden. Wahrscheinlich ist er tot.«

Am nächsten Morgen versuchten wir es wieder. Standen um sechs Uhr auf, tranken unseren Zimt-Kaffee und liefen los. Wieder war es die Behinderung meines Vaters, die uns das Leben erleichterte. Sie machte, dass wir nicht mitten in der Nacht aufstehen mussten. Tausende standen an, wenn er die Schlange erreichte. An Tagen, an denen das Gedränge nicht allzu groß war, ließ man ihn vor.

Gewiss zehnmal pro Monat haben wir angestanden. Alle paar Wochen haben wir einen Karton ergattert. Und jeder von uns gönnte sich, um es zu feiern, ein Glas Milch.

Trotz dieser Mühsal, trotz dieser Schrecken – oder deswegen? – war dieses erste Halbjahr 2014 die produktivste Zeit meines Lebens. Die Musik sprudelte nur so aus mir heraus. 160 Lieder habe ich in diesen Monaten komponiert, fast jeden Tag eines. Morgens standen wir für den UNRWA-Karton an, gingen Wasser holen oder Hornklee ernten. Nachmittags trafen sich die »Yarmouk-Jungs«, so hießen wir inzwischen, bei mir im Laden. Kurz probten wir den neuen Song, schon schoben wir das Klavier hinaus in die Straßen und spotteten der Not.

### Der liebe Politiker hat endlich seinen Arsch bewegt

Der liebe Politiker hat endlich seinen Arsch bewegt
und 'ne Delegation aus dem Lager entsandt,
'ne Delegation ging, 'ne Delegation kam,
eine Delegation brachte die Nächste.

Ach, was sind das für Zeiten!
Ich kann nicht mehr schlafen,
   mir knurrt so der Magen.
Ach, was sind das für Zeiten!
Ich kann nicht mehr schlafen, o je!

Die Delegationen wurden immer mehr,
und mit ihnen kamen die Versprechen,
Versprechen und noch mehr Versprechen,
während bei uns die Leute starben.

Ach, was sind das für Zeiten!
Ich kann nicht mehr schlafen,
   mir knurrt so der Magen.
Ach, was sind das für Zeiten!
Ich kann nicht mehr schlafen, o je!

Eine Tonne Mehl haben sie uns versprochen.
Du Ärmster hängst immer noch am Versprechen,
und dida – dida – dida
so, wie du gingst, so kamst du wieder.

Ach, was sind das für Zeiten!
Ich kann nicht mehr schlafen,
   mir knurrt so der Magen.
Ach, was sind das für Zeiten!
Ich kann nicht mehr schlafen, o je!

Der Politiker, der Ärmste,
läuft mit hängendem Kopf herum.
Hast wohl gedacht, der Pascha ist ein Pascha?
Dabei ist der Pascha doch eine …

Ende Januar – zwei Tage waren seit unserem ersten Auftritt vergangen – kam der Typ von der Bukra-Ahla-Redaktion zu mir in den Laden. Üblicherweise hatten die Videos auf ihrem YouTube-Kanal einige hundert Klicks. Unseres bekam binnen 48 Stunden über 40000. Er war völlig aus dem Häuschen. Ob wir mehr davon drehen könnten?

Mehr als 40000! Nun war auch ich aus dem Häuschen. So viele! Die Leute mochten, was wir machten. Ich überlegte nur einen winzigen Augenblick. Und sagte zu. Schon am nächsten Tag traten wir erneut auf. Mahmoud Tamim schlug vor, in der Lubiyastraße, einst der Kleidermarkt von Yarmouk, zu singen, um unseren Zuschauern zu zeigen, wie leer es jetzt hier war.

Wieder filmte der Typ von Bukra Ahla. Eben noch hatte mir das Angst gemacht. Jetzt dachte ich – na und? Ob sie mich jetzt wegen eines Videos rankriegen oder wegen zehn, das ist dann auch egal. Wenn sie uns einen Strick drehen wollen – voilà, da ist er ohnehin. Also können wir auch weitermachen.

Der dritte Auftritt: Vor den Ruinen des Parks der Pioniere, wo die erste Fassbombe auf Yarmouk niedergegangen

war, ein Niemandsland aus Trümmern. Die neue Komposition: »Regen«. Mit den Zeilen von Ahmad Sallam:

> Ihr werdet das Volk nicht besiegen, nein,
>     das werdet ihr nicht.
> Erstickt es nur mit eurem Tränengas.
> Brecht sie nur mit eurem Stock,
>     die Knochen des jungen Mannes.
> Ihr werdet das Volk nicht besiegen,
>     Invasoren der Erde.
> Nein, ihr werdet es nicht besiegen.
> Kommt der Abend,
> nähert sich der Morgen.

Schade nur, dass sich der Typ von dieser Bukra-Ahla-
Redaktion immer weiter aus dem Fenster lehnte. Unser Erfolg stieg ihm zu Kopf. Nicht lange, da verlangte er, wir
sollten uns im Video bedanken beim »Bukra-Ahla-Film-
team«. Als ich dann noch erfuhr, dass der Schlaumeier bei
YouTube Werbung vor unsere Videos schaltete, reichte es
mir. Wie kam denn das rüber, wenn wir gegen den Hunger
sangen, und dann poppte auf einmal eine Turnschuhwer-
bung auf? Nein, danke.

Für eine Weile wechselten wir auf eine Facebook-Seite
namens »Fotos aus Yarmouk«. Und dann kam Raed ins
Spiel, mein Freund, der Technikprofi. Er zeigte uns, wie
YouTube funktioniert, richtete uns eine Facebook-Seite
ein. Wir stellten mein altes Rama-Elektromofa zu mir in die
Wohnung, und dann musste nur noch jemand ordentlich
in die Pedale treten, schon konnten wir die Lieder hoch-
laden ins weltweite Netz.

Ich freute mich wie ein kleines Kind, wenn ich sah,

dass Menschen aus Europa unsere Videos sahen. Da waren Kommentare von Leuten mit ausländischen Namen, es gab Viewer aus Hamburg oder Berlin. Wow! Unsere Stimme kam also wirklich irgendwo an!

Ein Mann sprach mich auf der Straße an. Er wohnte in meiner Straße, ich kannte ihn vom Sehen. Er stellte sich vor: Marwan. Ihm gefalle, was wir machten, ob er dabei sein könne? Ja, gern!, sagte ich. Und so gesellte sich eine neue Stimme zu uns Yarmouk-Jungs. Schade, dass er ein ziemlicher Brummbär war. Aber er konnte tolle Lieder schreiben. An die 20 habe ich von ihm vertont.

Was genoss ich die Zeit mit den Yarmouk-Jungs. Was hatten wir für einen Spaß! Regelmäßig stritten wir darüber, wo wir auftreten sollten. Vor meinem Haus!, rief der Erste lachend, nein, vor meinem!, widersprach der Zweite. Und dann musste ich entscheiden. Schoben wir das Klavier zusammen durch die Straßen, vergaßen wir unsere leeren Mägen und fühlten wir uns stark. Wir waren nicht mehr allein. Es war unsere Revolution. Wir hatten eine Mission: den Menschen dieser Welt zu zeigen, was bei uns los ist. Wie brutal Assad uns quält. Dass wir dagegen aufbegehren.

Als ich eines Tages anderthalb Kilo Reis übrig hatte, 30000 Pfund (80 Euro) waren die damals wert, habe ich sie zum Essen eingeladen. Als Hauptgericht gab es Reis mit Asia-Brühwürze, und zum Dessert hatte Tahani ihn für uns mit Milchpulver aufgekocht. Ein Festessen! Es gibt ein Video von diesem Abend. Alle saßen im Schneidersitz um den langen Tisch und lachten. So wie früher.

Nicht lange, und die ersten Journalisten meldeten sich. Und dann immer mehr. Ich fragte in die Runde, wer sich interviewen lassen wolle. Nur Mahmoud Tamim und ich trauten uns. Und spätestens als unsere Videos im arabischen Satellitenfernsehen liefen, kannte man uns bis nach Tunesien.

Frage:      Warum macht ihr das?
Antwort:  Wir protestieren gegen die Belagerung.
Frage:      Und warum noch?
Antwort:  Das Leben hier ist ziemlich traurig. Wir wollen für ein bisschen Freude sorgen.
Frage:      Haben die Leute aus eurem Chor schon vorher gesungen?
Antwort:  Nein, es ist das erste Mal.
Frage:      Was hattet ihr vorher für Berufe?
Antwort:  Tischler, Verkäufer, Bäcker, Maurer, Musiklehrer.
Frage:      Warum das Klavier?
Antwort:  Weil es hier keinen Strom gibt.
Frage:      Warum spielt ihr auf der Straße?
Antwort:  Damit die Leute sehen, wie es jetzt hier aussieht.
Frage:      Was ist eure Botschaft an die Welt?
Antwort:  Lasst uns nicht verhungern.

### Die Hilfsgüterkiste

Hey, Kiste, du machst mich noch ganz kirre,
jetzt hör schon auf, mich hier zu quälen.

Einen ganzen Marathon hast du mich rennen lassen
vom Reidschehplatz bis hierher und zurück.

Sei doch so lieb und komm zu mir,
die Nächte sind erträglicher mit dir.

Mensch, was hätte ich Lust auf ein Gläschen
Tee, oh, mit richtigem Zucker.

Hey, Kiste, du machst mich noch ganz kirre,
jetzt hör schon auf, mich hier zu quälen.

Da wären wir wieder beim Hornklee,
dabei vermissen wir dich so, du Hübsche!

Hey, Kiste, du machst mich noch ganz kirre,
jetzt hör schon auf, mich hier zu quälen.

In einem fort bekam ich nun Gedichte zugesteckt. Von
Mahmoud und Marwan, von Freunden meines Vaters, von
Passanten, denen gefiel, was wir hier machten. Es spornte
mich an, dass so viele Menschen meine Musik mochten. In
Damaskus und Aleppo, in Algerien und Ägypten, in Italien und Belgien. Ich komponierte, als hätte ich nie etwas
anderes getan.

Ich kannte die Techniken von Beethoven und Mozart,
Ziad Rahbani und Marcel Khalife. Zig Jahre lang hatte ich
das alles aufgesogen. Nun war die Saat aufgegangen. Der
Tee gezogen. Manchmal brauchte ich einige Stunden, um
ein Lied zu komponieren. Manchmal nur zehn Minuten.

Ich ging durch die Straßen, ein neues Gedicht in der
Hand, sagte es laut vor mich hin, schon flog mir irgendwoher ein Motiv zu, schon saß ich am Klavier, spielte es,
veränderte es, passte Text und Melodie an. Komponierte
ein aufwendiges Intro. Das war ich mir schuldig. Schließlich bin ich Pianist.

Ich verwendete europäische Tonleitern und mischte sie
mit arabischen Rhythmen. Ich ließ mich inspirieren von
den Harmoniefolgen und Achtelbegleitungen von Wolf-

gang Amadeus Mozart. So entstanden Melodien, die jedem Menschen gleich ins Ohr gehen, das ist die Verführungskraft gewisser Harmonien. Manche meiner Songs bestanden, wie ein westliches Volkslied, aus mehreren Strophen und einem Refrain. Andere, wie in der arabischen Welt, aus mehreren langen Motiven, unterbrochen von einer Bridge.

Spottlieder und satirische Lieder vertonte ich. Traurige und fröhliche Lieder. Sehr achtete ich darauf, hohles Pathos zu vermeiden, von Helden und Siegesmärschen und dem Blut auf dem Feld der Ehre. Und dann vertonte ich bittere, herzzerreißende Zeilen fröhlich wie ein Kinderlied.

Anfangs komponierte ich noch ganz klassisch: auf jeder Textsilbe ein Ton. Dann bekam ich Gedichte zugesteckt, die weder Reim noch Versmaß hatten und sich eigentlich nicht vertonen ließen. Also ging ich dazu über, Silben über mehrere Töne zu dehnen. Klagend war mein Gesang nun. Und das passte ja auch. Ich wollte, dass man unsere Verzweiflung hört. Darüber, dass die hochschwangere Ehefrau am Checkpoint sterben muss, wie peinigend es ist, die halbe Nacht lang hungrig für einen Lebensmittelkarton anzustehen und dann nichts zu kriegen. All meine Verlorenheit legte ich in diese Lieder. Als sei mein Gesang ein Schrei von jemandem, der in einen Abgrund stürzt und der Höllenfahrt eine Melodie gibt.

### Der UNRWA-Karton, ach weh, ach weh

Sie zogen los und holten den UNRWA-Karton,
    als wär er ein Märtyrer.
Du lieber Himmel, wie haben sie es da hingeschafft!
Sie drängelten und schubsten und zerrten und zogen
auf Leben oder Tod, ach, Gott würd's schon richten.

Der UNRWA-Karton, ach weh, ach weh.
Der UNRWA-Karton, ach weh, ach weh.

Öl und Zucker und Milch,
das ist in ihm drin.
Mitten in der Nacht warten wir auf ihn,
schlafen auf dem Gehweg,
und auf der Reidschehstraße
sehen wir ihn alle paar Tage.

Hin und zurück, das ist jetzt unsere
   Hauptbeschäftigung.

Der UNRWA-Karton, ach weh, ach weh.
Der UNRWA-Karton, ach weh, ach weh.

Endlich waren wir die UNRWA los,
und bekamen dafür al-Wafaa.
Aber das ist leider Gottes nix für uns,
das ist so ein Durcheinander.
Manche haben nie einen abgekriegt,
andere haben jeden Tag 'nen Karton.

Ist auch schon egal.

Der UNRWA-Karton, ach weh, ach weh.
Der UNRWA-Karton, ach weh, ach weh.

Hischam Zuawi hat dieses Lied geschrieben. Er war ein Freund meines Vaters, ein feinsinniger und zartgliedriger Mann, gepflegt und zurückhaltend. Ein Scharfschütze hat ihn abgeknallt. Gerade als Hischam von der Lebensmittelausgabe zurückkam, den UNRWA-Karton auf den Armen.

Nach nur zwei Monaten zerbrach unser Chor, lösten sich

die Yarmouk-Jungs auf. Es begann mit Eifersüchteleien. Warum, fragte eine Dreierfraktion, vertonst du eigentlich andauernd Texte von Mahmoud Tamim und Marwan, aber nicht von uns? Und außerdem, erklärten die drei, sei Mahmoud Tamim ein hochnäsiger Schnösel. Sie schieden aus.

Wenig später klagten die Nächsten: Ihnen sei das zu anstrengend. Morgens Wasser holen, Hornklee schneiden und nach Brennholz suchen – und nachmittags das Klavier durch die Gegend schieben und singen. Das sei zu viel.

Und überhaupt, meckerten sie, warum ernten wir nicht endlich die Früchte unseres Erfolgs? Warum nicht einen Sponsor suchen, einen Geldgeber aus Europa oder von sonstwo, der uns bezahlt fürs Singen?

»Und schon tanzen wir nach ihrer Pfeife«, warf ich ein. »Ich bin strikt dagegen. Lasst uns unabhängig bleiben.«

Doch ich konnte mich nicht durchsetzen. Das Murren wurde lauter. Und schließlich stellten sie mich vor die Alternative: Entweder bezahlt uns jemand – oder wir hören auf.

»Dann hören wir auf. Ich werde mich vor keinen Karren spannen lassen.«

Wir trennten uns im Guten.

Mir war klar: Alles würde ich aufgeben, aber nicht die Musik. Sie war es, die mich am Leben hielt. Ich musste weitermachen. Wir versuchten es mit einem Trio, Raed und Marwan und ich. Die beiden hielten weiter zu mir. Doch es ging nicht. Es klang einfach zu schief.

Bis hierher hatte ich, mein ganzes Leben lang, andere begleitet. Ich war doch Pianist, kein Sänger. Jahrelang hatte ich Solfège gehabt, jahrelang in Chören gesungen. Und doch traute ich meiner Stimme nicht. Oder war zu schüchtern, allein zu singen. Erst jetzt, als wirklich niemand übrig war, kein Sänger weit und breit, überwand ich meine Scheu. Was blieb mir übrig?

Ich bat Niraz Saied, den Fotografen, mich zu filmen. Dabei schoss er jenes Bild, das um die Welt ging. Ich saß im grünen T-Shirt am Klavier und sang, das erste Mal allein. Der Pianist in den Trümmern. Alle verstanden dieses Bild. Es war der 21. April 2014.

### Grüne Minze

Der du zwischen den Völkern rufst:
»Tod breitet sich aus über meinem Land,
Flucht und Mord, Menschenraub und Hunger,
dass es mir das Herz aus den Rippen reißt.
Blutvergießen, Feuer und Licht
Eine Tragödie überquert die Meere.«

Yarmouk beschwört seine Kinder
zwischen den Trümmern und Gräbern,
pflanzt eine Blume auf die Sonne.
Es fordert dich heraus und schreit und ruft:
»Kehr zurück, mein vertriebenes Volk,
das Minzpflänzchen ist immer noch grün,
eine Rose wartet auf dich.
Komm zurück und gieß sie, du Armes.
Kannst sie mit deinen Tränen gießen,
aber sie wartet auf deine Rückkehr.«

Einer, der besonders schöne Liedtexte schrieb, hieß Amer Helwani. Eines Tages stand er bei mir im Laden und fragte mich ungestüm, ob er ihm Zucker oder Reis geben könne.

»Das würde ich wirklich gern. Aber bei uns gibt es auch jeden Tag nur Linsen mit Hornklee, damit mein Sohn den Reis bekommt. Iss Gras! Machen wir auch.«

»Ich hasse dieses Grünzeug!«, wütete er. »Ich kriege davon Dünnpfiff. Ich könnte mich übergeben, wenn ich es sehe!«

»Lass deine Wut nicht an mir aus«, rief ich, »wir haben alle Hunger! Schreib auf, was du fühlst. Zeig der Welt, wie unmenschlich es hier zugeht.«

»Komm mit zu mir nach Hause«, sagte er. »Ich will dir etwas zeigen.«

»Was denn?«

»Etwas sehr Privates.«

»Was wirst du mir zeigen?«

»Etwas, das auch dich wütend machen wird.«

»Ich bin selber wütend. Und schlapp. Ich hab keine Kraft.«

»Nur zehn Minuten.«

Ich gab nach. Schweigend gingen wir nebeneinander her. Amer Helwani sah furchtbar aus. Sein Gesicht war dunkel vom Rauch der Plastikfeuer, seine rechte Hand war blau und geschwollen, dort hatte er einen Splitter hineinbekommen, die Wunde verheilte einfach nicht. Er hatte mal Arabisch studiert, dann aber als Anstreicher gearbeitet. Er war ein guter Dichter. Was wollte er von mir?

Wir betraten seine Wohnung. Sie lag im Erdgeschoss. Ein Raum war von einer Granate getroffen, er stand zur Hälfte offen. Auf einem Plastikfeuer stand ein Topf. Er hob den Deckel. Im Wassersud kochte ein Tier.

»Was ist das?«, fragte ich.

»Eine Katze.«

Angeekelt wich ich zurück. »Igitt! Wie kannst du so etwas tun? Iss Gras!«

»Vom Gras sterbe ich.«

»Warum zeigst du mir das?«

»Ich möchte, dass du es probierst.«

Deshalb hatte er mich hergebeten. Er wollte diese Schmach nicht allein ertragen. Ich hatte von der Fatwa gehört, die der Scheich der Palästina-Moschee erlassen hatte: Falls es jemanden vor dem Hungertod errette, sei es gestattet, Hunde- und Katzenfleisch zu essen. Längst waren die vielen Straßenkatzen und -hunde, die früher zum Straßenbild gehört hatten, in den Mägen der Bedürftigen verschwunden. Aber noch nie hatte ich jemanden ein Haustier essen sehen.

Unschlüssig stand ich herum. Wirklich, ich fand es echt eklig. Aber dann hat etwas in meinem Kopf ausgesetzt. Plötzlich erfasste mich eine merkwürdige Gier. Seit über einem Jahr hatte ich kein Fleisch gegessen.

»Aber nur einen Bissen«, sagte ich.

Amer Helwani schnitt mir ein kleines Stück Fleisch ab. Ich steckte es in den Mund. Sofort wühlte ich in meiner Hosentasche, fand ein Stück Papier und spuckte es da hinein. Igitt! Was für ein widerlicher Geschmack! Sauer! Ich dachte: So muss auch Menschenfleisch schmecken.

»Wie kannst du so was essen?«, entfuhr es mir.

»Was soll ich denn sonst essen?«, explodierte er. »Ich habe alle abgeklappert. Keiner hat mir Reis gegeben. Nicht einer. Und glaub mir, vom Gras kriege ich die Scheißerei.«

Ich schwieg betreten.

»Und du sagst mir, ich soll ein Gedicht über den Hunger

schreiben. Schönen Dank. Ich habe Hunger! Ich will essen! Rutsch mir den Buckel runter mit deinen Gedichten!«

»Aber das ist der einzige Weg, damit sich etwas ändert«, wiederholte ich kleinlaut.

Er wollte es nicht hören.

### Zwei kleine Zöpfe

Zwei kleine Zöpfe
erzählen auf der Straße
die bittere Geschichte, wieder und wieder.

Wenn du keinen Arm findest, der Hoffnung spendet,
weder eines Wohltäters noch eines Bruders,
vergieß die Träne nicht, sondern halt sie am
    Leben.

Die Herzen sind versteinert,
nein, härter noch als Stahl.

Also streck die dürren Beinchen durch
und bleib stehn, bleib stehn, bleib stehn.
Und seufze: Ach, ach, und wieder ach.

Als ich Amer Helwani fragte, was es mit diesem Lied auf sich habe, brach er in Tränen aus. Der Text handle von einem Mädchen, erklärte er mir, vielleicht acht Jahre alt, das jeden Tag mit seiner Mutter für den UNRWA-Karton anstand. In sauberen Kleidern stellten sich die beiden an und kehrten Stunden später niedergeschlagen zurück, von oben bis unten eingestaubt.

Ich setzte mich ans Klavier und komponierte eine Teufelskreismelodie. In den ersten beiden Strophen, so stellte ich es mir vor, sprachen die Götter. In den letzten beiden

Strophen sprach das Mädchen. Zwischen jedem Absatz spielte ich ein Basso continuo, in der Barockmusik die Stimme des Teufels. Ich nannte es »Die Yarmouk-Operette« und stellte mir 15 Gottheiten vor, die in eine Glaskugel starren und auf die Welt blicken, auf Syrien, auf Yarmouk, auf dieses kleine, eingestaubte Mädchen.

Zwei kleine Zöpfe
erzählen auf der Straße
die bittere Geschichte, wieder und wieder.

Wenn du keinen Arm findest, der Hoffnung spendet,
weder eines Wohltäters noch eines Bruders,
vergieß die Träne nicht, sondern halt sie am
Leben.

Seit jeher habe ich es geliebt, mit Kindern zu musizieren. Auch während der Belagerung. Es gab ja weiter eine Handvoll Schulen, und in der Zeit der Yarmouk-Jungs ging ich reihum in vier von ihnen, um mit den Kindern zu singen. Jeweils einer aus der Gruppe half mir dabei. Doch dann trennten sich die Yarmouk-Jungs. Und mit ihnen endete unser Musikunterricht.

Da hatte Marwan eine Idee – wir könnten doch auch mit den Kindern auf der Straße singen! Und so kam es. Wir gründeten die Yarmouk-Sprösslinge, unseren Kinderchor. Marwan war nicht verheiratet und mochte Kinder sehr. Er konnte gut mit ihnen umgehen, nahm sie ernst und verstand es auf eine nette Art, sie zu führen. Er war es, der die Kinder für die Proben zusammentrommelte und aufstellte. So ein Haufen Kinder ist ja auch wie ein Sack Flöhe. Und weil uns jederzeit eine Granate auf den Kopf fallen konnte, bestand ich darauf, dass die Eltern einen kleinen Zettel unterschrieben. Dass wir keinerlei Verantwortung übernahmen.

Zwei-, dreimal pro Woche sind wir mit den Yarmouk-Sprösslingen aufgetreten. Mal kamen fünf, mal kamen 20 Kinder. Mal sangen wir vor den Trümmern meiner alten Mittelschule, mal vor einer belebten Kreuzung. Dann blieben die Passanten stehen und strahlten. Kinder, die auf der Straße singen! Das war fast noch schöner als ein Männerchor.

Bis irgendwann eine Gruppe von Soldaten vorbeischlenderte, deren Bärte zu dieser Zeit immer länger wurden. Längst waren in Yarmouk die Kämpfer für Demokratie an den Rand gedrängt und die Revolution zu einer Art Kampf um den richtigen Islam geworden. Und einer von ihnen bemerkte: »Du singst mit den Mädchen, Bruder? Weißt du nicht, dass das haram ist?« Verboten. Unislamisch. Doch sie ließen uns gewähren. Noch.

Ein hyperaktiver Junge konnte einfach nicht stillstehen und störte ständig – bis ich ihn bat, sich neben mich zu stellen und die Musik mit seinen Händen nachzuspielen. Das machte er. Er war der Hit. Die Leute strahlten, als der Junge von nun an selbstvergessen zur Musik gestikulierte. Als sei er ein Gebärdendolmetscher.

Ein Mädchen kam mit seinem behinderten Bruder zur Gesangsstunde. Er verdrehte den Kopf und lallte und sabberte, ließ dabei seine Zunge heraushängen und machte allerlei grimmige Töne. Doch kaum erklang die Musik, verwandelte er sich in einen Engel. »Ha-ha-ha«, machte er, als wolle er singen. Und war ganz friedlich.

Einmal, wir sangen gerade, kam eine auffallend schöne

Frau mit ihrer Tochter um die Ecke gebogen, sah uns und rief: »Da ist die berühmte Gruppe!« Gut angezogen waren die beiden, ihre Gesichter waren frisch gewaschen. Während wir doch ziemlich abgerissen aussahen.

Ich brach ab. »Wie meinen Sie?«

»Na, ihr seid doch die Yarmouk-Sprösslinge, oder?«

»In der Tat. Kennen Sie uns?«

»Ganz Damaskus redet über euch.«

Ich sah, wie stolz die Kinder plötzlich waren. So ein Kompliment von einer so schicken Dame.

»Was ihr macht, ist sehr wichtig«, sagte sie ernst. »Wir sind eigens aus Damaskus hergekommen, mit einer Sondergenehmigung. Denkst du, meine Tochter könnte mit euch singen?« Sie war vielleicht elf.

»Natürlich, gern!«, rief ich. »Komm, stell dich dazu.« Wir machten weiter.

Als wir am Ende der Probe das Klavier zurückschoben, sagte Marwan: »Hast du gehört, was sie gesagt hat? Was wir machen, ist wichtig.« Auch er war mächtig stolz.

Ich weiß nicht, wo die Dame und ihre Tochter übernachteten, aber als sie zum zweiten Mal mit uns sangen, trugen beide ein Kopftuch. Sie mussten einem der Nusra-Leute begegnet sein. Beim dritten Mal waren sie auch schon fast so staubig und grau wie wir. Und nicht lange, da waren sie wieder verschwunden.

Einmal sah ich, dass ein Mann uns beobachtete – und erkannte in ihm meinen alten Arabischlehrer aus der Sekundarstufe. Er folgte uns, als wir das Klavier zum Laden zurückschoben. Ich sprach ihn an. Er wirkte ziemlich schwach auf den Beinen. Also bat ich ihn herein auf ein Glas Wasser. Er setzte sich. Er hatte Tränen in den Augen.

»Aeham, was du machst, ist wunderbar.«

Beschämt bedankte ich mich. Und entschuldigte mich bei der Gelegenheit für die vielen Stunden, in denen ich damals geschwänzt hatte. »Hoffe, Sie haben das nicht persönlich genommen«, sagte ich, »hatte wirklich nichts mit Ihnen zu tun. Aber ich hatte damals einfach ganz andere Sachen im Kopf.«

»Ach, kein Wort mehr davon, das ist lange her«, sagte er. »Ich bin sehr stolz auf dich.« Er ging wieder. Und hat später fünf Lieder für mich geschrieben.

Am liebsten sangen die Kinder das Wasserlied, eines von Marwans Liedern. Weil es von ihrem Alltag handelte. Viele mussten ihren Eltern jeden Tag helfen beim Tragen der schweren Kanister.

### Das Wasser fällt andauernd aus

Das Wasser fällt andauernd aus,
nie fließt es, wie es soll.

Wir haben das Eimerschleppen satt,
aber das Wasser ist zu knapp.

Frag doch mal Abu Mohammad,
der hat auch deswegen Kummer.

Wie er immer Eimer schleppt
und sich dauernd drüber aufregt.

Ach, es wird schon wieder werden.
Ach, es wird schon wieder werden.

Sogar der Strom, du lieber Himmel,
den haben wir schon ganz vergessen.

Und dann filmte uns Marwan, und Raed lud das Video hoch auf unsere Facebook-Seite, und 10 000 Menschen irgendwo auf der Welt drückten »Gefällt mir«, und 500 teilten es, und Hunderte schrieben einen Kommentar. Es gab Videos auf YouTube, die wurden 50 000-mal geschaut.

Kein Wunder, dass sich in einem fort Journalisten meldeten. Die Fragen, die sie stellten, ähnelten sich. Was ist da bei euch los? Warum macht ihr, was ihr macht? Ich erklärte es ihnen. Bis heute findet man meine Antworten aus jener Zeit im Netz.

Ich antwortete: »In Yarmouk haben wir keine große Wahl – entweder schließen wir uns einer der Gruppen an, die die Kämpfe unterstützen, oder wir warten einfach auf den Tod. Ich finde, es ist besser zu singen, während man auf den Tod wartet.«

Und: »Das Klavier ist ein Symbol großer Kultur. Klavier auf der Straße zu spielen ist gleichermaßen ein Bild von Herrlichkeit wie von großer Not.«

Oder: »Die Lieder, die wir singen, berühren jeden in Yarmouk, weil sie von den täglichen Leiden erzählen: von Krankheiten, von fehlenden Medikamenten, dem Mangel an Lebensmitteln, sogar davon, wie die Menschen sich von Gras ernähren.«

Auch das hier: »Ich wusste nicht mehr, wie ich helfen konnte, also habe ich mein Klavier mit in die Gassen genommen und begonnen, Lieder zu spielen, um den Menschen Mut zu machen.«

Und: »Ich spreche für die verhungernden Menschen bei uns. Ich vermittle das Bild des alltäglichen Leidens. Wir werden singen, singen und singen.«

Wirklich, es war ein verrücktes halbes Jahr. Es war eine

glückliche und eine schreckliche Zeit. Wir haben gekämpft. Wir hatten ein Ziel. Wir hatten Sorgen, aber heller strahlte die Musik. Alles geschah gleichzeitig. Morgens plackerte ich mich ab beim Wasserholen, nachmittags sang ich mit den Kindern auf der Straße, abends vertonte ich ein Gedicht, das mir jemand zugesteckt hatte, ehe ich mit knurrendem Magen zu Bett ging.

Ich bin Pianist. Ich habe nie Fahnen geschwenkt. Meine Revolution ist die Musik. Und das Wunder geschah: Die Welt hörte uns zu.

# Dann wurde Zeinab erschossen

Es war Ende August 2014. Noch immer war Yarmouk von der Außenwelt abgeriegelt, noch immer fielen Bomben auf uns herab und lagen Scharfschützen auf den Häusern, noch immer war es unmöglich, das Viertel zu verlassen, noch immer kam fast nichts herein.

An diesem Tag – dem traurigsten meines Lebens – hatte ich wieder Wasser geholt, zusammen mit meinem Freund und Nachbarn Marwan. Ich legte mich noch mal hin und schlief ein.

Da hatte ich einen Traum. Ich saß auf einem Schemel an einer Straße. Menschen liefen panisch hin und her. Rechts von mir, ein Stück die Straße hinunter, hockte ein Wolf und heulte, den Kopf ins Genick gelegt. Das war es, was den Leuten Angst machte. Sie wollten weg, wussten aber nicht wohin. Vor und zurück rannten sie, mit eigenartig starren Blicken. Und ich saß auf meinem Schemel und konnte nicht aufstehen und schaute dem Wolf zu, während er heulte, und die Leute rannten hin und her, schaurig war das …

Da wachte ich auf. Ein Steinchen flog gegen das Fenster. Und von unten riefen die Mädchen: »Lehrer Aeham! Lehrer Aeham! Komm runter!«

Ich stand auf und sah nach. Sechs Mädchen standen unten, hüpften auf der Stelle und winkten mir zu. »Lehrer Aeham! Komm runter! Wir wollen singen!« So, wie sie es immer machten.

Rechts stand Zeinab. Ich hatte sie einige Monate zuvor in einem Kulturzentrum kennengelernt, wo ich ein paar Mal mit Kindern musiziert hatte. Zeinab spielte Trommel. Sie war zwölf Jahre alt und frecher und fröhlicher und vorlauter als die anderen. »Ich mag Rap«, erklärte sie ernsthaft und trommelte mit den Fingern einen kantigen Groove auf den Tisch. Ich mochte sie auf Anhieb. Und lud sie ein, zusammen mit den Yarmouk-Sprösslingen zu musizieren.

Von da an kam sie regelmäßig. Wir sangen im Laden, wir sangen auf der Straße, alle Kinder sangen gemeinsam den Refrain, und dann rappte Zeinab dazu eine ihrer rebellischen Strophen. Kämpfen mit Musik! Das war ihre Idee.

Ihr Vater, erzählte sie mir, sei krank und darum nicht mehr in Yarmouk. Sobald er gesund sei, komme er zurück. Doch eines Tages, als wir auf der Straße sangen, ging Zeinabs Mutter vorbei. Ich grüßte sie und erkundigte mich nach ihrem Mann. Sie nahm mich beiseite. Er sei bei einem Bombenangriff gestorben. Sie wolle nicht, dass Zeinab es erfahre.

Nun, an diesem Morgen, schauten mich die Mädchen erwartungsvoll an. Ich rieb mir die Augen, betäubt vom Schreck des Traumes.

»Ich bin zu müde, Kinder. Heute nicht!«

»Nein!«, riefen sie. »Lass uns singen! Uns ist langweilig. Wir haben keine Lust, zu Hause zu sitzen!«

Aus den Augenwinkeln sah ich, dass Marwan ebenfalls aus dem Fenster schaute. Auch er hatte die Mädchen gehört. Ich winkte zu ihm herüber. Er zuckte mit den Schultern. Warum nicht?, schien das wohl zu bedeuten. Ich gab nach – verflucht sei dieser Tag – und ging hinunter.

Gemeinsam holten wir das Klavier und schoben los.

Zeinab sagte, sie wolle einen Film für ihre Großmutter machen, also bauten wir uns in der Nähe jenes Hauses auf, in dem die alte Dame gewohnt hatte, ehe sie Yarmouk verließ.

Wir schoben das Klavier in die Mitte der Straße. Die Kinder warteten im Schutz eines Hauses. Ich klappte den Klavierdeckel auf. Marwan war bereit. Er nickte. Ich schloss die Augen und begann ein Lied. Marwan ging um mich herum und filmte. Am Ende des Liedes schaute ich auf. Er hob den Daumen. Erneut schloss ich die Augen und sang ein zweites Lied. Wieder filmte Marwan. So, wie immer.

Also los. Marwan gruppierte die Kinder um mich herum. Gab das Zeichen, dass die Kamera lief. Ich intonierte die ersten Takte von »Yarmouk vermisst dich, Bruder«. Mit dem Kopf gab ich den Einsatz. Die Mädchen sangen mit ihren hellen Stimmen. Das tat gut. Für einen Moment schloss ich die Augen.

Ein Schuss knallte. Ich riss die Augen auf – und sah, dass rechts von mir Zeinab auf dem Boden lag. Blut sickerte aus ihrem Kopf.

Zu Tode erschreckt sprang ich auf. Ich beugte mich über sie. »Zeinab, Zeinab, was ist los? O mein Gott, was ist passiert?«

Marwan und die anderen Kinder waren davongestoben und hockten im Schutz eines Ladens.

»Aeham, komm!«, schrie Marwan. »Der Scharfschütze wird dich umbringen!«

Ich stürmte in Deckung. »Vielleicht lebt sie noch«, schrie ich, »wir müssen sie holen!«

Die anderen Mädchen saßen mit großen Augen da. Marwan rannte ins Innere des Hauses und kam mit einer langen Stange zurück. Es gelang uns, sie Zeinabs Hosenbein hinaufzuschieben. So zogen wir sie zu uns heran.

Ich schrie zu Marwan: »Bring du die Kinder in Sicherheit!«, nahm Zeinab auf den Arm und rannte los.

Aus ihrem Kopf sickerte Blut. Es lief mir über den linken Arm. Ich schluchzte. Leute kamen mir entgegen, aber niemand beachtete uns, zu alltäglich war dieses Bild. Zehn Minuten brauchte ich zum Feldlazarett von Hadschar al-Aswad. Wo der Tischler meine Finger genäht hatte und wir den Toten aus dem Radieschenfeld abgelegt hatten. Ich stürmte hinein, bettete Zeinab auf eine Liege und rief um Hilfe.

Ein Mann in einem weißen Kittel kam heran. Ich kannte ihn nicht. »Was ist passiert?«, fragte er.

»Ein Scharfschütze hat sie getroffen.«

Er fühlte ihren Puls. Er leuchtete mit einer Taschenlampe in ihre offenen Augen. »Sie ist tot.«

Die Welt taumelte.

»Kennen Sie das Mädchen?«, fragte er.

»Ja«, schluchzte ich.

»Wollen Sie die Eltern benachrichtigen?«

Ich schüttelte den Kopf. Fragte nach Stift und Papier und schrieb die Adresse von Zeinabs Mutter auf.

»Wer sind Sie?«, fragte der Arzt.

»Niemand«, sagte ich und ging.


In den blutverschmierten Kleidern irrte ich durch die Straßen. Was hatte ich getan? Es war meine Schuld! Niemals hätte ich mit den Kindern auf der Straße singen dürfen! Niemals in jener Ruinenlandschaft!

Ich ging zu Marwan. Er hatte die anderen Kinder sicher

heimgebracht. Ich wusch das Blut ab. Er gab mir frische Kleider. Schweigend saßen wir da und wagten kaum, uns anzuschauen.

»Es war nicht unsere Schuld«, sagte er. Ich schwieg. Schließlich ging ich hinüber in meine Wohnung.

»Was ist los?«, fragte Tahani. Ich muss furchtbar ausgesehen haben.

»Ich bin krank«, sagte ich und legte mich aufs Sofa. Ich drehte mich zur Rückenlehne und begann leise zu weinen. Ich machte keinen Ton. Alles Elend floss aus mir heraus, still und stetig. Das war das Ende. Alles war zu Ende. Es war vorbei. So verrannen die Stunden. Wie sollte ich mit dieser Schuld leben?

Nachts habe ich auf dem Sofa geschlafen, nicht in unserem Bett. Manchmal übermannte mich der Schlaf, doch nach wenigen Sekunden schreckte ich hoch und sah wieder Zeinab in ihrem Blut liegen. Blickte in ihre starren Augen.

Am nächsten Morgen fühlte ich mich wie eingeschnürt. Ich konnte kaum atmen. Als kniete jemand auf mir. Als sei mein Herz aus Stein. Ich ging hinüber zu Marwan. Sorgenfalten hatten sich in sein Gesicht gegraben. Wir beschlossen, nach dem Klavier zu sehen.

Es stand, wo wir es zurückgelassen hatten. Die rechte Seite und der Wagen waren voller Blutspritzer. Nie wieder würde ich auf diesem Klavier spielen. Nie wieder würde ich auf überhaupt irgendeinem Klavier spielen.

Ein Bekannter wohnte in der Nähe. Wir schoben das Klavier zu ihm. Ob wir es bei ihm unterstellen konnten? Ich brauchte es nicht mehr. Zur Hölle damit.

Er sah die Blutflecken. »Das ist von einer Katze«, sagte Marwan. »Kannst du es abwaschen?«

Wie betäubt ging ich nach Hause und legte mich wieder auf Sofa.

Am zweiten Tag stieg ich auf die Dachterrasse. Ich wollte nicht weiterleben. Es war vorbei. Ich hatte es gut gemeint. Ich hatte mich so angestrengt. Ich wollte mit den Kindern singen und lachen und den Krieg vergessen. Und nun war durch meine Schuld ein Mädchen gestorben.

Ich ging zum Rand der Dachterrasse.

Ich hatte den Tod herausgefordert, so viele Male. Ich hatte gespielt, obwohl ich wusste, dass jederzeit eine Granate in der Nähe landen konnte. Es gibt Videos, in denen sich Schüsse in die Klänge des Klaviers mischen. Der Tod war alltäglich. Ich wäre bereit gewesen. Warum hatte dieser dilettantische Scharfschütze nicht besser gezielt? Warum hatte er nicht mich erschossen? Warum Zeinab? Sie war zwölf! Ein Mädchen!

Ich setzte mich auf die Brüstung.

Mein Leben war zu Ende. Ich war mit Zeinab gestorben. Ich wollte nicht weiterleben. Ich ertrug diese Schuld nicht.

–

Irgendwann ging ich hinüber zu Marwan. Schweigend begrüßten wir uns. Und dann haben wir dagesessen und geweint.

»Verdammt!«, schrie er, sprang auf und schlug seine Faust gegen die Wand. »Warum die Kinder? Wir haben nur gesungen!«

Er wohnte mit seiner Mutter zusammen. Sie hatte den Schrei gehört, kam herein und fragte, was los sei.

»Nichts«, sagte er.

Eine Woche lang konnte ich kaum sprechen. Kaum essen. Tahani machte sich Sorgen. Ich erzählte ihr nichts.

Dann lockerte die eiserne Hand des Schmerzes ihren Griff.

Marwan und ich holten das Klavier. Es hatte einen Wasserschaden. Der Mann, bei dem wir es untergestellt hatten, hatte das Instrument mit einem Schlauch abgespült. Mein Freund Raed hatte früher als Maler gearbeitet. Ich bat ihn, das Klavier weiß zu streichen. Ein anderer Bekannter verzierte es in den Farben Palästinas, mit einer Kalligraphie in Schwarz und Grün und Rot. Ich setzte mich ans Klavier. Es war noch verstimmter als sonst. Und spielte »Yarmouk vermisst dich, Bruder«. Jenes Lied, das Zeinab nicht zu Ende singen konnte.

Ich musste weiterleben.

Zwei Wochen nach Zeinabs Tod kamen wieder einige Kinder zu mir in den Laden und wollten mit mir singen. Ich sagte ja. Wir musizierten drinnen. Und einige Wochen später, da war es schon September, schoben wir das Klavier wieder auf die Straße. In enge, belebte Gassen, in die sich niemals ein Scharfschütze verirren würde. Ich sang wieder mit Kindern. Mit anderen Kindern. An meinem weißen Klavier.

Meine Brust war so eng, dass ich kaum Luft bekam. Man sieht es auf den Videos aus jenen Tagen, versteinert war mein Blick, mein Gesicht eine Maske. Fröhlich trällerten die Kinder, lachten und hüpften und meinten das, was sie da sangen. Ich war nicht mehr bei der Sache. Ich hatte gekämpft. Ich hatte verloren. Ich glaubte nicht mehr an die Musik.

Nie habe ich in jenen Tagen über Zeinabs Tod geredet. Was hätte ich denn sagen sollen? Wen anklagen? Assads Schergen? Die Scharfschützen der al-Nusra-Front, denen unsere Musik schon lange gegen den Strich ging? Wie hätte ich wagen können, sie öffentlich zu beschuldigen? Nur Marwan und ich wussten um unsere Blutschuld. Wir schworen uns, sie mit niemandem zu teilen.

Nie ist Zeinabs Mutter zu mir gekommen. Wusste sie, dass ihre Tochter neben meinem Klavier gestorben ist? Und auch ich wagte es nicht, zu ihr zu gehen. Was hätte ich ihr sagen sollen?

Kein Tag verging, an dem ich nicht an Zeinab dachte. Schon schnürte es mir die Luft ab. Und jedes Mal, wenn ich die Augen schloss, um »Yarmouk vermisst dich, Bruder« zu singen, sah ich wieder alles vor mir.

Erst später.

Viel später.

Als ich in Deutschland angekommen war.

Als Angst und Schrecken von mir abfielen.

Konnte ich darüber sprechen. Kam die schreckliche Wahrheit über meine Lippen. Flüchtig zuerst, ohne Details. Dann häufiger. Schließlich erzählte ich die Geschichte jedem Journalisten, ob er sie hören wollte oder nicht. Ich dachte: Vielleicht half mein Bekenntnis, meine Schandtat zu sühnen. Doch kaum jemanden interessierte es. Alle fragten nach dem Klavier, das der IS verbrannt hatte.

Manchmal höre ich: Aeham, es war nicht deine Schuld. Du kannst nichts dafür. Es war ein Kriegsverbrechen. Es ist verboten, auf kleine Mädchen zu schießen, auch wenn sie vor Ruinen auf der Straße singen.

Vielleicht stimmt das. Aber ich glaube es nicht. Ich müsste hundertmal wiedergeboren werden, ehe meine Schuld getilgt ist. Ich muss mit ihr leben.

# Der Kaiserschnitt des Salafisten

Als Ahmad geboren wurde, unser erster Sohn, beschlossen Tahani und ich: Wird er zwei, soll er ein Geschwisterchen bekommen. Doch dann kam die Revolution. Begann die Blockade. Alles zerbrach. Ich hakte das Thema ab.

Doch eines Abends kam Tahani darauf zu sprechen. Ob es nicht doch schön wäre, wenn wir ein zweites Kind bekämen? Erstaunt schaute ich sie an. »Wie meinst du das?«, fragte ich.

»So, wie wir es uns vorgenommen hatten.«

»Aber das war im Frieden. Jetzt haben wir schon zu dritt nicht genug zu essen.«

»Das Leben wird weitergehen«, sagte sie. »Die Blockade kann noch ewig dauern.«

Sie hatte recht. Wir glaubten nicht mehr daran, dass sich jemals etwas ändern könnte. Es war gleich, ob wir zu dritt lebten oder zu viert starben. Dem Tod geweiht waren wir ohnehin.

Als unser erster Sohn mit einem Kaiserschnitt zur Welt kam, hatten die Ärzte uns gesagt: Auch unser zweites Kind müsste so geboren werden. Und nun gab es schon lange kein Krankenhaus mehr in Yarmouk. »Wie soll das gehen?«, fragte ich Tahani. »Wir können nicht dein Leben riskieren.«

»Gott wird uns beistehen«, sagte sie. »Wir haben immer eine Lösung gefunden.«

»Ich habe dir immer gesagt, dass es deine Entscheidung ist. Und das meine ich ernst. Du entscheidest.« Und schob hinterher: »Es wird nicht leicht werden.«

»Wir werden hier für immer festsitzen«, sagte Tahani. »Ich möchte ein Kind.«

Wir beließen es dabei. Doch beharrlich kam sie auf das Thema zurück. Schließlich sagte ich: Lass uns mit meinen Eltern reden. Denn es betraf sie genauso wie uns. Eines Abends fragten wir sie, was sie davon hielten.

Im ersten Augenblick freuten sie sich. Dann fielen auch ihnen viele Hindernisse ein. Schließlich sagte mein Vater: »Wir sind glücklich mit Ahmad. Wir wären glücklich über einen zweiten Enkel. Es ist eure Entscheidung.«

Und wir entschieden: Ja, wir wollen. Dem Krieg zum Trotz.

Eines Tages musste sich Tahani setzen. Ihr war schwindlig. Sie werde das Gefühl nicht los, sie sei schwanger. Sie ging zu einer Hebamme. Die bestätigte es. Tahani war überglücklich. Ich freute mich mit ihr. Zugleich wuchsen meine Zweifel.

Die Hebamme hatte ihr gleich einen Vortrag über »gesunde Ernährung« gehalten. Gutes Thema. Wo es doch seit Ewigkeiten kein frisches Obst gab, kein frisches Gemüse, kein Fleisch. Sie riet Tahani zu Vitamintabletten, zu Kalzium- und Eisenpräparaten. Die gab es noch. Es war Frühling, jene Zeit, in der die ersten Lebensmittelkartons von der UNRWA kamen. So konnte sich Tahani immerhin dann und wann ein Glas Milchpulver gönnen. Und dazu, tagein, tagaus, Reis und Linsen mit gekochtem Hornklee.

Das Jahr 2014 nahm seinen Lauf. Wir standen an für die Lebensmittelkartons. Ich komponierte in einem fort.

268

Tahanis Bauch wölbte sich. Im August wurde Zeinab erschossen. Ich musste weiterleben. Tahanis Schwangerschaft neigte sich dem Ende zu. Für den 25. Oktober hatte die Hebamme den Geburtstermin berechnet. Jeden Tag wurde die Frage drängender: Wo könnte Tahani entbinden?

Wir erkundigten uns im Feldkrankenhaus von Hadschar al-Aswad. Ja, dort würden sie einen Kaiserschnitt machen. Falls wir einen Tropf mitbringen und drei Dosen Rocephin. Ein flüssiges Antibiotikum, in Europa kostet eine Ampulle 50 Euro. In Yarmouk war sie wertvoller als Gold. Ganz abgesehen davon, dass man sie nicht kaufen konnte. Es gab sie schlicht nicht. Medikamente waren kriegswichtig. Wenn das Regime uns vom Essen abschnitt, dann erst recht von jeder medizinischen Versorgung.

Es gab nur eine Möglichkeit – Tahani musste in Damaskus entbinden. Seit dem Sommer gab es ein Versöhnungsabkommen zwischen den Rebellen und der Regierung. Kranke, Schwangere und Gebrechliche, die sich in Yalda registrieren ließen, erhielten einen Passierschein nach Damaskus. Wobei völlig offen war, ob man sie auch wieder zurückließ.

Tahani weigerte sich, auch nur darüber nachzudenken. Zig Familien wurden so getrennt, hielt sie mir vor. Und sie habe Angst vor der Entbindung. Sie bestand darauf, dass ich bei der Geburt dabei sei.

Ich wollte nichts davon hören. Und bestand meinerseits darauf, dass sie nach Damaskus geht, in ein ordentliches Krankenhaus. Nie würde ich es mir verzeihen, wenn auch ihr etwas zustoßen sollte. Wochenlang stritten wir.

»Ich will hierbleiben. Ich habe solche Angst vor der Geburt«, klagte Tahani.

»Du musst aus Yarmouk raus!«, rief ich. »Es gibt keine Antibiotikaspritzen, und wenn sie dir im Feldlazarett den Bauch aufschneiden, dann kannst du zu 50 Prozent davon ausgehen, dass sie nicht einmal die Skalpelle desinfiziert haben. Tahani, geh!«

Sie lenkte ein. Zwei Wochen vor dem errechneten Geburtstermin packte sie eine kleine Tasche, verabschiedete sich von meinen Eltern, ich nahm Ahmad auf die Schultern, wir gingen los zum Checkpoint Richtung Yalda. Tahani ging langsam. Sie war hochschwanger, sie war traurig. Alle paar hundert Meter hielt sie an und sagte: »Aeham, lass uns umkehren. Gott wird uns schützen. Wir werden es schaffen. Ich brauche dich.«

»Es gibt keine Antibiotika! Bitte verhalte dich wie eine erwachsene Frau!«

Wir zogen weiter.

»Papa, wohin gehen wir?«, fragte Ahmad auf meinen Schultern, längst hatte er gespürt, dass etwas nicht stimmte.

»Deine Urgroßmutter besuchen. Du wirst staunen, was es da alles gibt. Süßigkeiten und Früchte!« Ich schwärmte ihm vor, wie lecker Schokolade sei.

Ahmad brach in Tränen aus. »Ich will nicht weg!«, weinte er.

»Siehst du, er will auch nicht«, sagte Tahani.

»Es wird in einer Katastrophe enden!«, rief ich. »Ich will nicht, dass du stirbst, nur weil wir uns für einige Tage trennen müssen!«

»Und was, wenn ich dann nicht mehr zurückkommen darf? Ich habe solche Angst.«

»Bitte.«

Schweigend gingen wir weiter. Am Checkpoint umarmten wir uns. Ich schaute ihnen nach. Sah, wie Tahani dem Soldaten ihren Ausweis und den Passierschein zeigte, sah ihn nicken, sah, wie sich die beiden umwendeten und winkten, und dann waren sie verschwunden.

Am Abend schickte sie mir eine Nachricht. »Ich halte es hier nicht aus. Ich will zu dir zurück. Morgen beantrage ich einen Passierschein.«

Ich rief sie an. Wir stritten uns.

Sie ging ins Krankenhaus. Und dort, beim ersten Ultraschall, kam heraus: Die Hebamme hatte den Geburtstermin falsch berechnet. Er war erst in einem Monat. Prompt rief sie mich an. So lange wolle sie nicht warten. Sie mache sich jetzt auf den Weg.

»Sag mal, spinnst du?«, platzte mir der Kragen. »Was willst du denn am Checkpoint erzählen, wenn du mit dickem Bauch wieder einreist?«

»Ich versuch's eben«, sagte Tahani.

»Jetzt warte doch noch ein bisschen ab, ist doch egal, ob du in ein oder zwei Monaten zurückkommst. Deine Gesundheit ist wichtiger.«

Aber Tahani ließ sich nicht überzeugen. Abend für Abend wiederholte sie: Sie wolle zurück. »Ich bin so unglücklich. Ich brauche dich bei mir«, schrieb sie mir.

»Riskier dein Leben nicht wegen deiner Gefühle«, schrieb ich zurück.

Sie wohnte bei meiner Großmutter. Der Mutter meiner Mutter – jener Frau, der einst mein Vater fröhliche Musik vorgeigte, damit sie ihm ihre Tochter gab. Natürlich war sie ein ganz reizender Mensch. Ich rief sie an.

»Bitte, bitte, mach Tahani glücklich. Ich bestehe darauf, dass sie in Damaskus bleibt.«

»Ich behandle sie wie eine Königin. Aber es ist ihr egal. Sie will zu dir zurück.«

Was sollte ich nur machen?

Tahani rief mich an. »Ich brauche dich.«

»Denk an die Frau von Ziad«, mahnte ich. Jene Hochschwangere, die am Checkpoint gestorben war.

»Es wird gehen. Ich bin eine starke Frau.«

»Du hast alles in Damaskus. Lass es dir gutgehen. Iss dich satt. Das ist auch gut für das Baby.«

»Lieber esse ich mit dir Gras in Yarmouk.«

»Bitte.«

Und dann hat sie sich doch auf den Weg gemacht. Heimlich. Ich wusste von nichts. Zwei Wochen waren es da noch bis zur Geburt. Ihr Bauch wölbte sich bis unters Kinn. Sie nahm den kleinen Ahmad an der Hand, stieg in einen Minibus, stellte sich am Beit-Sahhem-Checkpoint an, an dem Vertreter der UNRWA, des Roten Halbmonds und Soldaten der syrischen Armee Wache hielten. Das Unglaubliche geschah: Man ließ sie durch.

Sie ging zum zweiten Checkpoint. Der wurde von den Rebellen betrieben. Auch die lassen eine Hochschwangere eigentlich nicht durch. Nach dem Motto: »Was willst du uns jetzt hier zur Last fallen? Geh, entbinde lieber draußen und lass uns hier in Frieden! Die Feldlazarette reichen ja kaum für die Verletzten aus.«

Tahani weinte – und wurde durchgelassen.

Nun war es noch eine Stunde zu Fuß. Sie ging weiter, den kleinen Ahmad an der Hand. Völlig überanstrengt hat sie sich. Jeden Moment hätten die Wehen einsetzen können.

Ich hockte auf der Straße vor meinem Haus und frittierte

Falafel, Raed filmte, er wollte eine Doku über unser Leben drehen. Da stand Tahani plötzlich vor mir.

»Hallo, Aeham. Wie geht's?«, sagte sie beiläufig.

Mich traf fast der Schlag. Ich war fassungslos. »Wie zum Teufel bist du hierhergekommen? Wie hat man dich reingelassen?«

Sie erzählte es mir.

»Sag mal, spinnst du? Du spielst mit deinem Leben! Und dem unseres Kindes!«

Die Leute blieben stehen und schauten zu, wie wir uns stritten.

»Challas, genug«, sagte Tahani. »Lass uns reingehen.«

Drinnen stritten wir weiter. Als wir uns beruhigt hatten, machte ich mich panisch daran, nach einer Lösung zu suchen. Es blieb nicht viel Zeit. Wie konnten wir ihr Leben retten?

Am nächsten Tag gingen wir zum Feldlazarett von Hadschar al-Aswad. Im Asphalt klafften drei Krater. Dreimal war die Krankenstation inzwischen bombardiert worden. Doch die Raketen waren immer danebengeflogen. Wir fragten nach Abu Baraa, dem Arzt. Tahani hatte sich unter ihren Freundinnen umgehört, die hatten ihn empfohlen. Früher war er Anästhesist. Nun machte er auch Kaiserschnitte.

Er begrüßte uns. Er trug einen langen Salafistenbart, es hieß, er gehöre der al-Nusra-Front an, dem Ableger von al-Qaida in Syrien. Natürlich schaute er Frauen nicht in die Augen, wenn er mit ihnen sprach, das war schließlich haram. Also besprach ich alles mit ihm. Abu Baraa versuchte alles, um den Kaiserschnitt nicht machen zu müssen. Aber er war der Einzige, der ihn durchführen konnte.

Und da war dann selbst für Abu Baraa der Anblick einer Frau das kleinere Übel als ihren Tod zu verschulden. Missmutig willigte er ein.

Den Tropf fand ich in einem Buchladen neben dem Feldlazarett. Ich musste eine Kaution von 35 000 Pfund (160 Euro) zahlen und meinen Ausweis als Pfand dalassen, diese Plastikkarte, auf der steht: »Begrenzter Aufenthaltstitel für Palästinenser«. Und unterschreiben, dass ich binnen sechs Monaten einen Tropf voll Glukoseinfusion zurückbringe. Ansonsten wären Geld und Ausweis futsch.

Ich hatte mich stets von den Rebellen ferngehalten. Nun waren sie meine letzte Chance. In unserem Viertel gab es einen gewissen Kerl namens Abu Manhal. Er hatte eine tiefe, monotone Stimme und war einer der wenigen, die einfach nicht dünner wurden. Er gehörte einer Hamas-Miliz an und leitete einen Wohltätigkeitsverein, der die eigenen Leute mit Lebensmitteln und Medikamenten versorgte. Was natürlich ein enormer Anreiz war, sich solchen Gruppen anzuschließen.

Bei uns im Haus wohnte Hanin, eine entfernte Verwandte von mir und inzwischen die beste Freundin von Tahani. Sie war eine Seele von Mensch, sie half den Leuten, wo sie konnte. Unter anderem brachte sie Abu Manhal oft ein Mittagessen vorbei. Es verband sie eine fast freundschaftliche Beziehung. War das unsere Rettung? Erst ging ich zu Hanin. Dann gingen wir gemeinsam zum Büro von Abu Manhal. Hanin trat zuerst ein. Und winkte mich wenig später dazu.

Abu Manhal saß hinter einem Schreibtisch mit Bergen von Papier, es gab ein kleines Fernsehgerät, an eine Batterie angeschlossen und – sah ich erstaunt – einen Aschenbecher. Ich erklärte Abu Manhal unsere Lage. Ob er etwas für uns tun könne?

»Gut, ich werde sehen, was ich tun kann. Ich glaube, ich werde das schon hinkriegen«, sagte er.

»Wirklich?«, fragte ich.

»Ich kann das irgendwie rechtfertigen. Ich berufe mich darauf, dass dein Vater blind ist und du in einer schwierigen Lage bist.«

»Wie willst du an die Spritzen herankommen?«

»Lass das mal meine Sorge sein. Kommt übermorgen wieder.«

Zwei Tage später kamen wir wieder, Hanin und ich. Er saß wieder hinter seinem Schreibtisch. Als wir reinkamen, legte er drei Spritzen und einen Glukosetropf auf den Tisch. Mir wurde angst und bange. Ich dachte: Gleich legt er ein Gewehr dazu und sagt: Ab jetzt kämpfst du für uns. Denn was er da für mich auf den Tisch gelegt hatte, war zu diesen Zeiten so viel wert wie Diamanten. Diese drei Spritzen wogen so schwer wie die Rettung eines Menschenlebens. Wurde einem Kämpfer eine Kugel herausoperiert, ein Finger oder Arm amputiert, hing sein Leben exakt von diesen Spritzen ab.

Als Abu Manhal sie mir überreichte, bekam ich feuchte Augen. In diesem Augenblick wäre ich bereit gewesen, alles für ihn zu tun. Wenn er mir an jenem Tag gesagt hätte: Das mit der Musik, das lässt du ab jetzt schön bleiben, los, ab mit uns an die Front – ich hätte Ja gesagt.

»Tausend Dank, Abu Manhal!«, rief ich. »Was auch immer du willst, ich bin bereit.«

»Ich will gar nichts. Erzähle niemandem davon, preise den Propheten und bete für uns, das ist alles«, sagte er auf

Hocharabisch, wie es sich für einen Salafisten gehört. »Ich wünsche deiner Frau eine schnelle Genesung.«

»Wie, du willst nichts? Ich muss dir doch zumindest das Geld für den Tropf geben!«

»Mit Verlaub, kein Wort mehr darüber! Das verbitte ich mir!«, sagte er ungehalten.

»Möge Gott dich behüten, unser Herr«, sagte ich. »Hab all meinen Dank.« Nun nannte ich ihn schon »unser Herr«. Nach Salafistenmanier.

»Jetzt nimm deine Spritzen und deinen Tropf und geh!«, sagte er.

Ich ging. Nur eine durchsichtige Plastiktüte hatte ich dabei, da hinein steckte ich die Spritzen und den Tropf. Das war ungefähr so unauffällig, als trüge ich Goldstücke darin. Die Leute tuschelten. Was guckten die so komisch, fragte ich mich. Auf einmal begriff ich. Und versteckte die Sachen aus der Tüte schnell in meiner Jacke. Dann lief ich schnurstracks nach Hause.

»Rat mal, was ich gefunden habe?«, fragte ich Tahani und zog die Sachen aus meiner Jacke hervor.

»Gott hat meine Gebete erhört!«, rief sie und umarmte mich. »Er wollte nicht, dass ich draußen bleibe!«

Ich ging in den Buchladen, um den ersten Tropf zurückzubringen. Der Typ konnte es nicht fassen: »Wo zum Geier hast du den denn her? Ich hätte nie gedacht, dass du einen auftreibst!«

»Ich hab ihn gefunden«, log ich.

»Wenn du mir nicht sagst, wo du den Tropf herhast, kriegst du dein Geld und deinen Ausweis nicht zurück!«

Abu Manhal hatte mich beschworen, es niemandem zu sagen. Ich war zwar bescheuert genug, die Sachen in einer transparenten Plastiktüte durch die Gegend zu tragen, aber seinen Namen zu nennen, wäre ein großes Vergehen gewesen. Dafür hätten sie mich exekutieren können.

Der Kerl versuchte weiter, es aus mir herauszupressen. »Bruder, ich hab es von draußen, von den Regimegebieten reingeschmuggelt«, log ich.

»Was, du hast Beziehungen zum Regime? Sag: Wo hast du den Tropf her?« Und dabei starrte er mich immer durchdringender an.

Am Ende gab er mir nur 25 000 (110 Euro) von den abgemachten 35 000 Pfund zurück. Ich bestand darauf, den von mir unterschriebenen Zettel zu zerreißen. Aber er weigerte sich. Und als er mir meinen Ausweis zurückgab, war er an einer Seite zerbrochen. Was für ein Mist! Wird man damit an einem Regime-Checkpoint gesehen, gilt man gleich als Salafist – als Jünger von Adnan al-Arour, einem populistischen Fernsehprediger mit Hakennase und Rauschebart, der einst dazu aufgerufen hatte: Wer gegen das Assad-Regime sei, solle seinen Personalausweis zerbrechen. Von da an hieß es bei jedem, den sie mit einer zerbrochenen Plastikkarte erwischten: »Du Wichser, du bist wohl einer von al-Arours Leuten?«

Damit hätte ich, sollten sie mich schnappen, drei Anklagen gegen mich: Fahnenflucht, den zerbrochenen Ausweis, die Videos, auf denen ich Spottlieder sang. Wahrscheinlich würde man mich für einen Oppositionellen halten. Mein Tod war besiegelt.

Ich war stinkwütend über den kaputten Ausweis und schimpfte herum. Schließlich beließ ich es dabei. Der Typ war bewaffnet. Ich nahm also meine 25 000 und den kaputten Ausweis und ging heim und ließ meinen Ärger an der

armen Tahani aus. Wieder hielt ich ihr vor, was sie uns ein-
gebrockt hatte. Wir stritten lauthals, und, ja, wahrscheinlich habe ich in meiner Wut den Propheten beleidigt. Unser Fenster stand offen. Man konnte uns bis auf die Straße
hören.

Plötzlich trat jemand mit dem Fuß unten im Haus gegen
unsere Tür. Bumm! Und schrie: »Du Ungläubiger, du Hund
du!«

Ach du Heiliger. Ich lugte aus dem Fenster. Unten
stand ein Mann in Schwarz, schwarzer Turban, schwarzer
Walle-Umhang, langer Bart. Einer von der Nusra-Front.
Er hatte meine Flüche gehört. Tahani und ich gaben uns
ein Zeichen. Sie eilte nach unten zur Tür, ich flüchtete in
den dritten Stock. Die Nusra-Leute hatten inzwischen ein
Scharia-Gericht eingerichtet. Zwei, die sie für Spione hielten, hatten sie aufgeknüpft an einem Baum.

»Ja?«, fragte Tahani durch die geschlossene Tür.

»Wer hat hier denn so geflucht, meine Schwester?«,
fragte der Mann.

»Das hab ich gar nicht gehört. Ich schwöre!«, rief Tahani.

Der Mann glaubte ihr kein Wort. »Gut, diesmal kommt
ihr noch davon«, sagte er. »Wir kennen jetzt das Haus.
Wenn wir noch mal hier vorbeikommen und jemanden flu-
chen hören, dann werden wir euch alle exekutieren.«

Drei Tage lang wagte ich mich nicht vor die Tür.


**Wir hatten mit Abu Baraa als Geburtstermin**
den 20. November 2014 vereinbart. Meine Mutter ging mit
Tahani zum Feldlazarett voraus. Sie sollte zwei Stunden
eher da sein. In der Zeit würde der Stromgenerator den OP-
Raum mit Heizstrahlern vorgeheizt haben. Tahani wollte

mich unbedingt dabeihaben. Meine Mutter war strikt dagegen. Ich blieb zunächst zu Hause. Und hielt es dann nicht aus und ging hinterher.

Abu Baraa, der Arzt mit dem Salafistenbart, fing mich ab und bat mich zu sich ins Büro. Ernst schaute er mich an.

»Dir ist hoffentlich klar, dass deine Frau gleich sterben kann.«

Ich nickte.

»Hier, unterschreib das. Geht etwas schief, ist es eure Verantwortung.«

Er reichte mir einen Zettel. Ich unterschrieb.

Dann gingen wir in den OP-Raum. Das unsterilste Zimmer, das man sich vorstellen kann. Das OP-Besteck lag offen da. Niemand trug einen Mundschutz, einen Kittel, Plastikfüßlinge. Und statt einer OP-Lampe gab es nur die Neonröhren an der Decke. In der Mitte des Raumes lag Tahani auf einer Liege. Ich ging zu ihr, nahm ihre Hand und lächelte sie an.

Abu Baraa gab ihr einige Zahnarztspritzen in den Bauch, das war die einzige Betäubung. Sie wirkten kein bisschen. Tahani bekam genau mit, was geschah. Immer wieder stöhnte sie laut auf vor Schmerz.

»Schwester, hab keine Angst, gleich sind wir fertig«, redete Abu Baraa auf sie ein. »Leider kann ich dir nichts geben gegen den Schmerz. Nur noch fünf Minuten.«

»Aeham, wo bist du?«, stöhnte sie mit geschlossenen Augen.

»Ich bin da«, sagte ich und drückte ihre Hand fester, und mit der anderen Hand strich ich ihr über den Kopf.

»Geh nicht weg.«

»Ich bleibe bei dir.«

Natürlich gab es auch kein OP-Tuch, das ihren Bauch vor unseren Blicken abgeschirmt hätte, aber ich konnte nicht hinsehen, ich schaute die ganze Zeit Tahani an.

Schon hielt Abu Baraa das weinende Baby an den Füßen, nabelte es ab und reichte es meiner Mutter. Es war noch immer kalt im Raum, sogleich ging sie zu einem Tisch und zog das Baby an, so blutverschmiert, wie es war. Und wiegte und beruhigte es, während Abu Baraa die Wunde vernähte und ich die vor Schmerz aufstöhnende Tahani tröstete.

»Ist alles okay mit Kinan?«, fragte sie mich.

»Ja, alles ist gut.«

Und dann durfte auch sie unser Baby auf dem Arm halten. Sie war völlig erschöpft.

Wie nach Hause kommen? Ich fragte Abu Baraa, ob wir das Krankenhausbett ausleihen dürften. Das hatte schließlich Rollen. Er lehnte ab.

Ich ging los, um Hanin zu suchen. Gemeinsam gingen wir ein weiteres Mal zu Abu Manhal. Und der organisierte tatsächlich den Minibus seines Wohltätigkeitsvereins. Zu viert trugen wir Tahani auf einer Decke hinein. Ihr Bauch mit der frisch vernähten Wunde hing durch. Wieder stöhnte sie vor Schmerz. Sie habe sich in diesem Augenblick gefühlt wie eine abgeschlachtete Kuh, erzählte sie mir später.

Zu Hause führte ich sie behutsam die Treppe hinauf und brachte sie ins Bett. Dann heizte ich die Wohnung ein. Mit Holz. Meine Mutter kümmerte sich um den winzigen Kinan. Ich ging hinunter, um meinen Vater und den kleinen Ahmad zu holen.

»Wer ist das?«, fragte Ahmad, als er das Baby sah.

»Dein Bruder!«, rief ich.

»Woher habt ihr ihn?«

280

»Aber das weißt du doch! Aus dem Bauch von Mama.«
Er sah nicht aus, als ob er es verstanden habe.

Mein Vater beugte sich hinab und flüsterte Kinan den Gebetsruf ins Ohr, die Taufe der Muslime. So, wie es Brauch ist. Es sind die Worte, die fünfmal am Tag von den Minaretten erschallen:

*Gott ist groß, Gott ist groß. Ich bezeuge, dass es keine andere Gottheit gibt. Ich bezeuge, dass Mohammed Gottes Gesandter ist. Auf, zum Gebet! Auf, zum Heil! Gott ist groß, Gott ist groß. Es gibt keine Gottheit außer Gott.*

Dann begrüßte mein Vater den kleinen Kinan. Ganz behutsam tastete er ihn ab, von der Nase bis zum kleinen Zeh. Und machte sich auf seine Art ein Bild.

Ich konnte mich nicht freuen. Die Sorgen waren größer. Ich hatte Angst um Tahani. Was, wenn sich die Wunde doch noch entzündete? Wenn sie doch noch starb? Was, wenn Kinan, nach all dem miserablen Essen, all den Sorgen, nicht gesund war? Ich funktionierte. Ich hielt den Haushalt aufrecht, besorgte Wasser und Holz. Und war kein bisschen stolz oder glücklich.

Nach zwei Wochen begann Kinan, die Augen aufzuschlagen, sich zu bewegen und Quietschlaute von sich zu geben. Auch Tahani hatte es überstanden. Erst da fiel die Spannung von mir ab. Bald nahmen meine Eltern das Baby mit hinunter in die Werkstatt. Mein Vater spielte ihm auf der Geige vor, meine Mutter sang.

Einige Monate später saß ich am Klavier und spielte vor mich hin. Da machte Kinan plötzlich »tadada«, als wolle er mit mir singen. Mein Herz machte einen Sprung, ich nahm ihn auf den Schoß und sang mit ihm. Das war der Moment, in dem ich begriff: Ich habe einen zweiten Sohn.

# Burn, Piano, Burn


Im Sommer hatte mich eine Regisseurin kontaktiert. Sie lebte in den Vereinigten Arabischen Emiraten und hieß Aya Osman. Inspiriert von unseren Videos, wollte sie eine Doku machen, Arbeitstitel: »Der Pianist von Yarmouk«. Ob wir ihr so viel Filmmaterial wie möglich über unseren Alltag schicken könnten?

Ich zweifelte. Doch Raed war Feuer und Flamme. Er wollte den Film unbedingt machen. Und kein Geld dafür nehmen. Hauptsache, unsere Botschaft dringe durch. Wir sagten zu.

Tahani ging für die Geburt nach Damaskus. Rund um die Uhr hat mich Raed in dieser Zeit gefilmt. Mit seinem Handy, mit einer Handycam, mit einer Spiegelreflexkamera. Wir rissen uns, mit Verlaub, den Hintern auf, bis wir vor lauter Erschöpfung Gott in Farbe sahen. Sagt man so bei uns. Am Ende hatten wir 240 Gigabyte Rohmaterial.

Inzwischen stand das Rama-Elektromofa bei mir vorm Haus auf der Straße. Wer mitstrampelte, erhielt das WLAN-Passwort – das Raed natürlich jeden Tag änderte. So kam es, dass sich bei mir vor dem Haus inzwischen die Jungs aus der halben Nachbarschaft trafen. Jeder trat eine Weile lang in die Pedale und surfte dabei im Netz. Das erlaubte uns, zusätzliche Batterien aufzuladen und zwei Router gleichzeitig einzusetzen. So schafften wir ein Gigabyte pro Tag. Ganz schön viel, aus der Belagerung heraus. Und doch viel zu wenig. Selbst wenn wir die ganze Nachbarschaft für uns am Elektromofa strampeln ließen, das Material wäre in 50 Jahren nicht hochgeladen.

Aber Raed kam jetzt erst so richtig in Fahrt. Er schlug der Regisseurin vor, noch mehr zu filmen und ihr die originalen SD-Karten in die Emirate zu schicken. Der Plan: Eine Frau würde die Speicherchips in ihrem BH von Yarmouk nach Damaskus schmuggeln, von dort würden sie per Kurier nach Beirut gehen und von da per Post in die Emirate. Die Regisseurin war begeistert.

Frauen wurden an den Checkpoints für gewöhnlich nicht so streng kontrolliert. Was wir nicht wussten: Die Kurierfrau, die Raed nun auswählte, hatte eine Vorgeschichte. Sie war schon einmal aufgeflogen und den Grenzposten bekannt. Als sie sich dem Checkpoint näherte – er wurde betrieben von einem FSA-Bataillon namens Ababil Horan –, winkten die Kämpfer sie raus. Eine Milizionärin filzte sie. Und was fand sie in ihrem BH? Unsere Speicherkarten.

Ein Glück, dass Raed sie verschlüsselt hatte. Vergeblich versuchten die Kämpfer, die Karten auszulesen. Die Frau war nun so richtig verdächtig. Welche geheimen militärischen Informationen über die Rebellen hatte sie versucht, dem Regime zuzuspielen? Man verhörte die unglückselige Kurierfrau. Und die gab Raeds Namen schneller preis, als ein Milizionär »Halt, stehenbleiben!« rufen kann. Keine halbe Stunde später stand ein Kampftrupp vor Raeds Tür und führte ihn ab.

Raeds Frau rannte zu mir, in Tränen aufgelöst. Wir rannten zu Marwan. Was tun? Unmöglich konnten wir selbst nachforschen, wo er war. Die Milizionäre hätten uns gleich mit dabehalten. Wir versprachen Raeds Frau zu handeln. Und machten uns daran, all seine Freunde und Nachbarn abzuklappern. Aber keiner wusste, wo er war.

Die Zeit drängte. Was tun? Jeden Tag beratschlagten wir. Ich hielt Aya Osman, die Regisseurin in den Emiraten, auf dem Laufenden. Erst tat sie ganz mitfühlend: »O nein, der Arme! Was können wir nur tun?« et cetera, aber schließlich ging sie kaum noch ans Telefon. Sie hatte wohl Angst, in die Sache hineingezogen zu werden. Ich versuchte, sie zu beruhigen, aber die Frage war: Sollte das Bataillon ein Lösegeld fordern, wäre sie bereit zu helfen? »Na ja, ich weiß nicht, ob das Budget für den Film das hergibt«, war ihre scheußliche Antwort. Und dann herrschte erst mal Funkstille.

Am vierten Tag hatte jemand die rettende Idee: Lasst uns zum Scheich gehen, zum Prediger aus der Moschee, und ihn bitten, nachzuforschen, wo Raed war. Ihm vertrauten die Ababil, ihm würden sie nichts antun. Wie gut, dass Raed, dieser hilfsbereite Mensch, so viele Freunde hatte. Mit 20 Männern klopften wir beim Scheich. Er trat heraus, alt, beleibt, langbärtig, in einer weißen Dschallabija. Wir erklärten ihm die Lage. Und dass wir für Raed bürgen würden. Ja, er werde sich kümmern, nickte der Scheich. »Kommt in zwei Tagen wieder«, sagte er zum Abschied.

Nach zwei Tagen kehrten wir zurück, wieder mit 20 Mann. Ich weiß, wo sie Raed festhalten, sagte der Scheich, kommt mit. Zusammen gingen wir zu einem halbzerstörten Gebäude im Niemandsland zwischen Yalda und Yarmouk. Mehrere Autos parkten davor. Der Scheich ging hinein und blieb sicher eine halbe Stunde verschwunden. Schließlich trat er zusammen mit dem Kommandanten des

Bataillons heraus. Sie kamen auf uns zu. Zwei Meter vor uns blieb der Kommandant stehen und schaute uns an.

»Wir wollen Raed, wir wollen Raed«, aus 20 Mündern klang es fast wie ein Sprechchor, zuerst leise, dann immer lauter, dem Kommandanten fest in die Augen blickend. Er schaute den Scheich an. Der hob die Schultern und wies mit beiden Händen auf uns, als wollte er sagen: Siehst du, was ich meine?

Ohne ein Wort gesprochen zu haben, verschwanden die beiden wieder. Wenig später kam der Scheich heraus – mit Raed! Er ging gekrümmt, seine Schuhbänder standen offen, genau wie die Knöpfe seines Hemds. Strahlend umringten wir ihn. Seine Hände waren geschwollen, die Augen vor Schmerz und Müdigkeit halbgeschlossen. »Ich kann jetzt nicht sprechen«, hauchte er schwach, während wir im Zeitlupentempo zurückgingen. Eine kleine Revolution. Als wir in seine Straße einbogen, wartete seine Frau am Fenster. Sie flog ihm in die Arme.

Am nächsten Tag bin ich gleich mit Marwan zu ihm hin. Raed lag auf einer Matratze auf dem Boden, eingerollt wie ein Baby. Noch immer war er zu schwach zum Sprechen.

»Brauchst du etwas?«

»Nein, alles gut.«

»Habt ihr Wasser?«

Wir schauten seine Frau an. Sie schüttelte den Kopf. Wir füllten ihren Tank.

Erst am zweiten Tag, Raed ging es ein wenig besser, erfuhren wir, was vorgefallen war: Als er sich beharrlich geweigert hatte, die SD-Karte zu entschlüsseln, begannen die Milizionäre, ihn zu foltern. Zuerst peitschten sie ihm mit einem Elektrokabel den Rücken aus, dann die Fußsohlen. Er sagte nichts. Hielten ihm eine Pistole an den Kopf und schrien, er werde erschossen, wenn er nicht verrate, was auf den Karten sei! Er sagte wieder nichts. Sie legten ihm Handschellen an, hängten ihn stundenlang daran auf und ließen ihn dann auf den Boden knallen. Auch da hielt er dicht.

Raed erwähnte meinen Namen nicht. Er wusste: Würden sie mich dazuholen und schlagen, würde ich bei der ersten Ohrfeige einknicken. Vielleicht hätten sie dann angefangen mit »Musik ist haram«, und wer weiß, was dann geschehen wäre.

Ich konnte es nicht fassen: Raed hatte die Folter auf sich genommen, um mich zu retten. Wirklich: Dieser Mann war mein Schutzengel. Mein bester Freund.

Die Wochen vergingen, Raed erholte sich. Raed, der Zähe. Die Striemen und Narben auf seinem Rücken wird er allerdings für immer behalten. Und wen haben wir eines Tages in der Leitung? Aya Osman, die Regisseurin aus den Emiraten. Wie es Raed gehe, fragte sie. Und, ach übrigens, was denn mit dem Material sei, das wir ihr hatten schicken wollen.

Jeder andere hätte ihr so was von heimgeleuchtet. Nicht so Raed. Was er sich in den Kopf gesetzt hatte, das machte er auch. Noch einmal nahm er ein großes Risiko auf sich: Er packte seine Batterien und seine Router ein und schlich damit eines Nachts in Richtung Wassermelone. Dort gab es, in Reichweite der Scharfschützen, ein ehemaliges Internetcafé mit einer schnellen Leitung. Die zapfte Raed an – und übertrug während zwei, drei Nächten die kompletten 240 Gigabyte in die Emirate.

Ja, es gibt diese Doku »Der Pianist aus Yarmouk«. Einige Male soll sie auf irgendwelchen Festivals gelaufen sein. Ins Fernsehen hat sie es nie geschafft. Oder gar Auszeichnungen bekommen. Die Regisseurin schickte Raed den Streifen zu. Er schaute ihn sich an. Und meinte nur: Der Film ist Müll.

**Am 18. Oktober 2014 erschien eine Reportage** über mich in der *Süddeutschen Zeitung*. Wobei ich nicht wusste, was das für eine Zeitung war oder wo sie erschien. Längst hatte ich den Überblick verloren. Auch die Dame von der *Süddeutschen Zeitung* verbuchte ich unter »Europa«. Ich war zunehmend schlechter auf Journalisten zu sprechen, hatte immer mehr den Eindruck: Am Ende schlagen sie doch nur Kapital aus meiner Not. Einige Wochen später kontaktierte mich eine Frau aus Hamburg. Zuerst auf Facebook, dann auf Skype. Freundlich begrüßte sie mich auf Englisch. Als ich verdutzt auf Arabisch zurückgrüßte, gesellte sich ein Freund von ihr dazu, ein Palästinenser aus Yarmouk, der in Deutschland als Arzt arbeitet.

»Die Dame möchte dir ein paar Fragen stellen.«

»Was arbeitet denn die Dame?«, fragte ich gereizt.

»Sie ist Journalistin.«

Als habe sie gespürt, dass mich das erzürnte, schob sie hinterher: »Es stimmt, ich bin Journalistin, aber ich rufe nicht als Journalistin an, sondern als Mensch.«

Ich war skeptisch. Unwillig blieb ich dran. Sie heiße Monika, erfuhr ich, bewundere, was ich mache, und wolle mir helfen. Seit langem unterstütze sie Flüchtlinge in Deutschland. Sie ertrage es nicht, dass die Weltöffentlichkeit einfach zusehe bei dem, was in Syrien geschieht. Sie wolle etwas tun.

Ich hatte gerade wirklich keinen Nerv für solche Sentimentalitäten. »Jemand in Hamburg, der mir helfen will? Warum helfen Sie nicht ganz Yarmouk? Alle hier brauchen Hilfe. Warum ich? Keiner hilft einem anderen einfach so.« Das glaubte ich wirklich. Ich bat den Übersetzer, es ungeschönt genau so zu übersetzen.

»Ich will gar nichts von dir. Ich möchte dich unterstützen. Deine Mitmenschlichkeit, das, was du mit deiner Musik bewegst. Natürlich wäre es schön, vielen in Yarmouk zu helfen. Aber ich bin allein.«

Bislang hatte noch jeder, der mir »helfen« wollte, sich irgendeinen Vorteil davon versprochen. Ich beschloss, mich rar zu machen. Ich sagte: »Ich habe jetzt keine Zeit weiterzureden, ich muss los.«

Als mich die beiden einige Tage später wieder anskypten, ahnte ich, dass es ihnen ernst war. Diesmal schalteten wir die Webcams ein. Auf meinem Bildschirm erschien ein von blonden Pixeln umrahmtes Gesicht und daneben ein dunkleres Pixelgesicht mit den typisch nahöstlichen Geheimratsecken, der Übersetzer. Ich war immer noch genervt und hielt zunächst eine Moralpredigt.

»Über 100 Menschen sind bei uns verhungert. Und jetzt kommen Sie und wollen mir helfen. Ist das ein Witz? Ich brauche keine Hilfe.« So ungerecht kann ich sein, wenn ich den Eindruck habe, jemand übervorteilt mich. Monika erklärte mir, sie sei vor dem Krieg zusammen mit ihrem Mann durch Syrien gereist und fühle sich dem Land verbunden. Und noch mal: Sie wolle nicht tatenlos zusehen. Vielleicht würden ja andere ihrem Beispiel folgen.

Wir blieben in Kontakt. Sie setzte alle Hebel in Bewegung, damit ich ausreisen könne. Kontaktierte in Deutschland das Auswärtige Amt, Hilfsorganisationen und Flüchtlingswerke, die palästinensische Vertretung in Berlin. Es war aussichtslos.

Es wurde ein strenger Winter. Stunden verbrachte ich damit, Feuerholz zu sammeln. Um die Wohnung warm zu kriegen. Mein ganzes Geld gab ich aus für Plastiksprit. Um darauf Essen zu machen und die Babywäsche auszukochen.

Im Januar schneite es. Morgens, beim Wasserholen, machte ich mit Raed und Marwan eine Schneeballschlacht, im Anschluss bauten wir einen Schneemann. Später filmte ich meine Eltern, wie sie durch das Weiß spazierten, durch das verschneite Yarmouk.

Ein Glück, dass unsere Mägen nicht mehr ganz so leer waren. Alle zwei Wochen bekamen wir ein Lebensmittelpaket von der UN. Im Herbst war die Ausgabe nach Yalda verlegt worden, dort war es sicherer. Niemand musste mehr um sein Leben fürchten, wenn er auf eine Ration Reis wartete. Die Leute standen an in ordentlichen Schlangen, jeder wusste, wann er dran war.

Und doch: Es war eine öde Zeit. Seit zwei Jahren waren wir belagert, ein Ende schien nicht in Sicht. Seit Zeinab gestorben war, komponierte ich nicht mehr. Es gab keinen Plan und keine Perspektive. Jetzt ging es wirklich nur noch ums Durchhalten und Überleben. Hartnäckig hielt sich das Gerücht, der IS wolle nach Yarmouk einmarschieren. Blendende Aussichten für jemanden wie mich, der sich so weit aus dem Fenster gelehnt hatte …

Ein Bekannter von mir war einige Monate zuvor nach Deutschland geflohen. Ghatfan Samarkand hieß er, ihm gehörte früher ein kleines Musikgeschäft, wo er auch unsere Lauten auf Provision verkauft hatte. Im Januar rief ich ihn an.

»Wie geht es dir? Bist du in Sicherheit?«, war meine erste Frage.

»Alter! Das ist Deutschland! Na klar ist es hier friedlich.«

Und meine zweite Frage war: »Wie gefährlich ist der Weg?«

Anderthalb Stunden lang erklärte er es mir. Die Route, die Preise, die Risiken. Die Überfahrt nach Griechenland sei gar nicht so bedrohlich, sagte er, wirklich schlimm sei Ungarn. Dort würden Flüchtlinge eingesperrt und geschlagen, und dann nahmen sie dir Fingerabdrücke ab und du konntest dich in keinem anderen europäischen Land als Flüchtling registrieren lassen.

Er schloss mit den Worten: »Sorry, ich muss jetzt Schluss machen. Ich muss zur Schule.«

»Zur Schule?«

»Jeder muss hier einen Deutschkurs machen. Du ahnst nicht, wie anstrengend das ist.«

»Wow.«

»Sie machen hier viel für die Flüchtlinge. Ich gehe in eine Musikschule und kann für wenig Geld Klavierunterricht nehmen.«

Am nächsten Tag rief ich ihn wieder an. Und dann noch mal. Sicher zehn Stunden haben wir geredet.

»Stimmt es, dass die Regierung einem jeden Monat 300 Euro gibt?«, fragte ich.

»Stimmt. Aber weißt du, was hier ein Kilo Tomaten kostet? Zwei Euro.«

»Du machst Witze.« In Syrien kostete das Kilo 20 Cent.

Am Ende gab er mir einen Rat: »Bring deine Familie mit. Wenn du einmal hier bist, ist es fast unmöglich, sie nachzuholen.« Ich versprach, es zu bedenken.

Im März verschwand Mahmoud Tamim. Jener fröhliche Kerl, der so viele meiner Lieder geschrieben hatte. Dem ich als Erstes von meiner Idee erzählt hatte, das Klavier hinauszuschieben in die Trümmer. Nun war er weg, von einem auf den anderen Tag. Er hatte für einen Lebensmittelkarton angestanden, als er verschwand. Hatten ihn die Soldaten verhaftet? Oder hatte er sich der Armee »ergeben«?

Rebellen durften Yarmouk zu dieser Zeit verlassen, wenn sie ihre Waffen abgaben und in den »Schoß des Vaterlandes« zurückkehrten. Für männliche Zivilisten, die Yarmouk aus Angst vor der drohenden Gefahr des IS verlassen wollten, gab es ein solches Angebot nicht. Deshalb kauften sich manche für viel Geld ein Gewehr oder eine Handgranate, um sie am Checkpoint abzugeben. Die Soldaten fotografierten diese Leute dann mit »ihren« Waffen, man musste einen Eid unterschreiben und der Gewalt für immer abschwören. Die meisten davon tauchten allerdings wenig später nicht im Vaterland auf, sondern in der Türkei, auf dem Weg nach Europa.

Nur Mahmoud Tamim nicht. Er blieb verschwunden. Niemand hat je wieder von ihm gehört.

Anfang April war es so weit: Der IS eroberte Yarmouk. Anfangs leistete eine Hamas-Miliz Widerstand und lieferte sich blutige Straßenkämpfe mit den schwarzgekleideten Fanatikern. Doch der IS war stärker. Oder zahlte besser. Bis heute ist mir unklar, wie es gelang, Hunderte von Kämpfern in das belagerte Yarmouk einzuschleusen. Wobei – kamen sie überhaupt von außerhalb? Oder sickerte nur ein kleines

IS-Kommando bei uns ein und brachte andere Milizionäre irgendwie dazu, zu ihnen überzulaufen? Nicht lange, da erzählte man sich, dass in der Nähe des Feldlazaretts von Hadschar al-Aswad die Leichen Dutzender geköpfter Hamas-Kämpfer liegen.

Ausgerechnet in einer Nachbarstraße meiner Wohnung eröffnete der IS eines seiner Rekrutierungsbüros. Von willkürlichen Verhaftungen war die Rede. Die Stimmung im Viertel veränderte sich radikal: Alle misstrauten einander plötzlich. Jederzeit konnte mich ein Schwätzer verpfeifen, sie zu mir führen und sagen: Hier, das ist er. Das ist der Idiot, der hier immer auf der Straße Klavier spielt. Es wurde höchste Zeit, erneut zu fliehen. Zurück nach Yalda.

Raed, Marwan und ich packten einen Transportwagen – wir hatten zwei davon – voll mit Koffern, Kisten, Hausrat und dem Bett meiner Eltern. Wir brachten es durch den IS-Checkpoint zurück in meine alte Wohnung. Sie war verdreckt und staubig. Wir verkleideten die leeren Fensterrahmen mit Plastikfolie, verputzten das Loch in der Außenwand und begannen, alles abzuschrubben. Bald lebten meine Eltern, Tahani und ich wieder auf engstem Raum zusammen. Unser Leben drehte sich im Kreis.

Am 17. April 2015, einem Freitag, an meinem 27. Geburtstag, gingen Marwan, mein Vater und ich hinüber nach Yarmouk. Wir wollten mein weißes Klavier in Sicherheit bringen – und hatten uns überlegt: Der sicherste Termin dafür sei ein Freitagmittag. Dann, wenn jeder IS-Typ, der etwas auf sich hält, in der Moschee betet. Wir packten drei teure Geigen und 16 Gitarren zum Klavier, verzurrten alles wegfest und deckten es mit Laken ab.

Wir näherten uns dem IS-Checkpoint. Nur drei Männer

bewachten ihn. Sie trugen schwarze Turbane und schwarze Dschallabijas und hatten ihre Kalaschnikows über den Rücken gehängt. Hinter ihnen war eine Barrikade aus Sandsäcken aufgebaut, daneben, im letzten zu Yarmouk gehörenden Haus, hatten sie eine Öffnung in die Mauer gebrochen für eine Art Büro. Ein schwarzer Vorhang war quer über die Straße gespannt und verbarg den Checkpoint vor den Blicken der FSA-Scharfschützen in Yalda. Das war alles. Ein kleiner Checkpoint. Keiner dieser aufwendigen, käfighaften Übergangspunkte, wie sie von der Armee betrieben wurden.

Wir reihten uns in die Schlange ein. Marwan und ich hielten uns im Hintergrund und ließen meinen Vater vor. Als wir an die Reihe kamen, schlug ein kleiner langbärtiger Milizionär das Betttuch auf unserem Wagen zurück, guckte erstaunt und fragte in bemühtem Hocharabisch, das er sich von seinem Lieblingsfernsehprediger abgehört haben musste: »Aber was ist denn das?« Um die Augen trug er – wie einige überfromme Muslime – schwarzen Kajalstift.

Er schlug das Betttuch ganz zurück und rügte meinen Vater: »Ist dir denn nicht bekannt, Bruder, dass der Besitz von Musikinstrumenten eine unverzeihliche Sünde ist?« Der Mann machte mir Angst. Seine Hände schienen nicht zum Rest seines Körpers zu passen – sie waren viel zu klein für seinen voluminösen Rumpf. Was trug er unter seiner Dschallabija?

Einer der IS-Typen schien aus Yarmouk zu stammen. Als er mich hinter dem Wagen sah, rief er: »Moment mal, bist du nicht der, der immer Klavier spielt?«

Mein Vater drängte sich vor: »Nein, nein, das ist mein Klavier! Die Jungs hier helfen mir nur schieben.«

Plötzlich ging alles sehr schnell. Der Fernsehprediger ging in den zum Checkpoint gehörigen Verschlag und kam mit zwei Plastikflaschen wieder, gefüllt mit brauner Flüssigkeit. Langsam bewegte ich mich rückwärts, weg vom Checkpoint. Der Fernsehprediger kippte die Flüssigkeit über unserem Wagen aus.

»Er verbrennt es«, murmelte Marwan so leise, dass es nur mein Vater hören könnte.

»Was machst du denn da, mein Sohn?«, rief mein Vater. »Das ist mein ganzes Vermögen, dafür habe ich ein Leben lang gearbeitet!«

Als der IS-Kerl sein Feuerzeug anschnippte und eine Stichflamme hochpuffte, rannte ich los.

»He, bleib stehen«, riefen sie hinter mir her. Aber da flitzte ich schon um die erste Häuserecke und war außer Schussweite. Schnurstracks lief ich zu unserem Laden zurück, holte eine Leiter, zog die bedruckte Plastikfolie vom Neonschild ab, zerknüllte sie und warf sie in den Müll. Nun war der Lichtkasten nackt, der »Aeham-Musikladen« war Geschichte.

Nach einer Stunde kamen mein Vater und Marwan zurück. Beharrlich hatte mein Vater behauptet, uns beide nicht zu kennen. Wir hätten ihm nur beim Schieben geholfen. Schließlich ließ man Marwan und ihn gehen. Wir beratschlagten. Mein Vater entschied, einen alten Bekannten um Hilfe zu bitten, der inzwischen bei der Nusra-Front war. Dieser brachte uns zum Checkpoint und sprach mit dem IS-Mann, der nun dort das Sagen hatte. Er winkte uns durch.

Wir gingen vorbei an dem verbrannten Klavier. Ich schaute kaum hin. Fast 20 Jahre lang hatte ich auf dem

Ukraina gespielt. Ich fühlte mich, als sei ein guter Freund gestorben. Zugleich war ich erleichtert. Zeinab war daneben erschossen worden. Darum hatten wir es weiß gestrichen. Es war, als sei mit dem Klavier ein Teil meiner Schuld in Flammen aufgegangen. An diesem Tag fühlte sie sich ein kleines bisschen leichter an.

Zwei Wochen später haben Raed und ich uns ein letztes Mal nach Yarmouk getraut. Ich hatte mir meine Haare abrasiert, damit mich niemand erkannte, unbehelligt passierten wir den Checkpoint. In Yarmouk besorgten wir Betonziegel und Zement. Damit mauerten wir den Laden zu. 2000 Musikinstrumente verschwanden hinter einer Wand.

Längst war die Nachricht von dem Klavier, das der IS verbrannt hatte, um die Welt gegangen. Noch am gleichen Tag hatte ein Augenzeuge darüber auf Facebook berichtet. Eine Nachrichtenseite aus Yarmouk griff die Neuigkeit auf. Von nun an gab es kein Halten mehr. Die Meldung schwappte um die Welt. Von Los Angeles bis Tokio berichteten die Medien. »Aeham Ahmad spielt mutig gegen den Terror«, konnte ich lesen. Uff. Nein, so mutig war ich nicht. Und so lebensmüde auch nicht. Wenn die Jungs vom IS das mitbekamen, war es um mich geschehen.

Zehn Fußminuten von unserer Wohnung entfernt hatte ich Internetempfang. Ging ich dorthin, ploppten jedes Mal Dutzende WhatsApp-Nachrichten auf meinem Handy auf. Beinahe jeden Tag kontaktierten mich nun Journalisten. Ich war jetzt berühmt, obwohl ich nie hatte berühmt sein wollen. Ja, mir lag viel daran, dass meine Botschaft durchdringt. Aber mich selbst ins Rampenlicht stellen? Das hatte ich nie beabsichtigt.

Doch dann filmte der Typ von Bukra Ahla – gegen meinen Willen – unseren ersten Auftritt und machte mich in der arabischen Welt bekannt. Und gab Niraz Saied das Foto im hellgrünen T-Shirt – ohne mein Wissen – an eine Nachrichtenagentur weiter und sorgte dafür, dass man mich in Europa kannte.

Schließlich verbrannte der IS – zu meinem Entsetzen – mein Klavier und sorgte dafür, dass für einen winzigen Augenblick die halbe Welt auf mich schaute. Sogar CNN sendete einen Beitrag.

Welch merkwürdige Karriere.

Ich sprach mit den Journalisten. Und wusste zugleich: Mit jedem Interview brachte ich uns mehr in Gefahr. Ich wollte nur noch eins: weg von hier. Ich hätte uns einem Esel an den Huf geheftet, um hier rauszukommen.

Einige letzte Male spielte ich auf einem Keyboard auf unserer Dachterrasse in Yalda und gab einige Livekonzerte über Skype. Sogar eines nach Berlin. Doch ich glaubte nicht mehr an die Musik. Mit Zeinabs Tod war das Band zerrissen, das mich mit den Menschen von Yarmouk verbunden hatte. Nun gab ich weiter Interviews – und fühlte mich dabei wie ein Nachrichtensprecher, der berichtet, was los ist, ohne jedoch selbst Teil des Ganzen zu sein. Das mulmige Gefühl, mit meinem und dem Leben meiner Familie zu spielen, wurde immer stärker. Wofür setzte ich unsere Existenz aufs Spiel, wenn ich nicht einmal mehr auf der Straße spielen konnte?

Auch zu Monika drang die Nachricht vom verbrannten Klavier durch. Zusammen mit dem Übersetzer redete sie auf mich ein und bemühte sich, mir neuen Lebensmut zu vermitteln. Auch sie sagte, dass es angesichts der Gefahren durch den IS das Beste sei, wenn ich Yarmouk so schnell wie möglich verlasse. Wir kamen auf das Thema Geld zu sprechen. Sie sagte, sie habe mir ihr Wort gegeben. Dazu stehe sie. Wenn es nicht anders gehe, dann würde sie mir auch mit Geld helfen. Ich bedankte mich viele Male und spielte ein Lied für sie.

Endlich, Anfang Juli, ergab sich eine Spur. Einer der ehemaligen Yarmouk-Jungs erzählte mir eines Abends unter dem Siegel größter Verschwiegenheit von einem Mann, der schon etliche Aktivisten aus Yarmouk gerettet habe. Nennen wir ihn Samir. Diesem Samir gehörte eine bekannte Hilfsorganisation, bis heute tut sie Gutes. Zugleich verdiente er sich ein Zubrot. Er hatte ein Agreement mit einem Typen vom Geheimdienst, gemeinsam schmuggelten sie all jene raus, die der IS früher oder später an die Wand gestellt hätte.

Ich schrieb Samir über Facebook an. Er wusste, wer ich war. »Aeham, wie geht's?«, antwortete er fröhlich. Wir telefonierten. Er versprach mir, sich nach dem Preis für Tahani, die Jungs und mich zu erkundigen. Einige Tage später rief er zurück: 2200 Euro. Mir war alles recht, aber ich fragte zigmal nach: Ist es auch sicher?

Erst jetzt, da es konkret wurde, schnitt ich das Thema mit Tahani an. Ewig diskutierten wir. Lange war sie dagegen. Schließlich sah sie ein, dass es zu gefährlich für mich wurde. Und da wir uns geschworen hatten, immer zusammenzubleiben, und weil es für mich sicherer war, wenn wir als Familie reisten, stimmte sie zu.

Wir sprachen mit meinen Eltern. Mein Vater war strikt gegen eine Flucht. Es sei zu gefährlich. Meine Mutter schwieg.

Ich erzählte Monika von der Connection. Sie überwies mir einen Betrag Geld – in drei Tranchen, an drei Namen, um keinen Verdacht zu erwecken. Eine Tante von mir hob das Geld in Damaskus ab. Prompt bekam sie Besuch vom Geheimdienst: Wer überweise ihr da so viel Geld aus Deutschland?

Eines Abends nahm mich meine Mutter beiseite. »Aeham, ich spüre, dass du mir etwas sagen willst. Ich kenne dich. Sag es mir.«

»Ich bin nicht sicher, ob ich dieses Thema anschneiden soll.«

»Was denn?«, fragte sie.

»Du weißt es«, sagte ich.

»Ja, ich weiß es. Ich habe auch schon die ganze Zeit daran gedacht. Ich gebe dir das Geld. Ich will nicht noch einen Sohn verlieren. Das ist alles.«

Unsere allerletzten Ersparnisse, das war ein Bankkonto meiner Mutter mit umgerechnet 7000 Euro. Sie hatte früher in einer UNRWA-Schule unterrichtet, ein Teil ihres Gehaltes floss damals in einen Sparplan. Nun durfte sie es abheben. Mit diesem Geld könnten wir es bis in die Türkei schaffen. Das war das Ziel. Und dann würden wir weitersehen. Hauptsache raus aus Syrien.

Ich umarmte sie. »Ich verspreche dir, ich werde es zurückzahlen.«

»Darum geht es nicht. Ich möchte, dass du mit deiner Familie glücklich wirst.«

Wir packten. Eine Reisetasche musste reichen. Die Ausweise und das Familienbuch legten wir hinein, die Bescheinigungen der UNRWA, dass wir als Flüchtlinge in Genf registriert sind, meine Zeugnisse von der Uni und von der

Musikschule. Tahanis Dokumente. Die nötigsten Kleider für uns vier. Zwei Andenken packte ich ein: Mein hellgrünes T-Shirt und ein kleines Notenbuch, das mir einst Irina Ramadan geschenkt hatte, die russische Pianistin, mit Sonatinen von Beethoven. Wir waren bereit.

## Flucht aus Yalda

Am 1. August 2015 rief Samir an. »Seid morgen um 12.30 Uhr beim Checkpoint.« Dort würde ein Geheimdienstler namens Abu Irgendwas mit einem Auto auf uns warten.

Nie in meinem Leben habe ich so viel gebetet wie an diesem Abend. Ganz schwindlig wurde mir vor lauter Niederwerfungen.

Am nächsten Morgen kam Marwan vorbei, um sich zu verabschieden.

»Willst du auch raus?«, fragte ich ihn.

»Nein. Ich bleibe hier bei meinen Eltern.«

»Ich kann versuchen, von draußen Hilfe zu organisieren.«

»Ich werde hierbleiben. Ich möchte bald heiraten. Alles wird gut.«

Wir machten nicht viele Worte. Wir umarmten uns, er sagte: »Wir werden uns wiedersehen.« Mir liefen die Tränen nur so runter.

Wenig später kam Raed mit seiner Familie vorbei. Ein letztes Mal musizierten wir zusammen. Hastig reihten wir ein Lied an das nächste. Raeds Kinder und der kleine Ahmad klimperten dazu. Meine Mutter sang und weinte gleichzeitig.

Ich wusste, auch Raed wollte raus. Als wir uns verabschiedeten, sah ich ihm fest in die Augen. »Ich werde dich so schnell wie möglich nachholen«, sagte ich. Wir umarmten uns.

Meine Eltern begleiteten uns. Zunächst mussten wir den Checkpoint der FSA passieren. Als junger Mann kam man da nicht ohne weiteres durch. Also log mein Vater: Er sei es, der hinauswolle, ich helfe ihm nur beim Tragen. Sie winkten uns durch.

Im Niemandsland hielten wir an. Ohne Abu So-und-So wäre es Selbstmord gewesen, zum Regime-Checkpoint weiterzugehen. Wirst du verhaftet, schaffen sie dich schnell weg, und vielleicht verschwindest du für immer im Kerker. Egal, wer zwei Stunden später am Checkpoint auftaucht.

Ungeduldig rief ich Samir an. »Wo ist der Fahrer?«

»Er kommt, er kommt. Geduld!«

Meine Eltern gingen vor und stellten sich am Armee-Checkpoint an, um auf den Mann zu warten. Wie immer ging das nur, weil mein Vater blind ist. Normalerweise tolerierten es die Soldaten nicht, wenn jemand stundenlang herumstand und all die Festnahmen und Schmiergeldzahlungen mitbekam.

Die Augustsonne brannte, wir schwitzten, der Wind trieb Staub vor sich her, binnen kurzer Zeit waren wir vollkommen verdreckt. Nur einen winzigen Baum gab es, Tahani setzte sich mit dem schlafenden Kinan darunter. Neun Monate war er jetzt alt. Ahmad, inzwischen fast drei, wollte umherrennen und in den Trümmern spielen, in einem fort musste Tahani ihn ermahnen. Die Stunden verrannen. Wieder und wieder rief ich Samir an.

»In zehn Minuten ist der Fahrer da!«, rief er. Und eine halbe Stunde später: »Gib ihm noch eine Viertelstunde!« Er hatte also keine Ahnung.

Die Checkpoints von Soldaten und Rebellen lagen in Sichtweite. Solche Niemandsländer gibt es überall in Syrien. Ich habe das nie verstanden: Erst standen sich die Kämpfer von Regime und Opposition monatelang gegenüber. Dann änderte sich der Befehl, und plötzlich schossen sie einander tot.

Ich begann, uns einen Plan B zurechtzulegen: Was könnten wir den Rebellen erzählen, wenn wir durch ihren Checkpoint zurückmussten? Nur gut, dass Samir unser Geld erst dann erhielt, wenn wir sicher in Damaskus waren.

Als Abu So-und-So endlich auftauchte, war es fünf Uhr nachmittags. Wir sahen ihn nicht. Er stand in der Nähe des Checkpoints, trug eine verspiegelte Sonnenbrille und ein braunes Hemd, kein grünes, wie Samir uns gesagt hatte. Plötzlich klingelte mein Handy.

»Verflucht, wo steckt ihr eigentlich?«, rief Samir. »Der Mann wartet auf euch!«

»Ja, dann soll er sich halt zu erkennen geben! Soll ich etwa zum Checkpoint spazieren und jeden ansprechen und fragen ›Tschuldigung, bist du zufällig Abu So-und-So?‹«

Mit butterweichen Knien stellten wir uns an. Ich konnte mir beim besten Willen nicht vorstellen, wie wir das überleben sollten. Es fühlte sich an, als gingen wir zum Schafott. Finster blickende Soldaten mit riesigen Waffen bewachten den Checkpoint, in den umliegenden Ruinen konnte ich Scharfschützen erkennen.

Als wir dran waren, fragte mich der Soldat: »Bist du Aeham Ahmad?«

Vor lauter Angst wurde mir fast schwarz vor Augen, stotternd kam mir ein »Ja, der bin ich« über die Lippen.

Er musterte mich von oben bis unten. Dann tippte er

etwas in seinen Computer ein und fragte, ohne aufzusehen: »Aeham Ahmad, geboren 1988?«

»Jawohl.«

Da kam eine Testfrage: »Wo ist eigentlich dein Bruder?«

Ich gab ihm die richtige Antwort: »Er wird vermisst.«

»Und die Kinder da, die willst du wohl auch mitnehmen?«

Ich stammelte ein Ja.

»Haben die denn keine Namen? Wie heißen sie?«

Mir fielen ihre Namen nicht ein! So groß waren meine Angst und mein Grauen. Mein Kopf war völlig leer. Ich bat Tahani, ihm zu antworten. Als er mich nach dem Namen meines Vaters fragte, fiel mir auch der nicht ein.

Endlich schritt Abu So-und-So ein: »Lass die mal durch, das sind welche von unserer Seite.«

Von unserer Seite! Puh, das stieß mir auf. Verdammt, wie, jetzt bin ich einer von euch? Wie damals in der Schule, als ich die Nationalhymne nicht singen wollte, rutschte mir ein kleines »Nein …« heraus.

»Was soll denn hier ›nein‹ heißen?«, raunzte der Soldat bedrohlich, und sofort verbesserte ich mich: »Nein, nein, mein Herr. Ich meine doch ja!«

Mein Vater, der selbst beim IS seinen Mund aufgemacht hatte, hörte mucksmäuschenstill zu.

Unwillig ließ der Soldat uns durch. Wir waren »draußen«.

Wir verabschiedeten uns. Meine Mutter weinte still vor sich hin. Mein Vater, der den kleinen Kinan auf dem Arm hatte, schnupperte an ihm und küsste ihn von oben bis unten. »Alles wird gut«, sagte er zu mir und verzog keine

Miene. »Gott schütze dich, mein Sohn.« Ich spiegelte mich in den Gläsern seiner dunklen Brille.

»Challas, genug!«, rief Abu So-und-So. Wir rissen uns los und packten unsere Sachen in seinen Kofferraum. Meine Eltern blieben zurück. Yalda und Yarmouk blieben zurück. Wir waren völlig ausgeliefert, Schafe im Tiertransporter, die nicht wussten, ob sie zur Weide oder zur Schlachtbank gefahren wurden.

Abu Irgendwas war groß und dünn, sein braunes Hemd war nach der neuesten Mode, ich konnte sein Aftershave riechen. Das Auto war sauber und neu. Er bot mir eine Zigarette an.

»Danke, ich rauche nicht.«

»Oder willst du vielleicht einen Kaffee?«

Du lieber Himmel. Wie lange hatte ich schon keinen Kaffee mehr getrunken? Trotzdem lehnte ich ab. Aus den Lautsprechern ertönte Fairouz. Selbst der mir sonst so verhasste Geruch von Zigarettenrauch ließ mein Herz klopfen. Als würde ich einen Freund nach langer Zeit wiedersehen.

Autofahrt, Kaffee, Markenzigaretten, Fairouz: Als seien wir in einem Propagandastreifen aus dem Staatsfernsehen, wo es immer hieß, in Syrien sei alles in Ordnung. Der Fahrer sang vergnügt mit. Mir drehte sich alles. Ich blickte aus dem Fenster und sah das Damaskus, das ich von früher kannte, wo die Dinge der Welt unverändert ihren Lauf nahmen.

Wir fuhren über die Präsidentenbrücke, über den Fluss Barada. Wie Filmfetzen leuchteten Bilder aus der Zeit an der Musikschule auf, als ich hier immer mit Papa aus dem Minibus ausstieg und wir die Strecke zum nächsten Minibus zu Fuß gingen, kreuz und quer durch die Zouqaq al-Dschinn, die Gasse der Dschinns, das kleine Industrieviertel, wo Schrauben und Automechanikerbedarf verkauft wurden. Danach bogen wir links ab und warteten auf den nächsten Minibus.

Einmal, ich erinnere mich genau, rannten mein Vater und ich die ganze Strecke im strömenden Regen, weil wir kein Geld für ein Taxi hatten. Oder ein anderes Mal, als wir atemlos dem Minibus, der gerade eingefahren war, hinterherhechteten. Beim Rennen verlor ich fast meine Schuhe, weil sie zwei Nummern zu groß waren. Mein Vater hatte sie irgendwo gebraucht gekauft. Ein Bleistift ragte aus meiner Tasche, beim Rennen rammte ich ihn mir ins Bein. Es blutete. Ich rannte trotzdem weiter, ging in die Musikschule und erst nach dem Unterricht ins Krankenhaus.

Aus irgendeinem Grund begann Ahmad zu weinen. Abu So-und-So bot ihm ein Bonbon an. Und der kleine Ahmad, der sein kleines Leben lang unter Blockade gelebt hat, rief: »Papa, was ist das, ein Bonbon?«

Wir fuhren am Hamra-Viertel vorbei. Wohlgenährte Leute trugen Tüten voll mit Fladenbroten aus einer großen Bäckerei. Und unsereiner hatte riskiert, für einen Sack Reis an der Lebensmittelausgabe erschossen zu werden. Wieso, fragte ich mich, sind wir damals, am 17. Dezember 2012, eigentlich nicht fortgelaufen aus Yarmouk? Hatten wir einen Fehler gemacht? Doch dann musste ich daran denken, wie ich das erste Mal mit den Kindern auf der Straße Klavier spielte, ein Haufen kleiner Bengel hing an meinem Rädergestell. Sie grinsten und gackerten vor Freude. Ich konnte das Schöne nicht vom Schlimmen trennen.

Im feinen Botschaftsviertel, einen Steinwurf von meiner alten Musikschule entfernt, in dieser bis auf den letzten

Gullideckel von Geheimdienst und Staatssicherheit überwachten Gegend, hielten wir an. Samirs Hilfsverein hatte hier seine Räume. Zwei Sicherheitsleute bewachten die Tür. Samir kam heraus, verabschiedete den Fahrer und ließ uns ein. Er war groß und dick und trug Brille und Schnauzbart. »Gott sei gedankt, dass alles gutgegangen ist«, sagte er. »Was wollt ihr trinken? Kaffee? Tee?«

Wir lehnten ab. Wir gingen an schicken Büroräumen vorbei, in denen Angestellte arbeiteten. Als er die Tür zu seinem Büro öffnete, fiel mir fast die Kinnlade herunter: Da saß leibhaftig Niraz Saied! Der Fotograf, der jenes berühmte Bild von mir im hellgrünen T-Shirt gemacht hat. Himmelherrgottnochmal, wie kam der denn hierher? Schon sah ich einen zweiten Bekannten: Omar, der für den zivilen Luftschutz gearbeitet und Menschen bei Bombenangriffen aus den Trümmern gezogen hatte.

Es gab einen Innenhof mit einem Orangenbaum und einem kleinen Brunnen. An die 20 Leute saßen da herum. Ich erkannte etliche Aktivisten, es waren jene, die Yarmouk am Leben gehalten hatten. Einer hatte die Verwüstungen durch die Granaten fotografiert und die Bilder auf Facebook hochgeladen. Nun waren alle vor dem IS geflohen. Es würde still werden um Yarmouk.

Ich fragte herum: Wie lange seid ihr hier? Manche sagten: 20 Tage, andere waren eben angekommen. Niraz Saied war schon mehrere Monate da. Seine Freundin war nach Deutschland geflohen, nun versuchte sie, ihn nachzuholen.

Nach anderthalb Stunden kam meine Tante vorbei, die das Geld von Monika abgehoben hatte. Ich übergab Samir die 2200 Euro und verabschiedete mich von Tahani und den Kindern. Sie blieben bei meiner Tante, dies war kein guter Ort für sie. Sofort ging ich wieder zu Samir ins Büro: Was es kosten würde, Raed aus Yarmouk herauszuschmuggeln?

»1000 Euro«, sagte Samir.

»Einverstanden, ich strecke ihm das Geld vor.« Ich musste Raeds sämtliche Daten auf einem Zettel notieren.

»Und nun erzähl mir bitte, wie wir von hier aus weiterkommen in die Türkei«, sagte ich.

Der Abend brach an. Neonröhren flammten auf. Strom! Kannte ich gar nicht mehr. Jemand brachte Abendbrot. Käse! Labneh! Oliven! Rührei! Die Aromen explodierten förmlich in meinem Mund. Später drückte mir jemand eine Schaumgummimatte und eine dünne Decke in die Hand. Ich legte mich unter den Orangenbaum und schlief ein.

Am nächsten Morgen knallte mir die Augustsonne ins Gesicht. Ich richtete mich auf und blickte mich um. Überall verstreut schliefen Leute. Aus dem Inneren des Büros kam Kaffeegeruch. Ich stand auf und nahm mir eine Tasse. Der erste Kaffee seit fast drei Jahren. Mein Körper vibrierte.

Später begann die Telefoniererei. Jeder kannte irgendwen in Europa. Freunde oder Verwandte, die vor ihnen geflohen waren. Europa war das Ziel. Es irgendwie zur türkischen Grenze schaffen, übers Meer nach Griechenland und dann weiter über die Balkanroute nach Österreich, Deutschland. Aber: Wie genau? Was kostete die Überfahrt? Welcher Schlepper war zuverlässig? Wir hörten von den 71 Flüchtlingen, die in einem Kühllaster auf der österreichischen Autobahn erstickt waren. Zwei von ihnen stammten aus Yarmouk.

Die Tage verdampften in der Augusthitze. Ein paar Jungs

sagten mir scherzend: »Bring am besten ein Klavier hierher. Wie es aussieht, wird sich unser Aufenthalt hier noch in die Länge ziehen.«

Ich fand das gar nicht witzig. »Wie, in die Länge ziehen? Mir hat Samir gesagt, in zwei, drei Tagen könnten wir weg.«

»Haha, genau. Zwei, drei Tage. Das sagt er uns auch immer.«

Erst vor wenigen Tagen war eine Gruppe, die vor uns losgefahren war, irgendwo in Syrien festgenommen worden. »Illegales Auswandern«, lautete die Anklage. Die offizielle Strafe: sechs Monate Haft. Aber bei der Gelegenheit würden sie dich erst mal komplett durchchecken. Und garantiert etwas finden.

Einmal forderten mich die Jungs lauthals auf, ihnen etwas vorzusingen. Schon stimmte einer »Yarmouk vermisst dich, Bruder« an, und dann krähten sie das Lied wie eine Bande Raben. Ich musste an Mahmoud Tamim denken, der den Text geschrieben hatte. In welchem Kerkerloch er wohl gerade saß? Bitter wanderte mein Blick durch die Runde.

Täglich ging ich zu Samir und drängelte. »Wann können wir weiter? Hast du eine Verbindung gefunden?« Stündlich fühlte ich mich unsicherer. Etliche von den Jungs aus Yarmouk mussten regelmäßig beim Geheimdienst vorsprechen und wurden ausgefragt, was sie über die Rebellen wussten. Auch mich bat Samir eines Tages, dort auszusagen. »Niemals!«, rief ich. Und zahlte ihm 200 Euro, um mich davon freizukaufen.

Ich verstand: Irgendein Geheimdienstmann verdiente sich mit uns ein goldenes Näschen. Ein Neider aus einer anderen Abteilung würde genügen, um uns auffliegen zu lassen. Wir konnten jederzeit verhaftet werden.

Andererseits hielt Samir, dieser korrupte, gute Mensch, sein Wort: Auch Raed schmuggelte er heraus. Strahlend schlossen wir einander in die Arme. Am nächsten Tag schlich sich Raed hinaus in die Stadt und ging seine Mutter besuchen. Das war sein größter Wunsch gewesen in all den Jahren: sie ein letztes Mal zu sehen.

Ich beschloss, über meinen Schatten zu springen. Seit drei Jahren hatte sich Mohammed Munaf nicht bei mir gemeldet. Mein bester Musikschüler, der nun mit seinem Orchester im Staatsfernsehen auftrat. Ich dachte mir: Mein Krieg ist vorbei, es wird Zeit für Versöhnungsabkommen. Dreimal wählte ich seine Nummer, doch er nahm nicht ab. Erst als ich ihm eine Nachricht schickte, dass ich in Damaskus sei, rief er zurück. Er klang pflichtbewusst und nicht sehr herzlich.

Dennoch nahm er es auf sich, mich zu besuchen. Er sah blendend aus, wohlgenährt und frisch, sein Bart war elegant rasiert nach neuester türkischer Mode.

»Aeham, wie schön dich zu sehen!«, rief er.

»Und dich!« Wir umarmten einander.

»Du sieht erschöpft aus«, sagte er.

»Immerhin lebe ich noch.«

Ich erzählte ihm, dass sein altes Haus eine Bombe abbekommen habe. Ja, ja, das wisse er. Wie es den Eltern gehe. Was So-und-so mache. Viel hatten wir uns nicht zu sagen. Zu viele heikle Themen mussten wir umschiffen. Zum Glück hatte er seine Laute mitgebracht. Und mir hatte inzwischen eine ehemalige Schülerin, die um die Ecke wohnte, ein Keyboard ausgeliehen. So musizierten wir zusammen. Und spürten beide: Das wird das letzte Mal sein.

Endlich, nach elf Tagen, rief Samir mich und Raed zu

sich. Er schloss die Tür hinter uns und sagte: »Übermorgen geht's los. Macht euch bereit.«

Wieder brachte meine Tante das Geld vorbei: 2400 Euro kostete die Fahrt bis zur türkischen Grenze für Tahani, die Jungs und mich. Raed hatte seine 800 Euro bei Verwandten zusammengeborgt.

Ich telefonierte mit Tahani. Wir überlegten, wo wir den Rest unserer Reisekasse verstecken könnten. In einen Hosensaum einnähen? Es in ihrer Unterwäsche verbergen? Wir verwarfen beides. Und dann hatte Tahani eine Idee. Behutsam trennte sie eine Pampers-Windel auf und deponierte die vierzig 100-Dollar-Noten im weichen Saugkern, ehe sie die Windel mit feinem Faden wieder zunähte. Sollte jemand uns durchsuchen, er würde die Scheine nicht ertasten. Hofften wir zumindest. Es konnte weitergehen.

# Im Knast von Homs

Am Morgen des 15. August 2015 hielt ein Geländewagen mit getönten Scheiben vor Samirs Büro. Auf der Kühlerhaube prangte ein Aufkleber mit Assads Konterfei, auf einem Herzchen darunter stand der typische Slogan seiner Fans: »Wir lieben dich!«

Ein kleiner Mann stieg aus, komplett in Camouflage. Er stellte sich vor als Abu Dscholan, hatte blondgefärbte Strähnen im Haar und eine tiefe Stimme, als trinke er zu viel Arak. Nacheinander rief uns Samir in sein Büro. Dort bezahlten wir dem Fahrer die Reise. Zwei Jungs aus Yarmouk kletterten auf den breiten Beifahrersitz, Raed und ich nahmen die Rückbank, auf die zwei Extrasitze hinten stopften wir unser Gepäck. Und dann luden wir, an der Mezzeh-Kinderklinik, Tahani und die beiden Kleinen ein.

Der Plan sei, erklärte uns Abu Dscholan, während Damaskus hinter uns zurückblieb, an Homs und Hama vorbei bis an die Grenze zum IS-Gebiet zu fahren. Von dort müssten wir sehen, wie wir allein weiterkamen in Richtung Grenze. Er wandte sich um. »Falls uns jemand anhält, dann sagt: Wir sind unterwegs zu einer Hochzeit. Verstanden?« Dann setzte er seine Sonnenbrille auf und gab Gas. Von nun an schwieg er.

Wir näherten uns dem ersten Checkpoint. Auf der Militärspur, die für Armeefahrzeuge reserviert ist. Ich konnte kaum hinsehen. Doch Abu Dscholan ließ nur sein Fenster herab und hielt mürrisch einen Ausweis hoch – schon winkte der Soldat uns durch. Verwundert sahen wir uns auf der Rückbank an. So lief es auch beim zweiten und beim dritten Checkpoint. Und beim zwölften. Was war das für ein magischer Ausweis?

Hunderte Male war ich diese Strecke gefahren, auf dem Weg zur Uni, frühmorgens mit dem Bus, neben mir einen Rucksack voller Oudsaiten und Instrumente, auf den Ohren die romantischen Klänge des Taksim-Trios. Damals träumte ich davon, eine Familie zu gründen. Voll Bitterkeit schaute ich jetzt neben mich. Da saß sie, meine Familie. Tahani, Ahmad und Kinan. Nein, so hatte ich mir das nicht vorgestellt. Dass wir einmal zitternd auf der Rückbank eines Geländewagens kauerten, auf der Flucht durch unser eigenes Land.

Nach fünf Stunden erreichten wir Homs. An einem großen Kreisverkehr gab es einen Checkpoint des Luftwaffengeheimdienstes, des mächtigsten der vier syrischen Geheimdienste. Wieder bremste Abu Dscholan und hielt seinen Ausweis hoch.

Der Offizier besah ihn sich – und streckte plötzlich seinen Kopf durchs Fenster. Musterte uns, einen nach dem anderen.

»Wir sind auf einer militärischen Mission«, erklärte Abu Dscholan.

»Eine militärische Mission mit Kindern, ja?«, fragte der Offizier gedehnt.

Abu Dscholan wurde defensiv: »Sag mal, weißt du überhaupt, mit wem du hier so redest?«

»Ja, weiß ich«, sagte der Offizier verächtlich. »Wir haben seit heute Morgen auf dich gewartet.«

Da riss er die Tür auf, packte Abu Dscholan am Kragen, warf ihn zu Boden, trat wie von Sinnen mit seinen Stiefeln auf ihn ein und schrie: »Du bereicherst dich am Krieg? Am Krieg verdienst du? Ja? Du verfluchter Hurensohn!« Wimmernd lag Abu Dscholan am Boden, während der Offizier ihm in den Bauch, ins Gesicht, in den Rücken trat. »Du wagst es, dich am Krieg zu bereichern? Wichser!«

Tahani begann zu weinen. Schon riss ein Soldat die Tür hinten rechts auf, wo Raed saß, packte ihn am T-Shirt, holte mit der Faust aus, als wolle er ihn schlagen, und bellte: »Wo sind eure Ausweise? Wird's bald! Raus!«

Mit erhobenen Händen stiegen wir aus. »Wo wolltet ihr hin?«, brüllte der Soldat. Fünf Uniformierte hielten sich im Hintergrund, die Finger am Abzug ihrer Waffen.

»Zu einer Hochzeit in Hama!«, riefen wir verzweifelt.

»Ihr Lügner!«, schrie der Soldat und schlug uns Männern nacheinander mit Fäusten ins Gesicht. Jetzt begannen auch die Kinder zu weinen. »Wo sind eure Ausweise, ihr Säcke?«

Der Soldat durchsuchte das Fahrzeug. Als er die Sonnenblende über dem Beifahrersitz runterklappte, fielen ihm unsere Dokumente entgegen. Abu Dscholan hatte sie zu Beginn der Fahrt eingesammelt. Auch vier Militärausweise purzelten zu Boden, auf unseren Namen. Darin stand der Vermerk, dass wir als Freiwillige auf dem Weg an die Front seien, um gegen den IS zu kämpfen. Das war der Grund, warum uns die Soldaten durchgewinkt hatten. Kanonenfutter für den IS. Damit durfte man sogar auf der Militärspur fahren.

Abu Dscholan wimmerte am Boden. Seine Lippe war aufgeplatzt, aus einer Wunde unter dem Auge sickerte Blut.

»Wir haben auf dich gewartet, du Dreckskerl!«, schrie der Offizier ihn an. »Wir wissen alles!« Und herrschte Raed an: »Mitkommen!«

Als Raed nach zehn Minuten zurückkam, waren seine Wangen rot von Schlägen. Er raunte mir zu: »Sag die Wahrheit.«

Tahani und ich, die weinenden Kleinen auf den Armen, betraten den Raum und stellten uns vor die Wand. Der Offizier kam nah an uns heran. »Wohin wollt ihr? Sagt die Wahrheit!«, schrie er.

Ich konnte nicht sprechen. Alles Blut war aus meinem Kopf gewichen. Ich wusste: Es war vorbei. Es gab jetzt zwei Möglichkeiten: Ich würde für immer im Knast verschwinden, wie mein Bruder. Oder ich müsste als Soldat an die Front. Nur eine Hoffnung hatte ich: dass sie Tahani, Ahmad und Kinan verschonten.

»Wir kommen aus Yarmouk ...«, begann Tahani.

»Aus Yarmouk?«, schrie der Offizier. »Ihr wart bei der FSA?«

»Nein, nein!«, rief Tahani. »Wir haben dort gehungert. Darum sind wir geflohen.«

»Ihr wollt wohl zu dem verfluchten Erdoğan, ihr Arschgeigen, gebt's doch zu!« Ein Großteil der politischen Infrastruktur der syrischen Opposition befindet sich in der Türkei – dorthin zu wollen machte einen also verdächtig, oppositionell zu sein.

»Wir wollten einfach irgendwohin«, sagte Tahani.

Der Offizier schnauzte mich an: »Warst du bei der FSA?«

»Ich bin ...«, begann ich, biss mir aber gerade noch auf die Zunge, ehe ich »Pianist« sagen konnte. »Aeham Ahmad«, ergänzte ich.

»Wohin wolltet ihr?«

»Zu einer Hochzeit in Hama!«, rief ich.

»Du lügst!«, schrie der Offizier.

Was sollte ich sagen? Was hatte Raed gesagt? Was wusste der Mann? Ich versuchte ein: »Ja, es stimmt, was mein Freund gesagt hat!«

»Wir wissen eh alles«, grummelte der Offizier. »Raus!«

Draußen fesselten uns die Soldaten mit Kabelbindern. Wir kletterten wieder in den Geländewagen, der Offizier schwang sich hinters Steuer und brachte uns in das Hauptgebäude des Luftwaffengeheimdienstes, einige Straßen weiter. Wir warteten im Innenhof, im Schatten eines Baumes. Zusammen mit Tahani und den Kindern wurde ich in einen kahlen Untersuchungsraum gerufen. Zwei Soldaten nahmen uns in Empfang.

»Rück alles Geld raus«, begann der eine und blickte mich grimmig an. »Solltet ihr Dollar oder Euros bei euch haben, gebt sie uns am besten sofort, ansonsten werdet ihr was erleben.«

In Syrien mit ausländischem Geld erwischt zu werden konnte einem die Anklage einhandeln, mit der Opposition zusammenzuarbeiten – und das bedeutete viele Jahre Knast.

»Finde ich das Geld, steckt ihr richtig in der Scheiße«, setzte der Mann nach. »Also gebt es mir jetzt.«

Was tun? War das Geld gut genug versteckt? Würde er die Scheine finden? Blitzartig entschied ich, es drauf ankommen zu lassen. Entdeckte er das Geld, behauptete ich einfach, das sei nicht unsere Tasche. Ich würde es einfach immer weiter behaupten. Selbst wenn sie mich schlugen. Und wenn am Ende alle Stricke rissen, würde ich behaupten, sie gehöre dem Fahrer. Der war eh verloren. Das machte jetzt auch keinen Unterschied mehr.

»Dann durchsuchen wir euch jetzt«, schnauzte der Soldat. »Sollten wir bei einem von euch Schweinen doch etwas finden, kann er sich auf was gefasst machen.« Er ließ einen Schwall der übelsten Schimpfwörter auf mich niederregnen.

Er nahm Tahani und mir alles ab. Unsere Eheringe, Uhren, Handys. Tahanis Schmuck, die beiden goldenen Armreifen, die sie von ihrer Mitgift gekauft hatte und die sie auch in den Tagen des bittersten Hungers nicht bereit war einzutauschen gegen einen Sack Reis. Den USB-Stick, den ich mir in die Hosentasche gesteckt hatte, voller Interviews und Videos. Ich verfluchte meine Gedankenlosigkeit. Dann tastete er mich ab, meine Hosentaschen, die Säume meiner Jeans, meine Schuhe und Socken. Tastete die Kinder ab. Und warf uns raus. Wir setzten uns wieder in den Schatten.

Ich zischte Raed zu: »Das war's, mein Freund.«

In diesem Moment kam der Soldat mit einer kleinen Packung Windeln auf uns zu. »Hey, du Sack! Willst du nicht dein Zeug wieder einpacken?«, schnauzte er mich an.

Was waren das für Windeln? Uns gehörten sie nicht. »Aber mein Herr! Das sind gar nicht unsere Windeln!«, rief ich.

»Sag mal, willst du uns hier verarschen?«, raunzte er. »Natürlich gehören die euch.«

»Aber nein doch, das sind nicht unsere Windeln, wir würden doch nicht zwei Tüten Windeln mit uns herumtragen, mein Herr!« Dabei versuchte ich, seinen alawitischen Akzent nachzuahmen.

316

Er wurde ungeduldig: »Jetzt nimm schon deine Windeln, du Hirsch! Was sollen wir mit deinen Windeln anfangen?« Und warf sie mir ins Gesicht.

In diesem Augenblick begriff ich: Irgendeinem Unglückseligen vor uns mussten die Windeln aus der Tasche gefallen sein. Die Soldaten hatten sie gefunden und glaubten, sie gehörten uns. Ja, das war es! Ab sofort würde ich steif und fest behaupten, dieses seien unsere Windeln – nicht jene, in denen das Geld steckte. Falls sie es fanden.

Kurz darauf wurden Raed und ich hinunter in einen Keller geführt, drei Stockwerke tief. Die Soldaten schlossen eine Zellentür auf. Schwere, feuchte Luft schlug uns entgegen, ein widerwärtiger Geruch von Schimmel, Schweiß, Urin. Es war dunkel. Ich konnte die anderen Gefangenen nicht sehen, aber ich spürte, dass es viele waren. Raed und ich setzten uns an die Wand in der Nähe der Tür. Ich legte meinen Kopf auf seine Schulter und dämmerte weg. Wir schwiegen. Im Halbschlaf dachte ich daran, wie übel sie den Fahrer zugerichtet hatten. Was würden sie mit uns machen?

Nach drei Stunden öffnete ein Soldat die Tür und rief uns heraus. Im Lichtschein sah ich, dass sicher 50 Männer in der Zelle lagen, saßen oder standen. Draußen mussten wir zusammen mit Tahani und den Kindern in einen Minibus klettern. Sechs Männer in Kampfanzügen saßen darin, sie waren gefesselt und hatten verbundene Augen. Ich hatte längst alle Hoffnung aufgegeben. Ich stellte mir vor, eine Uniform zu tragen und mit meinem Gewehr in einem zerschossenen Haus zu liegen. Ich wusste: Ich würde das nicht überleben.

Man brachte uns zum Gebäude der politischen Staatssicherheit und führte uns in einen Verhörraum, zusammen mit unserem versiegelten Gepäck. Ein Mann in Zivil versuchte uns auszuquetschen, er hatte einen Schnellhefter dabei, vermutlich unsere Akte. Ich sagte nicht viel. Dann wurden wir erneut durchsucht, der Gürtel musste ab und kam in eine Tüte, die Schnürsenkel wurden aus den Schuhen gezogen, die Schuhe durchsucht, sogar Hose und Unterhose mussten wir kurz ausziehen. Und wieder hinab in den Keller, Treppe um Treppe hinab ins Verließ.

Tahani und die Kinder wurden in eine Sammelzelle für Frauen gesteckt, Raed und mich warfen sie daneben zu den Männern. Übelriechende Feuchtigkeit stand im Raum, ununterbrochen tropfte es von der Decke. Es war stockdunkel. Alle 45 Minuten wurde kurz eine grelle Neonlampe eingeschaltet, tagein, tagaus. Ich sah, dass sicher 100 verdreckte Männer hier unten eingekerkert waren, saßen, lagen oder standen. Aus der Nachbarzelle konnte ich Ahmad und Kinan schreien hören, vor Hunger oder Angst. Es war nicht auszuhalten. Ich dämmerte weg. Verkroch mich in mich selbst, so tief wie möglich.

Die nächsten Tage verbrachte ich in einer Art Koma. Ich kappte alle Sinne und Bedürfnisse. Hunger, Durst, den Drang, aufs Klo zu gehen. Wie eine Amöbe lag ich da. Vielleicht war es auch der Sauerstoffmangel, der mich betäubte. Die Luft war nun mal extrem knapp in einem unbelüfteten Raum drei Stockwerke unter der Erde. Stellte man sich hin, wurde einem schwindlig, so dünn wurde die Luft.

Unter der Tür war ein etwa fünf Zentimeter breiter Spalt, durch den etwas Luft vom Gang kam. Das war der beliebteste Platz. Da legten sich die Männer hin und saugten gierig den Sauerstoff ein.

Manchmal wurden Häftlinge abgeholt. Manchmal neue hereingebracht. Manche von ihnen bluteten. Viele Häftlinge hatten einen schlimmen Husten. Einige Männer lagen da wie tot. Wahrscheinlich waren sie es.

Zweimal am Tag brachten uns Soldaten trockenes Brot, einen halben Fladen pro Person. Raed versuchte mich zu wecken, aber ich stöhnte nur: »Lass mich, ich will schlafen.« Dazu stellten die Soldaten einen Bottich Wasser in die Zelle. Manche Männer tranken daraus, indem sie ihn leicht anhoben. Andere, indem sie Wasser mit ihren vor Dreck verkrusteten Händen daraus schöpften. Was ekelte ich mich vor diesem Wasser.

Noch mehr ekelte ich mich vor dem Klo, ein grauenhaft stinkender, völlig verdreckter Winkel. Im schimmeligen, aufgeweichten Holzboden war ein Loch, um das herum mehrere Paar vergammelter lederner Militärstiefel standen. Warum auch immer.

Der kleine Kinan nebenan hörte gar nicht mehr auf zu weinen. Tahani hat mir später erzählt, dass er zwei Tage lang seine dreckige Windel anhatte. Sie zog ihm die Windel aus. Da weinte er vor Kälte. Denn selbst in Syrien im August ist es drei Stockwerke unter der Erde ganz schön kühl. Auch sie bekamen nur Wasser und Brot.

Nach zwei Tagen flehte sie die Wärter an: »Bitte erlauben Sie mir, dass ich meinem Sohn Kinan die Windeln wechsle.«

Die anderen Frauen in der Zelle pflichteten ihr bei: »Gebt der Frau eine Windel.« Da hatten die Wärter wohl Mitleid, und sie durfte kurz an unser Gepäck, um Windeln zu holen. Und Handtücher, auf denen die Kinder nun schlafen konnten.

Am vierten Tag wurden wir aus der Zelle gerufen. Ich umarmte zuerst Tahani und die Jungen. Sie wirkten krank und völlig verängstigt. Ich musterte Tahani: Hatte man sie geschlagen? Nein, das nicht, zum Glück. Wir sprachen nicht, wir schauten uns nur ernst in die Augen.

Wieder mussten wir in einen Minibus klettern. Er brachte uns in das Gebäude der Kriminalpolizei. Es grenzte an das al-Waer-Viertel, eine Bastion der Rebellen. Das obere Stockwerk war zerfressen vom Artilleriebeschuss. Um das Gebäude herum standen Schützenpanzer, schwere Maschinengewehre und Mörser. Als wir ankamen, sah ich, wie Soldaten Granaten auf das völlig zerstörte al-Waer abfeuerten. Wenig später hörten wir, als Antwort, Explosionen in der Nähe.

Noch einmal wurden wir bis auf die Arschritze durchsucht: Erst leuchteten sie uns in den Mund, dann mussten wir Männer uns komplett ausziehen, vornüberbeugen und husten. Nur gut, dass sie Tahani und die Kinder in Ruhe ließen.

Man brachte uns in eine Zelle im ersten Untergeschoss. Sie war weder besonders groß noch besonders voll. Etwa 40 Männer hausten darin. Weiter unten wurde gefoltert, manchmal hörten wir Schreie. Drei Tage und drei Nächte vegetierten wir vor uns hin.

Zwischendurch brachte man uns zum Verhör ins Zentralgefängnis. Warum lügen? Sie wussten ja eh alles. »Wir haben auf dich gewartet«, hatte der Offizier am Checkpoint den Fahrer angebrüllt. Es war offensichtlich: Jemand hatte uns verraten. Irgendwer war bei irgendwem in Ungnade gefallen. Irgendwer wollte irgendjemandes Business übernehmen. Ich blickte nicht mehr durch. Und so erzählte ich die ganze Geschichte. Woher wir kamen, wohin wir wollten, was wir für die Reise bezahlt hatten.

Am nächsten Tag war unsere Verhandlung im Gerichtsgebäude. Wir betraten einen kargen Raum. Nur ein Mann saß darin, ein typischer Büromensch, angegraute, gescheitelte Haare, fließendes Hocharabisch. Das musste der Richter sein. Wir setzten uns ihm gegenüber. Und erzählten ihm alles, Raed und ich, von A bis Z.

Als wir fertig waren, brach der Richter in Lachen aus: »Und auf diesem Weg wolltet ihr allen Ernstes durchkommen? Die Connection ist doch längst aufgeflogen!«

Wie bitte? Was sollte das denn heißen?

»Hört mal: Ich weiß, wer ihr seid. Du bist Aeham Ahmad, der berühmte Klavierspieler aus Yarmouk. Halb Facebook sucht nach dir.«

Mir wurde bange.

Er fuhr fort. »Und jetzt würden wir euch gerne entlassen. Ihr werdet jetzt ein Papier unterschreiben, auf dem steht, dass ihr nicht mehr versuchen werdet, auszureisen. Aber ihr werdet lügen. Und ihr werdet es wieder versuchen.«

Ich wurde immer verunsicherter – wieso in Gottes Namen sprach er so mit uns? Wahrscheinlich war ihm einfach langweilig. Todlangweilig. Er hatte die ganze Story schon 50 000-mal erlebt, und sie hing ihm mittlerweile zu den Ohren heraus.

Er machte immer weiter: »Jetzt geht ihr schnurstracks ins Palästinenserviertel von Homs. Da verbringt ihr dann ein paar Tage bei Freunden oder Verwandten. Und dann werdet ihr einen neuen Schleuser finden, und der bringt euch nach Hama …«

Es war völlig irre. Es klang fast, als würde er uns raten, es so zu machen. Für einen Moment wussten wir gar nichts mehr. »Jetzt los. Unterschreibt schon«, riss er uns aus unserer Starre und hielt uns das Formular hin.

Tahani begann zu weinen: »Herr Richter, ich schwöre! Wir wollen gar nicht auswandern!«

Der Untersuchungsrichter winkte nur müde ab: »Ja, ja. Jetzt unterschreib erst mal hier.« Und irgendwie klang er dabei wie jemand, der mit sich selbst im Reinen ist. Oder zumindest wie jemand, der keine Lust mehr auf den ganzen Zirkus hat. Und eine leise Stimme in mir flüsterte, dass er mochte, was ich in Yarmouk gemacht hatte.

»So. Ihr dürft gehen«, sagte er zu Tahani und mir. Und ließ uns einen Eid unterschreiben, dass wir nie wieder versuchen würden, aus Syrien auszureisen. Sogar Ahmad und Kinan, die während der ganzen Verhandlung geweint hatten, mussten ihren Fingerabdruck auf dem Blatt lassen.

Schließlich sagte der Richter ernst: »Lasst euch nicht noch mal erwischen. Wenn ihr noch mal erwischt werdet, wird es garantiert keine Sache von einer Woche werden. Dann kommt ihr nicht mehr raus.«

»Und du bleibst hier«, wandte er sich an Raed. Und hielt ihm vor, er habe 1992 gegen das Baurecht verstoßen. Er habe damals ohne Genehmigung einen Anbau gemacht, das Bußgeld über 25 000 Pfund aber nie beglichen. In den fast 25 Jahren habe sich die Summe verdoppelt. Solange er die 50 000 Pfund (140 Euro) nicht zahlte, bleibe er im Knast.

Wie bitte? Ich war fahnenflüchtig und durch die Videos bekannt und durfte gehen? Und Raed musste im Knast bleiben wegen dieser uralten Kleinigkeit? Ich verstand gar nichts mehr.

Ich umarmte ihn zum Abschied. »Ich hole dich hier raus, mein Freund«, flüsterte ich ihm ins Ohr. Dann wurde er abgeführt.

Bis heute ist mir unbegreiflich, wie ich da rausgekommen bin. Ich hatte meinen Militärdienst nicht abgeleistet. Die Festplatte in meiner Reisetasche war bis oben voll mit Videos, auf denen ich das Elend in Yarmouk besang. Ich meine, die politische Staatssicherheit hatte uns geschnappt! Sie ist wie ein Staat im Staate, mit Computern, Akten, schwarzen Listen, sie ist es, die den Krieg verwaltet. Wie bin ich da rausgekommen? Während mein Bruder Alaa, der seinen Wehrdienst abgeleistet und nie etwas Auffälliges gemacht hatte, in ihren Kerkern verschwand?

Wirklich, ich kann es mir nicht erklären. Vielleicht hat Gott auf uns aufgepasst. Vielleicht wollte Gott meinem blinden Vater nicht noch mehr weh tun und ihm den zweiten Sohn wegnehmen.

Wir erhielten unsere Reisetasche zurück. Noch vom Gerichtsgebäude aus rief ich Samir an, um ihm zu sagen, dass sein Fahrer aufgeflogen sei. Ich ließ es einige Male bei ihm klingeln. Merkwürdigerweise nahm jemand anderes ab. Samir sei nicht da.

Ich erklärte dem Mann die Lage. Wenige Minuten später rief er zurück. Wir sollten vor dem Gericht warten, ein Mann namens Mohammad werde uns helfen. Warum wollte Samir nicht mit mir sprechen?

Wir traten hinaus ins Sonnenlicht. Wir waren völlig am Ende. Die sieben Tage Haft hatten uns den Rest gegeben. Ahmad und Kinan waren verschreckt und krank, Tahani mit den Nerven am Ende.

Nicht lange, und es tauchte tatsächlich ein junger Mann

auf und stellte sich vor als Mohammad. Samir habe ihn geschickt, wir könnten bei ihm und seiner Mutter wohnen. In
Aidin, dem Palästinenserviertel von Homs. Zu Fuß machten wir uns auf den Weg.

Doch wir hatten uns zu früh gefreut. Am Eingang des
Viertels – ein Checkpoint.

»Eure Ausweise und dein Militärheft«, sagte der Soldat
gelangweilt.

»Oh, das habe ich gar nicht dabei«, log ich. Wortlos
stellte er unsere Reisetasche auf einen Tisch und begann
sie zu durchsuchen. Nahm jedes Ding heraus. In stummer
Verzweiflung sah ich ihm zu. Natürlich fand er das Militärheft. Öffnete es. Ein Blick genügte, um zu sehen, dass ich
seit 2011 fällig war.

Tahani und ich sahen uns mehrere Sekunden lang in die
Augen, um uns voneinander zu verabschieden. Das war es.
Jetzt würden sie mich einziehen.

Doch der Soldat klappte das Heft einfach wieder zu. Er
sagte noch: »Ihr kommt gerade vom Gericht, richtig?«
Tahani nickte und zeigte ihm hastig unseren Entlassungs-
bescheid.

Er winkte uns durch. Noch einmal hatte Gott seine
Hand über uns gehalten. Noch einmal.

# Nach Norden

Sobald Tahani und ich allein in einem Zimmer waren, stürzten wir uns auf die Reisetasche. Bang packten wir sie aus – und ertasteten: Das Geld war noch da. Die Soldaten hatten die Scheine in der Windel nicht entdeckt. Was für ein unverschämtes Glück. Die Reise konnte weitergehen.

Fast zwei Wochen lang blieben wir bei Mohammad. Je mehr ich mich erholte, desto klarer wurde mir: Tahani und die Kinder mussten zurück nach Yarmouk. Beim zweiten Mal würden wir nicht so glimpflich davonkommen. Ich wollte nicht, dass meine Kinder so etwas noch einmal erleben. Ich würde nicht ihr Leben auf dem Meer riskieren.

Es brach mir das Herz, aber für mich war es beschlossen: Diese Höllenfahrt würde ich nicht mit Frau und Kindern unternehmen. Sollte ich Europa unversehrt erreichen, würde ich alles daransetzen, sie nachzuholen. Sollte mir etwas zustoßen – dann starb nur ich.

Aber wie sollte ich das Tahani beibringen? Ich beschloss: gar nicht. Ich wusste, wie hartnäckig sie war. Doch hier ging es um Leben und Tod. Ich würde nicht mit ihr darüber diskutieren.

Natürlich kannte Mohammad, mein Gastgeber, den örtlichen Schlepper. Er brachte mich zu ihm. Der Mann hatte schon viele Leute in die Türkei geschmuggelt. Er erklärte mir die Route: Mit einem Tomatenhändler von Homs nach

Hama, weiter zu einem Beduinen, weiter nach Idlib, das lag schon im Rebellengebiet. Und von dort im Minibus weiter zur türkischen Grenze. 130 Kilometer Luftlinie waren es bis zum Rebellengebiet. Der Preis: 1300 Dollar. Zigmal erkundigte ich mich, ob die Route sicher sei. Und zahlte.

Parallel organisierte ich die Fahrt für Tahani und die Kinder nach Damaskus. Erst wenige Stunden vor der Abfahrt rückte ich damit heraus. Ich stellte sie vor vollendete Tatsachen. Es war schrecklich. Sie fiel in sich zusammen.

»Bitte, Aeham, lass uns zusammen da durch!«, weinte sie. Ich antwortete nicht.

»Was soll ich mit meinem Leben, wenn dir etwas zustößt? Lieber will ich mit dir sterben als alleine hier leben.« Ich schüttelte den Kopf.

»Gott wird es schon richten – wenn wir nur zusammenbleiben!«

»Nein, Tahani.« Mein Herz verkrampfte sich zu einem wunden Klumpen. Mit aller Gewalt stemmte ich mich gegen meine Gefühle. »Gott richtet es vielleicht ein Mal. Ein zweites Mal haben wir nicht so viel Glück.«

Unser Abschied fühlte sich falsch an. Der Kleinbus, den Mohammad für Tahanis Reise bestellt hatte, fuhr vor. Mit bleischwerem Herzen stieg Tahani ein.

Ich küsste die Kinder. Und versprach ihr: »In höchstens einem Jahr hole ich euch nach.«

### 4. September 2015

Es ist fünf Uhr früh. Ich gehe hinunter auf die Straße. Nicht lange, und ein Kombi fährt vor, vollgepackt mit Tomatenkisten. Kurz vor dem ersten Checkpoint klettere ich in einen Hohlraum zwischen den Kisten. Wir kommen unbehelligt durch. Ich setze mich wieder nach vorn. Schon liegt Homs hinter uns. Wir schaukeln über eine Piste, umgeben von Olivenhainen.

Mittags steige ich um in ein Taxi. Ehe wir Hama erreichen, rolle ich mich im Kofferraum zusammen. Ich habe das Gefühl, in der Hitze zu ersticken. Einfahrt in die Stadt. Der Wagen bremst. Ich höre, wie ein Soldat zum Fahrer sagt: »Hast du uns was mitgebracht? Gib uns eine Packung Mate-Tee und eine Schachtel Kippen.« Ich denke: Gott sei Dank habe ich Tahani und die Kinder nicht mitfahren lassen.

Später, in einem Zimmer, schalte ich den Fernseher ein. Auf Aljazeera sehe ich Trecks von erschöpften Menschen, die über ungarische Felder ziehen. »Bilder eines Exodus«, kommentiert der Sprecher. Dann der Münchner Hauptbahnhof: Einheimische reichen den ausgezehrten Flüchtlingen Blumen und applaudieren. Ich werde nachdenklich. Die Worte von Ghatfan hallen in mir nach: Es ist unheimlich schwer, deine Familie nachzuholen. Wäre es doch gut gewesen, sie jetzt mitzunehmen, in diesem günstigen Moment?

Ein Flüchtling erzählt im Fernsehen, wie er unterwegs ausgeraubt wurde. Ich verstecke mein Geld neu: 1500 Dollar schiebe ich in das behutsam aufgetrennte Rückenteil meines Rucksacks. 500 Dollar stecke ich unter die weiche Einlage in meinem Schuh. 700 Dollar befestige ich mit Klebeband an meinem Oberarm.

### 5. September 2015

Mittags geht es weiter, mit dem gleichen Fahrer. Dieses Mal sind wir zu viert. Nach einigen Stunden setzt er uns bei

einem Grillrestaurant ab. Ich übernachte in einem leeren
Ladenlokal gegenüber.

### 6. September 2015

Morgens fährt ein schwarzer Geländewagen mit getönten
Scheiben vor. Fahrer und Beifahrer tragen Vollbart und
schwarze Sonnenbrillen. Ich bin verwirrt: Sind das jetzt
Assad-Schergen oder sind das Rebellen? Sehen ja teilweise
gleich aus.

Ich sage durchs Fenster das Codewort: »Ich komme von
Mahmoud.«

»Ich bin dein Bruder Ahmad vom Islamischen Staat«,
antwortet der Fahrer.

Wie bitte? Vom IS? Wir sind doch immer noch im Regi-
megebiet! Will er mir Angst machen? Er legt sich demonstrativ eine Kalaschnikow auf die Beine. Der andere Bärtige
klemmt eine Pistole unter die Sonnenblende. Das soll mich
jetzt wohl beruhigen. Ich steige ein. Wir fahren los.

Bald kommt die Frage: »Sag mal, betest du?«

»Aber natürlich, mein Herr!«

»Nenn mich nicht ›mein Herr‹! Ich bin dein Bruder.«

Wenn du im IS-Gebiet bist, hatte mir jemand geraten,
kremple dir die Hosen hoch bis knapp über die Knöchel,
so, wie es in der Sunna des Propheten steht. Und wenn sie
dich über den Islam ausfragen, erzähl ihnen was von Gebet
und ritueller Waschung.

Um mich bei meinen Fahrern anzubiedern, sage ich
ziemlich blöd: »Gott erhalte dich, mein werter Bruder. Lass
uns gemeinsam die Fatiha-Sure beten, auf dass Gott uns bei
der Überfahrt behüte.« Er steigt drauf ein, sichtlich zufrieden. Wir beten.

Kurz darauf fahren wir von der Straße ab, auf einen unasphaltierten Weg, den nur Ortskundige kennen dürften. So umfahren wir den Checkpoint.

Gegen Mittag setzen sie mich bei einem Beduinenzelt inmitten der Steppe ab. »Warte hier. Morgen kommen unsere Brüder und holen dich ab«, sagt der Fahrer. Weg sind sie.

Im Zelt lebt ein alter Ziegenhirte, die Wüstensonne hat seine Haut gegerbt, seine Zähne sind nur noch ein paar braune Stumpen. Doch sein Zelt ist auffallend neu, später wird mir klar, dass sein Beduinenleben nur Tarnung ist. Tatsächlich ist das hier eine Art Durchgangsstation für heimliche Reisende in Richtung Europa.

Der Alte schenkt mir Wasser ein – und frische Ziegenmilch. O Gott. Wie lange habe ich schon keine frische Milch mehr getrunken! Das letzte Mal war vor der Blockade. Der Mann hat die Ruhe und Gutmütigkeit der Nomaden. »Hast du Lust zu beten?«, fragt er. Ja, habe ich. Und dieses Mal kommt es von Herzen.

Ich fühle mich so wohl, so geborgen bei ihm, hier draußen in der Steppe, dass ich ihm mein Herz ausschütte. Von meinem armen Vater erzähle ich ihm. Von meinem Bruder, vom Gefängnis, von der Blockade.

»Oh, oh, das ist zu viel für dich, mein armer Junge«, jammert der Alte. »Das ist zu viel, das ist zu viel.« So rasen wir durchs All.

### 7. September 2015

Vor meiner Weiterfahrt gebe ich dem Alten die letzten 1000 Pfund, die ich noch in meiner Hosentasche habe. »Danke für alles, Onkel«, sage ich zu ihm. »Bitte, bete für mich.«

»Das werde ich tun«, sagt er. »Gott sei mit dir.«

Der Wagen vom Vortag taucht auf, mit einem anderen Fahrer – und einem anderen Bärtigen. Er trägt einen kurzen Kaftan im afghanischen Taliban-Look und spricht Hocharabisch. Er stellt sich vor: »Ich bin dein Bruder von der Nusra-Front.«

IS, Nusra, PLO – mir doch egal, was für ein Bruder du zu sein behauptest. Ohnehin kann heutzutage jeder Hampelmann sagen, er gehöre zu dieser oder jener Miliz. Darum: Lebe hoch, wer immer du bist. Nimm mich mit, Bruder, mein Name ist Aeham.

Der Bärtige klettert auf den Beifahrersitz, ich steige hinten ein. Der Fahrer gibt Gas. Die Luft ist gelb, man kann kaum 20 Meter weit schauen. Ein Sandsturm.

Wir biegen auf eine Piste ab – und passieren einen Checkpoint in Sichtweite. Hat uns der Sandsturm vor den Blicken der Soldaten verborgen? Oder kannten sie das Autokennzeichen und wussten Bescheid?

Weiter Richtung Idlib. Plötzlich rollt eine Wolke auf uns zu. Aufgewirbelt von einem Pick-up, auf dem bärtige, durchtrainierte Kerle reiten, in Camouflage und mit zackigen Patronengürteln über der Brust. Es sind die Tiger-Kräfte, Assads gefährlichste Spezialtruppe.

Der »Bruder von der Nusra-Front« reißt die Tür des fahrenden Wagens auf und rollt sich rechts die Böschung runter. Wie im Kino. Seine zwei Kalaschnikows lässt er im Auto zurück. Und ich denke wieder einmal: Gute Nacht, Aeham.

»Los, duck dich! Verkriech dich hinten!«, zischt der Fahrer.

Ich presse mich nach hinten gegen die Kofferraumklappe.

Das Auto ist ein Kombi, die Rückbank ist umgelegt, die Scheiben sind getönt. Öffnen die Soldaten die Heckklappe, und das tun sie für gewöhnlich, falle ich ihnen vor die Füße.

»Stopp! Anhalten!«, rufen die Tiger.

Mein Fahrer bremst. Zwei Männer treten an unser Auto heran, ihre Schnellfeuergewehre im Arm.

»Was macht ihr hier?«

»Habe gleich Dienst am Checkpoint«, lügt der Fahrer dreist.

In diesem Moment explodiert eine Mörsergranate in der Nähe. Die Soldaten werfen sich zu Boden. Sand und Steine schlagen gegen das Autoblech. Plötzlich sind überall Schüsse. Die Männer auf dem Pick-up schießen zurück, leeren ihre Magazine in die Gegend. Dabei ist weit und breit niemand zu sehen. Sie stimmen ihren Sprechchor an: »Wir sind die Tiger! Gott, Syrien, Baschar und sonst nichts!« Mein Fahrer nutzt die Gelegenheit und gibt Vollgas. Sie lassen uns fahren.

Sicher 20 Minuten rasen wir durch die Halbwüste. Schließlich hält er an. »Da hinten«, er weist auf ein einsames Haus einen halben Kilometer entfernt, »ist der Checkpoint der Ahrar-al-Scham-Miliz. Da musst du hin. Ich kann hier nicht weiter. Viel Glück.«

500 Meter. Läppische 500 Meter. Mit erhobenen Händen gehe ich auf das Häuschen zu. Sandsäcke, ein Schlagbaum, einige Männer.

Einer schreit: »Wer bist du?«

»Ich komme in Frieden! Ich bin unbewaffnet!«

»Dann zieh dein Hemd aus!«

Mit nackter Brust gehe ich weiter, meinen kleinen Rucksack in der rechten Hand, den linken Arm erhoben. Ich zähle sieben Männer, die Finger am Abzug. Kaum erreiche ich den Schatten der Baracke, kann ich mich nicht mehr zusammenreißen. Ich breche in lautes Schluchzen aus und kann gar nicht mehr aufhören. Einer der Langbärtigen fragt, was los sei.

»Ich kann einfach nicht mehr«, schluchze ich. »Ich kann nicht mehr.« Ich erzähle alles. Wie ich im Knast saß, meine Familie zurückschickte, wie ich heute vor Angst fast gestorben bin. »Bitte, in Gottes Namen, helft mir!«, rufe ich. »Ich will nur noch weg! Weg aus Syrien!«

Der Kämpfer versucht, mich zu trösten: »Beruhig dich. Geduld. Gleich kommt Bruder Abu Kutaiba, unser Anführer. Der hilft dir. Jetzt setz sich erst mal zu uns und iss was.«

Sie bitten mich in den einzigen Raum des Häuschens. Leere Benzinkanister stehen darin und ein großes Maschinengewehr. Auf einem Gaskocher macht irgendwer Dschazz-Mazz, Rührei mit Tomaten. Ich esse wie ein Mähdrescher. Die Kämpfer setzen sich etwas abseits. Mitleidig kommentieren sie: Sie verstehen schon, dass ich nach den Jahren der Blockade solchen Hunger habe.

Drei Stunden später fährt Abu Kutaiba vor, ein großer, dicker Mann, der mich gleich großmännisch »mein Sohn« nennt. Ich erkläre ihm meine Lage. Er erlaubt mir, auf die Ladefläche seines Pick-ups zu klettern. Wir fahren los, durch das Niemandsland zwischen IS- und Rebellengebiet. Unterwegs sammelt er zwei junge Männer auf, die zu Fuß am Rand der Straße unterwegs sind.

Bald sieht man unweit der Straße schwarze Rohre, die wie Zähne in der verbrannten Erde stecken und stinkenden Qualm ausstoßen. Das sind die Raffinerien der Rebellen, erklären mir die beiden Jungs, dort verbrennen sie Rohöl, um Diesel und Benzin zu gewinnen. Rohöl, gekauft vom IS.

Die beiden kennen sich ja gut aus! Nach und nach erfahre ich, dass sie ganz in der Nähe der Grenze wohnen – und davon leben, dass sie Flüchtlinge hinüberschmuggeln. Wir tauschen unsere Nummern.

Abends, in einem Dorf, stehe ich in einem kleinen Handyladen herum, als mir plötzlich jemand von hinten auf die Schulter tippt. »Ayhoum?« – die Koseform von Aeham. Ich drehe mich um und sehe in die strahlenden Gesichter der beiden Yarmouker Jungs, mit denen ich nach Homs gefahren bin. Wir fallen einander in die Arme. So wenig ich sie kenne, fühlt es sich doch an, als träfe ich zwei alte Freunde. Wir erzählen uns, wie wir hier gelandet sind. Wieder kann ich meine Tränen kaum zurückhalten, so dünn sind meine Nerven mittlerweile.

»Abu Dscholan, unserem Fahrer, geht es übrigens glänzend«, erzählt einer der beiden. »Man hat ihn mit einem Mercedes aus dem Gefängnis abgeholt.«

Plötzlich tritt ein Bärtiger zu uns, schwarze Dschallabija, auf der Stirn ein dunkles Mal, ein Gebetsfleck von den vielen Niederwerfungen.

»Du siehst mir aus wie ein guter Mensch«, sagt er aus heiterem Himmel freundlich zu mir. »Ich möchte dir etwas Gutes tun. Hast du heute schon zu Abend gegessen?«

Der Mann ist mir nicht ganz geheuer. Andererseits habe ich ziemlichen Hunger. »Wenn, dann musst du schon uns drei einladen«, sage ich und zeige auf die beiden Jungs. Er ist einverstanden. Wir folgen ihm.

Da ist auch schon sein Haus. Und was flattert darüber in der Abendbrise? Die Fahne der al-Aqsa-Brigaden. Ach du meine Güte, sind die nicht Teil vom IS? Na prima. Was habe ich eigentlich für ein Pech. Warum muss ich auf dieser Reise in wirklich jeden Abgrund des syrischen Krieges blicken, jedes Gefängnis, jede Miliz kennenlernen?

Als wir das Wohnzimmer betreten, müssen wir schlucken: Es ist voller Waffen. In einer Ecke liegt eine Handvoll Kalaschnikows, an einer Wand lehnen zwei Granatwerfer. Das ist kein Haus, das ist ein Militärlager!

Doch dann serviert uns der Bärtige ein Abendmahl, wie ich es seit Urzeiten nicht mehr gegessen habe. Mit Käse und Butter und Quark und Oliven. Beherzt greifen wir zu. Derweil fragt unser Gastgeber uns über die Belagerung in Yarmouk aus. Ich erzähle ihm, wie man uns ausgehungert hat. Die Sache mit dem Klavier lasse ich lieber weg.

Ob wir duschen wollen? Ja, gern! Meine Kleider sind ganz steif vor Schweiß und Staub. Nachdem mir der Bärtige das Bad gezeigt hat, überreicht er mir einen Jogginganzug. Adidas, originalverpackt, türkische Ware. Fast genau meine Größe. Immer wieder sagt er diesen einen Satz: »Du scheinst mir ein guter Mensch zu sein.« Bei all dem scheint er nichts von mir zu wollen. Ist das vielleicht die Selbstlosigkeit wahrer Muslime?

Nachts trudeln an die 20 junge Männer mit Kalaschnikows ein, die Patronengürtel umgehängt. Ich begreife: Unser Gastgeber ist der Anführer der Truppe. Feierlich hält er eine kleine Ansprache. »Wunderbare Attentate haben wir ausgeführt. Und wenn Gott will, befreien wir Palästina.«

Ach, so ist das also! Wäre es nicht auch langsam an der Zeit für uns, wieder zu gehen? Aber wo sollen wir um diese Uhrzeit hin, drei Fremde in einem Dorf im Rebellengebiet? Er zeigt uns das Zimmer, in dem wir übernachten können.

Später, in der Nacht, weckt er uns. Ob wir denn nicht mitmachen wollen beim Nachtgebet? Uns bleibt wohl nichts anderes übrig. Schlaftrunken wanken wir zu den Kämpfern ins Wohnzimmer. Nach 15 Niederwerfungen sind sie immer noch nicht fertig.

Dann wird aus dem Koran gelesen. Und da endlich erfahre ich, warum sie die halbe Nacht hindurch beten: Einer ihrer Männer wird sich gleich mit einem Sprengstoffgürtel in die Luft jagen. Sich und vermutlich viele andere. Die anderen schwärmen dem Mann tatsächlich von den Jungfrauen im Paradies vor, das reinste Klischee. Schnallen ihm den Sprengstoffgurt um und verkabeln ihn mit der Batterie. Der Mann wirkt seelenruhig und mit sich im Reinen. Offensichtlich hat man ihn gut bearbeitet.

Er setzt sich in ein Auto und fährt los. Er soll sich vor einem ehemaligen Krankenhaus in die Luft sprengen, in dem ein Trupp Tiger-Kräfte eingekesselt wurde.

Während ich später einzuschlafen versuche, warte ich auf einen Knall. Aber er kommt nicht. Die ganze Zeit frage ich mich: Warum hat uns der Bärtige eingeweiht? Er war wirklich selbstlos gut zu mir. Gleichzeitig organisiert er Selbstmordattentate. Ich verstehe es nicht, wieder mal.

### 8. September 2015

Am nächsten Morgen nehmen wir den Kleinbus nach Cherbet al-Dschoz, einem Dorf in der bergigen Grenzregion. Ich rufe die beiden Jungs an, die wir in der Steppe aufgesammelt haben. Sie lotsen uns zu einem Verschlag im Wald. Ein Dach, einige Matratzen, ein Wassertank. Und türkisches Internet!

Drei Wochen lang war ich offline. Nun rufe ich meine

Familie an, melde mich bei jedem Einzelnen. Als ich Facebook öffne, sehe ich, dass mir an die 300 Leute besorgte Nachrichten geschickt haben. »Aeham, wo bist du?« – »Aeham, alles gut? Wir machen uns Sorgen!« Es fühlt sich an wie damals, bei dem allerersten Video, das 40 000 Menschen sehen wollten. Ich habe hier Zeit, also beantworte ich jede einzelne Botschaft mit einer kurzen Sprachnachricht. »Mir geht es gut! Bin auf dem Weg in die Türkei!« Und bei den Nachrichten auf Englisch füge ich hinzu: »No English!«

Ich poste ein Foto auf Facebook. 350 Leute teilen es. »Aeham geht es gut!«, schreiben sie. »Der Pianist aus Yarmouk ist in Sicherheit!«

Herrjeh. Diese Sorgen, dieses Glück. Was wird aus mir?

Nicht lange, da habe ich die Journalisten großer Sender in der Leitung, von CNN und NBC, BBC und Aljazeera. Und bald auch die *Huffington Post*, *France 24* und die *Süddeutsche Zeitung*. In den kommenden Wochen werde ich, sobald es irgendwo ein WLAN gibt, auf Facebook Bilder von meiner Flucht posten. Ein Exodus im Internetzeitalter.

### 9. September 2015

Um acht Uhr abends brechen wir auf, fünf junge Männer, irgendwo im Wald zwischen den Grenzübergängen Bab al-Hawa und Bab al-Salameh. Mehrere Stunden lang laufen wir bergan, dann erreichen wir eine hellbeleuchtete Fahrspur. Dahinter ist ein tiefer Graben. Wir verstecken uns im Unterholz. Einige hundert Meter weiter ist ein Grenzposten. Bei Schichtwechsel sollen wir über die Fahrspur sprinten. Zwei Stunden lang geben wir keinen Piep von uns. Ab und an rollt ein Patrouillenfahrzeug vorbei.

Plötzlich sehen wir, wie eine Gruppe von vielleicht 20 Personen aus dem Wald bricht und losläuft. Vier Männer tragen eine alte Frau auf einer Bahre. Die Soldaten entdecken sie und rufen nach ihnen. Die Leute rennen weiter – und bleiben mit der alten Frau im Graben stecken. Die Soldaten eröffnen das Feuer. Zwei Männer werden am Bein verletzt. Nun rennen auch wir los. Und überqueren in dem Tumult die Grenze.

Gegen Morgen erreichen wir das erste türkische Dorf. Die Menschen dort leben davon, dass sie Flüchtlingen helfen. Sie geben uns Wasser und bringen uns für kleines Geld nach Antakya.

Dort treffe ich meinen lieben Onkel Dschalal, einen Bruder meiner Mutter. Wir fallen einander in die Arme. »Danke, danke, Onkel, dass du auf mich gewartet hast«, rufe ich immer wieder. »Jetzt sind wir zu zweit. Zusammen werden wir es schaffen!« Noch nie in meinem Leben bin ich fern meiner Familie gewesen. Nun kehrt etwas Ruhe ein in meine Brust.

Ich kenne Dschalal, solange ich denken kann. Es gibt Babyfotos von mir, auf denen er mich auf dem Arm trägt. Einige Jahre lang hat er in Saudi-Arabien gearbeitet, später hat er in Damaskus einen Minibus gefahren. Zwei Ehen scheiterten. Kürzlich hat er, mit 45, seinen Einberufungsbefehl bekommen. Ein 45-Jähriger, der zur Armee muss! Da hat auch er seine Sachen gepackt und ist geflohen.

Noch jemand wartet auf mich: ein Filmteam von der BBC. Sie filmen mich abends auf der Promenade. Filmen, wie ich in Tränen ausbreche, als ich von meinen Söhnen erzähle. Filmen, wie wir nachts den Fernbus nach Izmir nehmen, 1000 Kilometer entfernt.

## 12. September 2015

Izmir. Wir müssen warten, das Meer ist unruhig. Zu zwölft hausen wir in einem Zimmer, das der Schleuser angemietet hat. Es gibt ein Bad und eine Kochnische und Matten, auf denen wir schlafen. Ein Syrer, der dem türkischen Schleuser zuarbeitet, kassiert das Geld, 1200 Dollar.

In einer Ecke des Raums steht eine herrenlose Tasche mit einem schönen grauen Rollkragenpullover. Einst hatte mein Bruder genauso einen. Wem gehören der Pulli und die Tasche? Mehrmals erkundige ich mich bei den Leuten im Zimmer, doch sie weichen meiner Frage aus.

»Weißt du, wem sie gehört?«, frage ich einen.

»Ist doch egal«, sagt er, »was zerbrichst du dir den Kopf darüber?«

Jetzt bin erst recht neugierig. »Erzähl's mir! Ich möchte den Besitzer fragen, ob ich den Pulli haben kann.«

»Na gut«, holt er aus, »als ich ankam, habe ich dieselbe Frage gestellt. Jeder darf nur sieben Kilo mit aufs Boot nehmen. Handy, Papiere und so weiter hängt man sich in einem wasserdichten Beutel um den Hals. Das Handy wickelt man zusätzlich in Frischhaltefolie ein.«

»Ja, das weiß ich doch alles schon! Was ist mit der Tasche?«

»Du willst es wohl unbedingt wissen. Der Mann ist tot, verdammt nochmal! Ersoffen! Bist du nun zufrieden? Was willst du mit dem Pulli eines Toten? Willst du das Pech anziehen, wenn wir im Schlauchboot fahren?«, regt er sich auf.

Keiner in Syrien würde den Pulli eines Verstorbenen tragen. Es heißt, das bringe Unglück. Ich zucke mit den Schultern – und nehme den Pulli an mich. Später, auf dem Boot werde ich ihn tragen. So abergläubisch bin ich nicht.

### 13. September 2015

Mit einem Lastwagen werden wir zur Küste gebracht, 70 Leute eingepfercht auf einer Ladefläche. Wir verstecken uns in den Hügeln über dem Meer. Von dort sehen wir, wie die türkische Küstenwache an diesem Strandabschnitt patrouilliert. Sehen die Silhouette der griechischen Insel Lesbos, ein blauer Klops im blauen Meer, rund 15 Kilometer entfernt. Ich habe eine wasserdichte Kamera im Gepäck, der BBC-Reporter hat mich gebeten, die Überfahrt zu filmen. Außerdem hat er mir einen Peilsender gegeben. Mich beruhigt es, ihn dabeizuhaben.

Nachts klettern wir in ein großes Schlauchboot und legen ab. Es ist hoffnungslos überfüllt. Frauen und Kinder sitzen in der Mitte. Die einen jammern, die anderen beten, mein Onkel und ich schweigen, die Arme umeinander gelegt. Das Meer ist unruhig. Der Mann an der Ruderpinne wirkt nervös. Und fährt die Wellen viel zu schnell an. Den Wellenkamm hinauf, den Wellenkamm hinunter, schwapp, klatscht Wasser in das Boot.

Nach zehn Minuten erreichen wir das offene Meer. Höher die Wellen, ausladender die Dünung. Schwapp, noch mehr Wasser im Boot, schwapp, liegt es noch tiefer, nein, das wird nicht gutgehen. Der Motor setzt aus. Panik. Schreie. Wehklagen. »Mach dich bereit, Dschalal«, schreie ich meinen Onkel an, schon sinkt das Boot, schon strampeln und kreischen alle im nachtschwarzen Meer.

In der arabischen Welt können viele, die nicht an der Küste wohnen, nicht schwimmen. Den obligatorischen

Schwimmkurs für alle Kinder gab es in Syrien nicht. Wie gut, dass mein Vater so weitsichtig war. In den Sommerferien nach der zweiten Klasse haben wir jeden Tag den Bus genommen und sind zu einem Schwimmkurs gefahren. Und dann konnte ich ihn vom Becken aus sehen, wie er sorgenvoll und hochkonzentriert am Rand saß und lauschte, ob ich Hilfe bräuchte.

Später sind wir einige Male zu kurzen Urlauben nach Latakia ans Meer gefahren. Ich mochte es zu schwimmen. Meine Eltern hatten es nie gelernt und trauten sich nur bis zur Brust ins Wasser. Eines Tages, ich war 14, hörte ich die Angstschreie meiner Mutter. Ich warf den Kopf herum. Mein Vater war verschwunden. Ich raste schwimmend zu ihr – und sah, dass mein Vater wie von Sinnen im Wasser strampelte. Er musste in eine tiefere Stelle getreten sein. In der Panik des Ertrinkens hatte er die Orientierung verloren. Wild schlug er um sich.

Ich tauchte, wartete einen günstigen Moment ab – und trat ihn, so stark ich eben konnte, mit beiden Beinen in Richtung flaches Wasser. Tatsächlich kriegte er Boden unter den Füßen, konnte sich aufrichten und hustete das Wasser aus der Lunge. Noch am gleichen Tag reisten wir ab.

Danach hat er jahrelang stolz erzählt, dass ich ihm das Leben gerettet habe. Nun, in dieser Nacht, rettet er es mir.

So schnell ich kann schwimme ich vom Boot weg. Ja nicht in die Fänge eines Ertrinkenden geraten. Mein Herz schlägt ruhig, ich trage eine Schwimmweste, ich bin ein guter Schwimmer. Die Küste ist keine 500 Meter entfernt, ich werde es schaffen.

Zwei Sorten Schwimmwesten gab es in Izmir. 160 türkische Lira (40 Euro) kosteten die guten, 80 türkische Lira (20 Euro) die schlechten. Die mörderischen. Nicht aus Styropor gemacht, sondern aus irgendeinem billigem Zeug, das sich mit Wasser vollsaugt und dich hinabzieht in die Tiefe. Ich hatte ein syrisches Ehepaar gesehen, das die billige Variante trug. Ihrer vielleicht vierjährigen Tochter hatten sie die teure Schwimmweste gekauft. Jetzt höre ich das Mädchen weinen.

Ich schwimme zu ihr. Wir rufen nach ihren Eltern. Ich schwimme umher und suche sie, ich frage andere – nichts. Hat sie das Meer verschluckt?

Mit der Linken packe ich ihre Schwimmweste, mit der Rechten schwimme ich. So schleppe ich sie ab. Sie weint vor sich hin. Ich frage nicht nach ihrem Namen.

In der Morgendämmerung erreichen wir wieder die Küste. Unmöglich kann ich mich um das Mädchen kümmern. Ich übergebe es der ersten Familie, die ich treffe. Und mache mich auf die Suche nach meinem Onkel. Bald sehe ich ihn. Erneut fallen wir einander in die Arme.

### 14. September 2015

Ungerührt notiert der Syrer, der dem Schlepper zuarbeitet, die Namen derjenigen, die es erneut versuchen wollen. Kein Wort über das Unglück. Rund 70 waren wir bei der ersten Überfahrt. Nun stehen vielleicht 40 Namen auf seiner Liste. Was ist mit den anderen?

Nachts wird ein neues Schlauchboot gebracht, zusammen mit fünf Blasebälgen. Erst müssen wir es selbst aufpumpen, dann lassen wir es vorsichtig zu Wasser. Der Syrer schärft dem Steuermann ein – ein Flüchtling wie wir ohne Bootskenntnisse –, er solle zuhalten auf die vier roten, blinkenden Lichter. Ich sitze auf dem Bordwulst hinten links. Wir tuckern los.

Das Meer ist ruhiger in dieser Nacht. »Bismillah, Bismillah«, im Namen Gottes, beten die Menschen, andere murmeln Koransuren vor sich hin. Als es dämmert, werden die Menschen ruhiger. Neben mir sitzt ein Iraker, ganz gelb ist er im Gesicht.

»Ich kann nicht schwimmen«, krächzt er.

»Ich kann gut schwimmen, ich werde dir helfen«, tröste ich ihn und lege meinen Arm um ihn. Mein Onkel, der alles filmt, richtet die Kamera auf mich.

Immer näher kommt der Strand von Lesbos. Und dann sind wir da. Die Leute springen ins Wasser, waten an Land, vor Freude weinend. Haufen aus grell-orangefarbenen Rettungswesten liegen herum. Auch mein Onkel und ich umarmen uns und strahlen uns an. Zugleich habe ich nur einen Gedanken: Wie konnte ich meine Frau und meine Kinder in Syrien zurücklassen?

An drei Stränden hat der BBC-Reporter seine Helfer aufgebaut. Einer von ihnen entdeckt mich und ruft das Filmteam an. Eine halbe Stunde später ist es da.

»Was fühlst du jetzt? Bis du jetzt endlich auf dem Boden der Freiheit?«, fragt der Reporter.

»Der Boden der Freiheit ist in Yarmouk«, antworte ich, vor Erleichterung strahlend.

Und dann sage ich: »Ich muss jetzt keine Angst mehr haben zu ertrinken. Hoffentlich werde ich einen Ort erreichen, an dem ich in Sicherheit bin und wohin ich meine Familie nachholen kann, Ahmad und Kinan und meine Frau. Denn jeder Ort der Welt ist schön, wenn sie da sind.« Ich nehme ein Foto des kleinen Ahmad und halte es in die

Kamera. Und dann bringen uns die BBC-Leute zur Fähre nach Athen.

Es ist der Morgen des 15. September 2015.

Weiter nach Mazedonien. Weiter nach Serbien. Weiter nach Kroatien. Weiter nach Ungarn. Weiter nach Österreich.

Ein mazedonischer Priester reicht uns Käsebrote und Wasser und ruft: »Willkommen!« Ein serbischer Taxifahrer rast mit 170 Kilometern über die Autobahn, als sei er Michael Schumacher, zu sechst fürchten wir uns auf dem Rücksitz. Vor der kroatischen Grenze marschieren wir eine ganze Nacht über sumpfige Felder, es heißt, hier sollen noch Minen aus dem Bosnienkrieg liegen. Ich trage den Rucksack meines Onkels, er hat es an der Bandscheibe. Niemand ist auf der Straße in Ungarn, um uns Flüchtlingen zu helfen, nur grimmige Blicke von hinter den Gardinen. In Österreich lachen uns die Menschen an. Wie freundlich sie sind, entlang des Flüchtlingstrecks haben sie Verpflegungsstationen aufgebaut, als sei dies ein Marathon.

Am Morgen des 23. September 2015 steige ich in Wien in einen schneeweißen Zug und bin vier Stunden später in München. Ein Filmteam wartet auf mich. Ein freundlicher Polizist erklärt mir mit Händen und Füßen, wo ich Essen bekomme, wo ich untersucht werde und wo ich mich registrieren lassen kann.

Ich bin in Deutschland!

# Es ist so laut in mir

Gestern, am 7. Mai 2017, bin ich in Olpe aufgetreten, einer kleinen Stadt im Sauerland. Der Direktor der Musikschule holte mich am Bahnhof in Siegburg ab, eine Autostunde entfernt. Er hatte mich einmal bei einem Auftritt in Köln angesprochen und gefragt, ob wir gemeinsam ein Konzert geben sollten. »Gern!«, hatte ich gerufen und ihm eine Partitur von Riad al-Sunbati in die Hand gedrückt, die ich zufällig dabeihatte.

Nun, an diesem Sonntagmorgen, fuhren wir über die geschwungenen Landstraßen des Sauerlands und plauderten. Über meinen Deutschkurs, über meine beiden kleinen Söhne, über Assads Giftgasangriff und Trumps Vergeltungsschlag, über dieses Buch, an dem ich seit Monaten arbeitete.

In Olpe war das Kreishaus bis auf den letzten Platz gefüllt. 300 Menschen waren gekommen zum »Benefiz-/Lehrerkonzert von und für Aeham Ahmad«. Wohl auch, weil zur Probe einige Tage zuvor ein Journalist der örtlichen Zeitung erschienen war, mich interviewt und einen langen Artikel veröffentlicht hatte. Nun trugen zuerst die Lehrer der Musikschule Kammermusik vor, dann sang ich einige meiner Lieder aus Yarmouk, schließlich spielten wir gemeinsam Musik von Riad al-Sunbati, dem Beethoven der arabischen Musik, einer der Dozenten hatte das Stück neu arrangiert. Die Zuschauer sprangen auf und klatschten im Stehen.

Danach wollten mir viele die Hand schütteln. Eine ältere Dame schenkte mir eine Rose aus ihrem Garten, andere ließen sich mit mir fotografieren, zwischendurch signierte ich meine CDs. Und in einem fort strahlte ich die Leute an und bedankte mich bei ihnen. Dieses Konzert bedeutete mir viel. Es war wie ein Resümee meiner anderthalb Jahre in Deutschland.

Später war noch etwas Zeit. Ich ging allein hinunter zur Kreissporthalle und bestellte mir im Imbiss gegenüber einen Döner. So, wie ich es damals gerne gemacht hätte. Und die ganze Zeit über dachte ich: Ich bin jetzt ein anderer.

**Einen Monat lang hatte ich in Olpe gewohnt,** damals, nach meiner Ankunft in Deutschland. In ebendieser Kreissporthalle, zusammen mit 102 anderen Flüchtlingen. Ich schlief oben im Stockbett, unter mir mein Onkel, in einem Geviert aus Baustellenzaun, bespannt mit weißer Plastikfolie. Ich dachte: Nun werde ich die nächsten Jahre also in einer Sporthalle wohnen. Manche Flüchtlinge waren enttäuscht, dass sie nach dem großen Willkommen zu monatelangem Warten verdonnert waren. Ich war zufrieden. In Syrien hatten die Flüchtlinge aus dem Irak und dem Libanon auch in Schulen und Moscheen wohnen müssen. Ich hatte gehört, dass an manchen Tagen 10000 Flüchtlinge in Deutschland ankamen.

Drei Mahlzeiten gab es, um acht Uhr, um 12 Uhr, um 17 Uhr. Ich mochte das Essen nicht, das graue Brot, die faden Kartoffeln. Ohnehin aß ich, nach all den Hungerjahren, wie ein Spatz. Zu gern hätte ich mir einen Döner mit scharfer Soße gekauft, in ebenjenem Imbiss gegenüber, aber das gönnte ich mir nicht. 70 Euro besaß ich noch, mein letzter Notgroschen. Das war alles, was von meiner Reisekasse übrig war.

Unter meinem Bett, in einer Tüte, sammelte ich kleine Plastiktöpfchen voll Honig, die bei den Mahlzeiten übrig geblieben waren. Für den Notfall. Falls es nichts zu essen gab. Mir war klar, das war ein unsinniger Gedanke. Doch die Sorge, wieder hungern zu müssen, würde mir noch lange in den Knochen stecken.

Den halben Tag über hing ich am Telefon. Rief Tahani an, meine Eltern, Bekannte aus Yarmouk, die ebenfalls in Deutschland waren. Zum Glück gab es in der Turnhalle WLAN. Tahani erzählte mir, wie mühsam jetzt ihr Alltag war. Sie musste jemanden bezahlen, der Wasser holte, der das Elektromofa trat und die Batterien auflud. Sie hatte keinen Piaster mehr. Alles Geld war draufgegangen für meine Reise. Zunehmend gereizt fragte sie: Wann schickst du uns etwas Geld? Das schürte auch meine Ungeduld. Warum musste ich tatenlos hier rumsitzen?

Abends, wenn ich in meinem Stockbett lag, schaute ich mir auf meinem Telefon die Filme aus Yarmouk an. Wie es den Kindern wohl ging? Ich fühlte mich schuldig. »Aeham, wirst du immer mit uns singen?«, hatten sie mich gefragt. »Immer!«, hatte ich geantwortet. Doch dann war ich davongelaufen.

Ganz entsetzlich sehnte ich mich in diesen Momenten nach Tahani, Ahmad und Kinan. Ich war jetzt allein. Schrecklich verloren fühlte ich mich. In mir hallten die Worte nach: Bist du einmal in Deutschland, dann wird es sehr, sehr schwer, deine Familie nachzuholen. Warum hatte ich sie alleingelassen? Warum saß ich hier herum und machte nichts für sie? Bis ich dann irgendwann eingeschlafen bin.

Um sieben Uhr ging das Licht an, dann begannen die Kinder herumzutoben, an Schlaf war nicht mehr zu denken. Die Enge, die Ungewissheit, das Um-sich-selbst-Kreisen in der Turnhalle, ich hielt es nicht aus. Stundenlang streifte ich durch Olpe. Oder saß unten an der Bigge-Talsperre und dachte nach. Die Berge, der Wald, der See – ich mochte Olpe. Aber ich hatte nichts zu tun, ich konnte die Schilder nicht lesen, ich war fremd. War ganz Deutschland so klein und still und aufgeräumt?

Auf meinen Streifzügen fiel mir ein altes weißes Haus auf, vor dem die Skulptur eines Flötenspielers stand. Einmal drang Trompetenspiel aus dem Gebäude. Das musste die Musikschule sein. Mehrere Tage schlich ich um das Haus herum. Dann fasste ich mir ein Herz und ging hinein. Was konnte mir schon passieren? Wir waren hier ja nicht in Syrien.

Im Gebäude war niemand zu sehen. Ich rief die Flure hinunter. Noch immer niemand. An einer Tür hing ein Schild. Das Direktorenzimmer? Ich klopfte. Eine weibliche Stimme sagte etwas, ich trat ein. Eine blonde Frau saß an einem Schreibtisch und sah mich entgeistert an. Kein Wunder, es muss ja auch seltsam gewirkt haben, wie da plötzlich ein schmächtiger, kahlgeschorener Araber in Klamotten aus der Altkleidersammlung vor ihr steht, mit einem Palästinensertuch um den Hals.

»Salam Aleikum«, sagte ich so freundlich wie möglich. »Piano?«

Die Dame antwortete nicht, sondern sah mich weiter entgeistert an. Ich wiederholte meine Frage: »Piano? Play?«

Jetzt reagierte die Frau. »From where?«, fragte sie mich.

»Sporthalle«, antwortete ich. Das Wort kannte ich inzwischen, genau wie »Polizei«, »Apfel« und »Guten Tag«. Die Frau schaute mich irritiert an. »From where?«, wiederholte sie.

»Sporthalle«, wiederholte ich und zeigte in die Richtung, in der ich unsere Unterkunft vermutete.

»From where, where?«, fragte sie erneut, mit einer Geste, die einen weiten Kreis beschrieb. »Ah«, rief ich. »Syria! Syria, Damascus!«

Sie stand auf und bedeutete mir zu folgen. Wir gingen in den ersten Stock. Dort schloss sie einen Raum auf. Und drinnen stand – ein Flügel! Ich strahlte, rief viele Male: »Schukran!«, danke! Und dann haute ich, noch im Stehen, ein Arpeggio in die Tasten, einmal quer über die Klaviatur. Ha, mein Freund, dachte ich, du gehörst mir!

Zweimal, in Wien und in München, war ich unterwegs kurz in ein Musikgeschäft eingekehrt und hatte, unter den Augen eines Verkäufers, ein paar Minuten gespielt. Aber das hier war anders. Ich zog meine Jacke aus und setzte mich. Ich war durstig nach Musik, so durstig. Nun trank ich. Einige klassische Stücke spielte ich an. Dann schloss ich die Augen und sang. »Ich habe meinen Namen vergessen« sang ich, »Das Wasser fällt andauernd aus« und »Grüne Minze«. Plötzlich war ich wieder in Yarmouk, schob wieder das Klavier zusammen mit Marwan durch die leeren Gassen, sah den leeren Blick von Zeinab, hörte die hellen Stimmen der Kinder, roch die Plastikfeuer. So strömte es aus mir heraus, so reiste ich durch die Zeiten und die Welten, die Augen geschlossen …

… da fiel mir plötzlich wieder ein, wo ich war. Abrupt

stand ich auf und drehte mich zu der Dame um. Ich lächelte sie an und sagte: »Oh. I am very sorry! Schukran, schukran, thank you!« Danke, vielmals danke.

Aber es war alles gut. Sie muss die Inbrunst gesehen haben, mit der ich gespielt habe, meinen Durst gespürt haben. Und gab mir gern zu trinken. Sie lächelte zurück und fragte nur: »Enough?«

**Einige Tage später rief mich ein Mann** namens Karim an. Er sei Übersetzer. Ob ich Zeit habe, am Tag darauf in München aufzutreten? Es werde dort ein großes Konzert geben für die Flüchtlinge und die Helfer.

»Das mache ich gern«, antwortete ich, »aber wie soll ich dort hinkommen? Außerdem darf ich Olpe nicht verlassen.«

»Kein Problem«, sage Karim, »wir kümmern uns um alles, David und ich. Du kennst ihn, du hast mit ihm zusammen in München musiziert. Er steht hier neben mir.«

Natürlich erinnerte ich mich – an diesen kurzrasierten Kerl mit Brille und Gitarre, der für die Kinder spielte, die nach ihrer wochenlangen Flucht München erreicht hatten. Wir hatten damals einige Lieder zusammen gesungen und unsere Nummern ausgetauscht.

Tatsächlich tauchten die beiden am nächsten Morgen in der Turnhalle auf. Schon sausten wir über die Autobahn in Richtung Süden. Mein Onkel kam mit und freute sich wie ein kleiner Junge über den Ausflug. Karim und David erklärten mir, dass die Sportfreunde Stiller ein großes Konzert organisiert hätten. Sportfreunde wer? Und dass ich ein Duett spielen solle mit Judith Holofernes. Sagte mir natürlich auch nichts. Leckere Sandwiches hatten Karim und David dabei. Ich nickte ein. Als ich aufwachte, flog neben der Autobahn ein weißes, glänzendes Oval vorbei. Ein Stadion. Das kannte ich aus dem Fernsehen.

David fuhr uns direkt zu einem Hotel, wir gingen hinauf in ein Zimmer, dort saß eine blonde Frau, die sich als Judith Holofernes vorstellte. Ein Fernsehteam war auch da, das ZDF wollte eine Doku über mich drehen. Mit dem Keyboard auf den Knien begleitete ich Judith. Es war ein wunderbarer Moment. Ich mochte ihre kinderleichte und zugleich tiefgründige Stimme. Wir hatten nicht viel Zeit, diese Poprhythmen waren mir fremd, aber mein Gott, es würde schon gehen. Karim übersetzte. Aber wir verstanden uns auch ohne Worte.

Zum Abschied machte sie eine fragende Geste. Ob sie mich umarmen dürfe? Ich hob verlegen die Schultern – und dann nahmen wir einander freundschaftlich in den Arm. So, wie man es offenbar in Deutschland macht. Für mich war das komplett neu. Noch nie hatte ich eine andere Frau als Tahani umarmt. Auch das war wohl etwas, das ich in Deutschland lernen musste.

Die Bühne auf dem Münchner Königsplatz war riesig. Und als mir jemand sagte, dass an diesem Abend 25 000 Zuschauer erwartet wurden für das »Stars sagen Danke«-Konzert – da wurde mir klar, dass die Musiker, die sich nach und nach im beheizten Backstage-Zelt versammelten, sehr, sehr bekannt sein mussten.

Karim, der Übersetzer, stellte mir Rüdiger vor, den Bassisten der Sportfreunde Stiller. Er hatte die Artikel in der *Süddeutschen Zeitung* über mich gelesen und erkundigte sich sehr nett, wie es mir gehe. Alle hier im Backstage-Bereich schienen einander zu kennen und umarmten sich zur Begrüßung. Bald konnte ich anhand der Reaktionen erkennen, wie berühmt jemand war. Als ein blonder Mann das Zelt betrat und alle, wirklich alle zu ihm gingen und ihn begrüßten, überschwänglich und respektvoll zugleich, dachte ich: Das muss der Präsident sein.

Ich sah, wie der Mann mit Rüdiger redete. Sie blickten zu mir herüber. Der blonde Mann kam zu mir an den Tisch, reichte mir die Hand und setzte sich neben mich. Karim übersetzte und stellte ihn vor als Herbert Grönemeyer. Wir plauderten eine Weile, dann fragte er: »Sag mal, gibt es eigentlich ein E-Piano bei euch in der Unterkunft, auf dem du üben kannst?« Ich schüttelte den Kopf.

Das Konzert begann. Münchens Oberbürgermeister hielt eine Rede und spielte Gitarre zusammen mit einer Band. Später waren Judith und ich dran. Wir lächelten einander an und traten hinaus auf die Bühne. Zuerst sang ich »Grüne Minze« und »Ich habe meinen Namen vergessen«. Dann begleitete ich Judith, schließlich sangen wir ein Duett. Es hieß »Das Herz der Welt«, sie hatte es eigens für diesen Tag geschrieben. Sie sang auf Deutsch, ich auf Arabisch:

> Wenn du keinen Rat erträgst,
> wollen wir wortlos hier warten,
> und auf wortlose Fragen
> sollen singende Vögel
> die Antwort haben.

> Und das Herz der Welt soll dein Herz tragen,
> das Herz der Welt soll dein Herz tragen,
> das Herz der Welt soll dein Herz tragen,
> bis Hilfe kommt.

Viele sagten später, dieses Duett sei der berührendste Moment des Abends gewesen. In dem sich bündelte, was in diesen Tagen so viele erlebten, so viele Deutsche, so viele Flüchtlinge – dass es ein Miteinander gibt.

Ich schmunzelte vor mich hin, während ich spielte. Ich konnte das Ende der Menschenmenge kaum sehen. Träumte ich? Eben noch im Knast, im Kofferraum, im Schlauchboot. Und jetzt hier, auf dieser riesigen Bühne.

Einmal winkte ich Karim nach vorn, aber er war zu schüchtern, also nahm ich das Mikrophon und rief auf Arabisch: »Danke, dass ihr den Flüchtlingen helft! Frieden für Syrien! Frieden für die Kinder aus Syrien! Yarmouk ist hier!« Die Leute im Publikum haben es nicht verstanden, aber sie haben trotzdem gejubelt. So war die Stimmung damals.

Am Ende unseres Auftritts umarmte ich Judith, Arm in Arm gingen wir von der Bühne. Hinten im Zelt klopften mir alle möglichen Leute auf die Schulter. Auch Herbert Grönemeyer kam zu mir und sagte: »Hey, Aeham, starker Auftritt. Gib mir doch mal deine Adresse. Ich möchte dir ein E-Piano schenken.«

Wie bitte? Jetzt war ich noch verwirrter. Warum wollte mir dieser berühmte Mann so etwas Teures schenken? Bei den Musikern in Syrien galt: je erfolgreicher, desto hochnäsiger. Unglaublich, wie anders es hier zuging. Überschwänglich bedankte ich mich.

Dann ging Grönemeyer auf die Bühne und sang mit seiner Band, danach rief er alle Beteiligten zum Finale auf die Bühne. Zusammen sangen sie »Mensch«, sein bekanntestes Lied. Am Ende reichte Grönemeyer das Mikrophon herum, »tadada-tada«, sang jemand hinein, »tadada-tada« antwortete das Publikum. Auch mir reichte er das Mikrophon. Und die vielen tausend sangen mir nach. Euphorisch reckte ich die Faust nach oben. Ich war angekommen!

Später lud ich ein Video von meinem Auftritt auf meine Facebook-Seite. Nicht lange, da rief Tahani an. Sie war wütend. Sie hatte nur eine Frage: »Wer ist diese blonde Frau?«

Einige Wochen später kam tatsächlich ein Paket bei mir an. Herbert Grönemeyer hatte ein E-Piano geschickt. Ich diktierte Karim einen Dankesbrief. Nun konnte ich den Kindern in meiner neuen Flüchtlingsunterkunft – inzwischen war ich im hessischen Kirchheim gelandet – vorspielen. Auch zu meiner Asylanhörung nach Gießen habe ich es mitgenommen. Ich wusste, wir müssten wieder stundenlang anstehen, also spielte ich den Wartenden, die angespannt und sorgenvoll die Zeit totschlugen, einige Stücke vor, unter den misstrauischen Blicken der Wachleute.

Die Hilfsbereitschaft der Deutschen hat mich immer wieder erstaunt. Wer in Syrien jemandem hilft, erwartet zumeist eine Gegenleistung. Erzählte ich Tahani abends am Telefon, wer gerade wieder was für mich gemacht hatte, sagte sie misstrauisch: »Sei vorsichtig. Bestimmt will er etwas von dir.« Doch das war nie der Fall. So viele Menschen haben mir hier geholfen. Ich bin ihnen sehr dankbar.

Anfang Dezember 2015 lernte ich Elke Gruhn kennen, die Leiterin des Nassauischen Kunstvereins Wiesbaden. Sie hatte mich eingeladen, bei einer Ausstellungseröffnung zu spielen. Ich mochte sie auf Anhieb, ihre Herzlichkeit und die Wärme ihrer Stimme. Einige Wochen später wurde ich, welch Zufall, in eine Flüchtlingsunterkunft nach Wiesbaden verlegt, die letzte Station meiner Odyssee durch die deutsche Asylbürokratie, die mich von München nach Stuttgart nach Bochum nach Olpe nach Münster nach Gießen nach Kirchheim und nun eben nach Wiesbaden geführt hatte.

An einem kalten Tag im Januar 2016 schaute ich im Kunstverein vorbei, um das Klavier zu testen, das man für meinen Auftritt angeliefert hatte. Und auch, weil ich es nicht mehr aushielt in der schäbigen Sammelunterkunft. Zu fünft hausten wir dort in einem winzigen Zimmer. Als ich Elke erzählte, wie sehr mir das Leben dort auf den Geist ging, sagte sie, von nun an könne ich ein- und ausgehen im Kunstverein, schnelles WLAN und Kaffee inklusive. Sie verstand, was ein Flüchtling braucht. Und weil ich mich gern mit ihr unterhalten wollte, weil ich ausdrücken wollte, wie sehr ich meine Familie vermisste, begann ich auf eigene Faust Englisch zu lernen und ließ mir mit Hilfe einer Übersetzer-App die Wörter so lange vorsagen, bis ich sie beherrschte. So wurde der Kunstverein Wiesbaden zu meinem Ruhepol in Deutschland.

Den brauchte ich dringend. Längst hetzte ich von Konzert zu Konzert, von einer Stadt zur nächsten. Ich bekam keinen Cent für die Auftritte, Asylbewerber dürfen kein Geld verdienen. Aber die Angst um meine Familie trieb mich immer an. Kein Auftritt verging, bei dem ich nicht mein Leid klagte. »Ich brauche kein Essen, kein Bett, keine Schuhe«, sagte ich, »alles, was ich brauche, ist meine Familie. Meine Frau Tahani, meine Söhne Ahmad und Kinan.«

Noch etwas stachelte mich an: Ich wollte weiter singen für Yarmouk. Ich wollte da weitermachen, wo ich in Syrien aufgehört hatte. Ich weiß, dass Musik Menschen verbindet, ich spürte, dass meine Lieder Brücken bauen konnten zwischen den Flüchtlingen und den Deutschen. Ich wollte für den Frieden singen und für die Kinder in Syrien. Mich im Namen all der Syrer und Palästinenser und Iraker und Afghanen bedanken für die Gastfreundschaft der Deutschen. Ein klein wenig abtragen von meiner Schuld, die jede Nacht an mir nagte.

**Wie aufbrausend ich in jener Zeit war.** Wie ungerecht. Ich schloss Freundschaften, die wieder zerbrachen. Oft stritten wir uns um Geld. So dringend brauchte ich jeden Euro, um Tahani, meine Eltern und meine Verwandten zu unterstützen, ihnen zu helfen, sich irgendwie durch den Krieg zu manövrieren. Und durfte offiziell noch immer keinen Cent verdienen.

Wie ein Getriebener raste ich durchs Land, von Bühne zu Bühne, von Interview zu Interview. Ernährte mich unterwegs von billigem Fastfood, und wenn ich schließlich nach Tagen zurückkehrte in die Flüchtlingsunterkunft in Wiesbaden, war es dort so laut und verraucht im winzigen Zimmer, dass ich kein Auge zubekam.

Anfang März 2016 konnte ich nicht mehr. Ich brach zusammen, krank, erschöpft, mit den Nerven am Ende. In meiner Not rief ich Elke an. Sie bot mir an, zusammen mit meinem Onkel einige Tage lang in der Gästewohnung des Kunstvereins zu wohnen. Damit ich wieder zu Kräften kam. Sie brachte mir Medizin vorbei, kochte für uns und organisierte eine erste kleine Wohnung für uns bei einer Freundin.

Bald darauf wurde mein Asylantrag bewilligt. Ich stellte einen Antrag auf Familienzusammenführung. Und begriff:

Es war aussichtlos. Ich traf einen Mann aus Aleppo, der seit vielen Monaten darauf hoffte, seine Familie nachzuholen. Und der eines Tages die Nachricht erhielt, dass seine Frau und seine sechs Kinder von einer Bombe getötet worden waren. Sieben auf einen Streich. Schier wahnsinnig machte mich der Gedanke, dass Tahani, Ahmad und Kinan etwas zustoßen könnte.

Schließlich hatte Elke eine Idee und besprach sie mit mir. Meine Frau sei doch Künstlerin. Wie wäre es denn, wenn der Kunstverein sie zu einer Ausstellung einlade? Dann könnten sie sich, von Wiesbaden aus, direkt an die Deutsche Botschaft in Beirut wenden, das unendlich feine Nadelöhr für Familienzusammenführungen für Palästinenser. Ganz aus dem Häuschen war ich. »Was für eine wunderbare Idee!«, rief ich immer wieder. »Wunderbar! Schukran! Schukran! Thank you!«

Tahani, in Damaskus, bereitete Bilder und Dokumente vor, Elke schrieb den komplizierten Antrag – und schickte zusätzlich Briefe an den deutschen Botschafter in Beirut. Eines Morgens im Juli, ich saß gerade in irgendeinem Zug auf dem Weg zu irgendeinem Konzert, rief mich Elke an. »Wir haben einen Termin in der Botschaft bekommen!«, jubelte sie. »Und jetzt halt dich fest – nicht nur für die Künstlereinladung, sondern für eine Familienzusammenführung! Deine Familie darf kommen!«

Ich brach in Tränen aus. So laut habe ich geschluchzt, dass andere Reisende kamen und mich besorgt fragten, was denn los sei. Aber es war ja nichts. Ich war nur so glücklich.

Zusammen bereiteten wir die Ankunft meiner Familie vor. Elke und viele ihrer Freundinnen halfen mir, eine

Wohnung für meine Familie zu finden, besorgten Möbel und alles andere für den Anfang.

Keinen Monat später, am 4. August 2016, holten Elke und ihr Mann mich morgens ab und fuhren mit mir zum Frankfurter Flughafen. Ich knetete den Strauß rosafarbener Rosen in meiner Hand. Noch zehn Minuten, noch drei Minuten – gelandet.

Von weitem sehe ich Tahani. Renne durch die Tür, ein Alarm geht los, was mir vollkommen egal ist. Ich laufe zu ihr und umarme und küsse sie und schließe meine beiden Jungen in die Arme. Endlich bin ich wieder ganz.

Ahmad, inzwischen fast vier, erkennt mich. Er lächelt mich an. »Hallo, Onkel«, sagt er. Ich küsse ihn und rufe: »Baba! Ich bin dein Papa!« Kinan, fast zwei, wirkt schockiert. Er hat keine Ahnung, wer ich bin. Wieder und wieder schließe ich Tahani in die Arme. Sie duftet nach Jasmin. So wie am ersten Tag.

An jenem Tag war ich der glücklichste Mensch der Welt. Im August 2015 hatten wir uns in Homs getrennt. Damals hatte ich ihr versprochen: In einem Jahr hole ich euch nach. Ich habe Tahani so oft enttäuscht. So vieles habe ich ihr versprochen und dann nicht gemacht. Nicht dieses Mal. Ich hatte mein Versprechen gehalten.

**Nun konnte ich wirklich in Deutschland ankommen.** Elke vermittelte mir eine Künstleragentur, ich nahm eine CD auf. Endlich verdiente ich Geld, um meine Familie zu ernähren und meine Verwandten daheim in Syrien zu unterstützen. Das bedeutete mir viel. Raus aus der Abhängigkeit, raus aus dem Jobcenter, auf eigenen Beinen stehen, selbst entscheiden. Kann ja auch ganz schön an strengend sein, in einem fort das Gefühl zu haben, in jemandes Schuld zu stehen.

Seither lebe ich in Wiesbaden, in unserer schönen Zweizimmerwohnung. Jedes Mal, wenn ich sehe, wie gesund und unbeschwert unsere beiden Söhne sind, höre, wie sie Deutsch plappern, wenn sie aus dem Kindergarten kommen, hüpft mein Herz vor Freude. Wie blass Ahmad war, als wir in Yarmouk hungerten und Hornklee in seinen Reis mischen mussten. Der kleine Kinan nimmt, wenn er mir etwas zeigen will, meinen Finger und legt ihn sanft darauf. Weil er so lange mit meinem blinden Vater gelebt hat. Ich hoffe, die Schrecken des Krieges und der Flucht haben nur winzige Spuren in ihren Seelen hinterlassen. Ich hoffe es.

Und dann trinke ich mit meiner Frau Kaffee, es ist Frühling, die Narzissen blühen, der Himmel ist blau, wir sind in Sicherheit, Tahani geht zu ihrem Deutschkurs, und ich nehme mein Rad zum Bahnhof und fahre mit einem schneeweißen Zug zu meinem nächsten Auftritt. Wunderbare Menschen begrüßen mich, freuen sich, dass ich gekommen bin, ein Soundcheck, vielleicht ein Interview, und am Abend sitze ich auf einer großen Bühne und spiele meine Lieder aus Yarmouk, voll Trauer und Hoffnung, ergriffen lauschen die Menschen, spüren den Schmerz, den ich gespürt habe.

An guten Tagen bin ich dann sehr glücklich. Wenn ich fühle, wie unsere Herzen einige Takte lang gemeinsam schwingen, wie wir einen Moment lang alle Grenzen überwinden, für einen Augenblick zusammen größer, freier, zuversichtlicher sind.

Doch es gibt auch schlechte Tage. Dann ist alles anders.

Dann hasse ich mich dafür, dass ich da oben sitze. Was fällt dir ein, du nichtsnutziger Blender, frage ich mich im Stillen, dich hier im Scheinwerferlicht zu sonnen? So viele sind verreckt. Warum bist du es, der überlebt hat? Warum erntest ausgerechnet du den Ruhm? Warum zehrst du vom Leid, das über alle hereingebrochen ist? Womit hast du das verdient? Warum bist du nicht tot wie all die anderen? Warum lebst du? Und dann denke ich: Ich sitze hier auf einem Berg aus Leichen.

Denke: Wie falsch sich das anfühlt, dass du hier oben sitzt. »Aeham Ahmad, der Pianist aus den Trümmern.« Aber der Kerl, der da oben sitzt und so herzergreifend singt, ist nicht allein. Kein Solist. Er ist das Werk von vielen. Die ihm Gedichte zugesteckt haben, die das Klavier mit ihm geschoben haben, die das Elektromofa mit ihm getreten haben, die ihn ermutigt haben, die sich für ihn foltern ließen. Kein Wort von ihnen. Nur immer ich, ich, ich.

Und wenn ich an solchen Tagen allein im Zug sitze und heimfahre, dann ist meine Seele düster, und das Gefühl von Schuld schnürt meine Brust ein. Ich denke an Zeinab, die neben mir erschossen wurde, an meinen Vater, der nun ohne mich durch die zerstörten Straßen tapst, an Marwan, der jetzt morgens allein Wasser holen muss, an die beiden Mädchen, mit denen ich immer »Yarmouk vermisst dich, Bruder« sang. Was ist mit ihnen? Was habe ich für diese Kinder getan?

Fast jeden Tag gebe ich ein Konzert. Heute Dortmund, morgen Carrara, dann Novi Ligure, dann Arnsberg, dann Meschede, dann Iserlohn, dann Bad Homburg, dann Melsungen, dann Palma, dann München, dann Kassel. Ich denke: Aeham, ruh dich aus, mach langsam, atme aus, komm an, verbring mehr Zeit mit deinen Söhnen, kümmere dich um Tahani, ein Jahr hat sie auf dich gewartet. Doch dann sitze ich zu Hause – und ertrage es nicht. Stille Räume machen mir Angst.

Kaum komme ich zur Ruhe, dreht sich das Karussell in meinem Kopf. Ist alles wieder da. Die Angst, dass wir verhungern. Die Angst, nie wieder Klavier spielen zu können. Die Angst, für immer eingekerkert zu sein. Die Angst, dass sie meinen Kindern etwas antun. Warum mein Bruder? Warum Syrien? Warum Zeinab? Und dann finde ich keine Antwort und bin ich so verzweifelt, dass ich kaum weiterleben möchte. Schnell raus, schnell etwas unternehmen, noch ein Konzert, noch ein Interview, weiter, weiter. Und wenn ich dann müde und ausgelaugt und hungrig und mit meinen Kräften am Ende nachts um zwei ins Bett falle, dann ist das auch eine Wohltat. Dann sind die Schuldgefühle leiser.

Ich habe die Gespräche gebraucht, die zu diesem Buch geführt haben, die monatelangen Unterhaltungen mit Sandra und Ariel. Ich will sprechen. Ich will, dass das Schwarze in mir weggeht. Ich will das Glas einmal ganz austrinken, damit ich es neu füllen kann. Ich will meine Lungen einmal leeren, damit ich wieder neuen Atem schöpfen kann.

Damals, als mein Leben so schwer war, war mein Herz voll Musik. Jemand reichte mir ein Gedicht, ich las es, ich summte es, schon schwebte von irgendwo eine Melodie heran, ein Thema, frisch und stark. Woher kam diese Musik? Hat Gott sie mir geschenkt? Heute sitze ich an meinem vornehmen Schimmel-Klavier in meiner schönen Wohnung und versuche zu komponieren, doch es geht nicht. Niemand reicht mir ein Gedicht. Gegen was soll ich kämpfen? Und so plätschert mein Spiel dahin, Akkorde in Moll, wohlklingend und raffiniert. Doch nie verdichten sie sich zu einer Melodie. Endlos klimpere ich vor mich hin, schließe die Augen, der Film läuft los ...

... schon rieche ich den Jasminbaum vor meinem Fenster, höre den Fußball, der gegen unsere Hauswand springt, schmecke das salzige Joghurteis aus dem Kiosk »Ehrlichkeit«, endlos der Sommer, herrlich die trägen Tage. Der Strom fällt aus, wir setzen uns auf die kühlen Stufen des Ladens und singen zusammen. Wie einfach, wie sanft das Leben ist. Schon ist es Winter, wir sitzen im Laden und schieben noch einen Scheit in den Ofen, rösten Kastanien in der Glut, und wieder singen wir zusammen, jeder erfindet eine Strophe. Von draußen sehen uns Leute, kommen herein und singen mit, wir tanzen mit den Händen ...

... und dann schlage ich die Augen auf und bin wieder in Wiesbaden und vermisse ganz schrecklich meine Heimat. Und ich denke: Warum gelingt mir nur noch Filmmusik? Wo sind sie, meine Lieder?

Wie melancholisch ich an manchen Tagen bin. Wie wütend ich an manchen Tagen bin. Wie glücklich ich an manchen Tagen bin. Fast scheint mir, die dunklen Tage werden seltener. Wird mein Leben heller, hier in Deutschland. Und dann gibt es Tage, die so hell leuchten, dass ich ganz frei bin von allen Schuldgefühlen. Es sind Tage, an denen mir ein besonders schönes Konzert gelingt. An denen ich spüre, ich habe etwas erreicht, ich habe die Welt ein ganz klein bisschen besser gemacht. Dann lehne ich mich zurück und singe voll Inbrunst meine Lieder, die zu Tränen rühren, die Trost spenden und uns gemeinsam an ein Morgen glauben lassen.

Es gibt Hoffnung. Immer gibt es Hoffnung.

Das ist meine Geschichte. Die Geschichte hinter jenem Foto, das um die Welt ging. Auf dem ich inmitten der Trümmer am Klavier sitze und singe, in einem hellgrünen T-Shirt. Und jeder, der es künftig sieht, wird nun wissen: Bilder erzählen nie einen Anfang. Und sie verschweigen, was nach ihnen kommt.

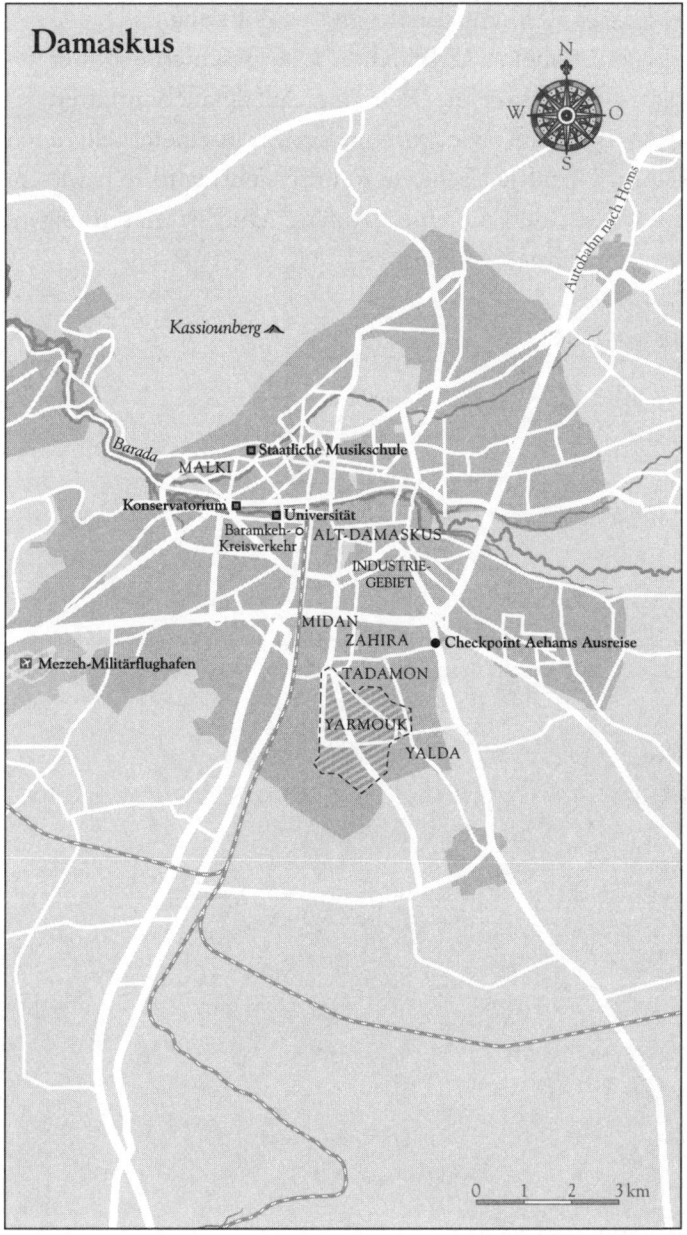

# Damaskus

N
W · O
S

Autobahn nach Homs

*Kassiounberg* ▲

*Barada*

□ Staatliche Musikschule

MALKI

Konservatorium □   □ Universität
                Baramkeh- ○
                Kreisverkehr   ALT-DAMASKUS

                INDUSTRIE-
                GEBIET

            MIDAN
            ZAHIRA   ● Checkpoint Aehams Ausreise

⊠ Mezzeh-Militärflughafen
            TADAMON

        YARMOUK
                    YALDA

0   1   2   3 km

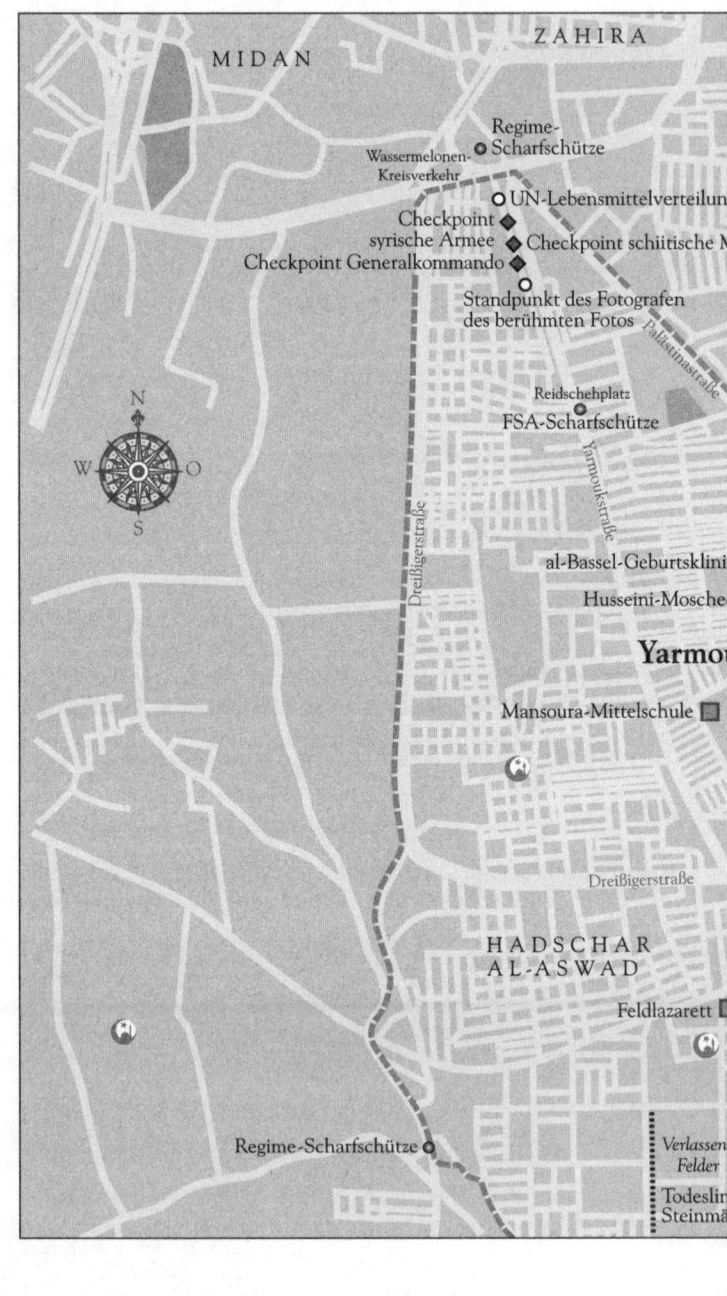

MIDAN

ZAHIRA

Regime-Scharfschütze

Wassermelonen-Kreisverkehr

UN-Lebensmittelverteilung

Checkpoint syrische Armee

Checkpoint schiitische Mil

Checkpoint Generalkommando

Standpunkt des Fotografen des berühmten Fotos

Palästinastraße

Reidschehplatz

FSA-Scharfschütze

Yarmoukstraße

Dreißigerstraße

al-Bassel-Geburtsklinik

Husseini-Moschee

Yarmou

Mansoura-Mittelschule

P
P

Dreißigerstraße

Yam.

HADSCHAR
AL-ASWAD

Feldlazarett

Regime-Scharfschütze

Verlassene Felder

Todeslinie
Steinmänn

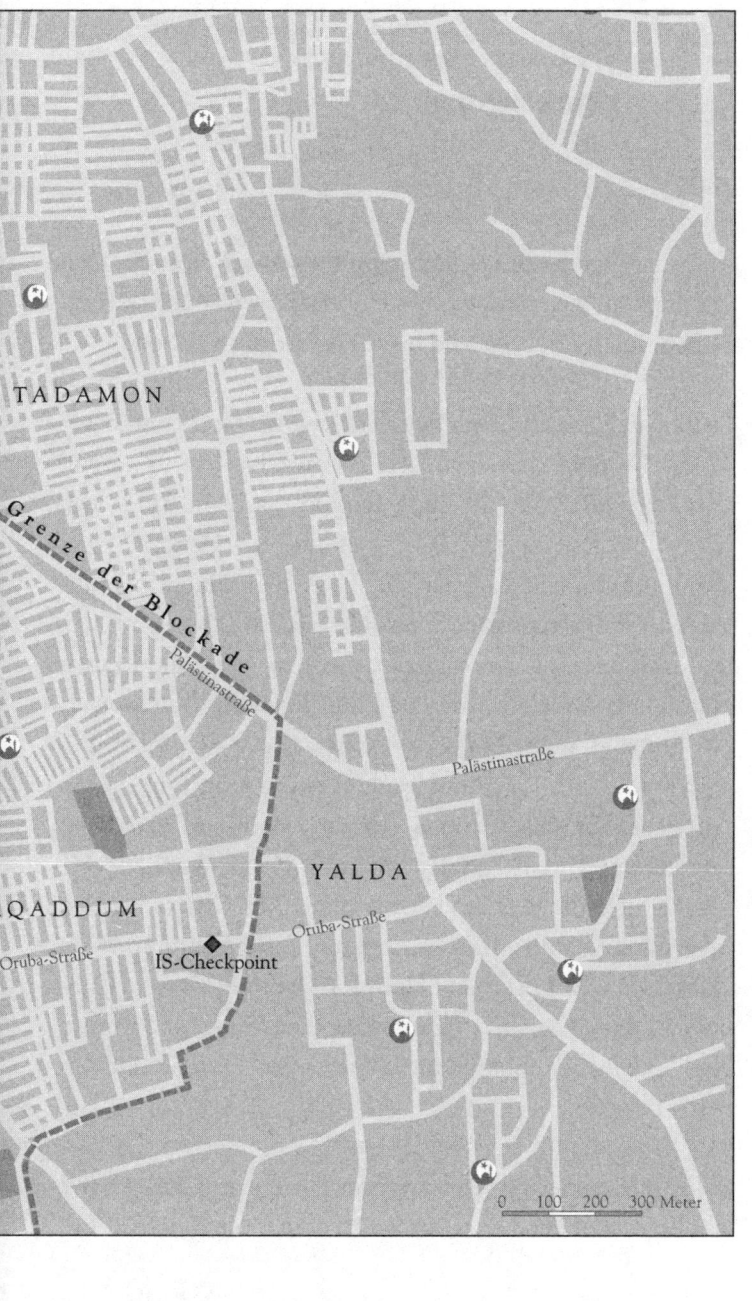

TADAMON

Grenze der Blockade

Palästinastraße

Palästinastraße

YALDA

QADDUM

Oruba-Straße

Oruba-Straße

IS-Checkpoint

0    100   200   300 Meter

# Danksagung

Am Ende möchte ich all jenen aus tiefstem Herzen danken, die mir beigestanden, mich unterstützt, mir geholfen, mich ermutigt und bisweilen ertragen haben.

Danke an Carmen Elena Belaschk, Suraya Hoffmann, Rein Wolfs, Monika Fabricius, Rita Akkawi Hazboun und Michael Stein. Danke an Luisa Imorde, Stephan Zind, Marianne Hoffmann, Katharina Deserno, an Hendrik Denker, Kai Schumacher, Fadi Jebaily, Ayham Nabuti. Danke auch an Athil Hamdan, Samir Nashat Sido, Verena Rajab und Montserrat Cabero Pueyo. An Don Horenhof, Lukas Narojek, Sakher Al-Mohamad und Roswitha Kacmaczyk. An Sonja Arnold, Leyla Lavandula, Steve Schofield, Lothar Pohl, Hans Joachim Hecek, Remon Azar, Jürgen Ney. An Sabee Ottima, Ahmad Almasri, Bernhard Felix von Gruenberg, Birgit Apfelbaum und Moira Wachendorff. Danke an Susanne Gundelach, Birgit Kiel, Britta Fischer, Elke Gruhn, Hiltrud Fuchs, Torsten Schreiber, Thilo von Debschitz, Mechthild und Hans Karl Henne, Teresita Cannella, Edgar Knecht, Vanessa Ess und Vanessa Schmitt, Nail Odeh, Walter Schumacher, Karim Hamed und Ernesto Briceño.

Sollte ich jemanden vergessen haben, tut es mir leid! Danke an alle! Ohne euch wäre ich nicht dort, wo ich heute bin.

366

نأتي من الجحيم ولا نتمنّى شيئًا أكثر من السلام في العالم. السلام في بلدنا.
يمكننا تغيير العالم من خلال قوة الموسيقى.

Wir kommen aus der Hölle und wünschen uns nichts
mehr als Frieden auf der Welt. Frieden für unser Land.
Wir können die Welt durch die Kraft der Musik ändern.

الحرية لنيراز سعيد، المصور الفوتوغرافي.

Freiheit für Niraz Saied, den Fotografen.

وللحلم بقية...
نيراس سعيد

*Und der Traum geht weiter …*
Niraz Saied

# Aeham Ahmad: *Yarmouk – Music for Hope*

Aeham Ahmads erste CD-Veröffentlichung nach der Flucht, mit der er alle Erlebnisse musikalisch verarbeitet. „Yarmouk – Music for Hope" ist ein beeindruckendes und berührendes musikalisches Statement für Frieden und Verständigung.

Für 15 Euro zzgl. Versandkosten zu beziehen bei Palast Promotion GmbH, Unter den Eichen 7, 65195 Wiesbaden, oder über aeham.ahmad@palastpromotion.de www.aeham-ahmad.com

# Aeham Ahmad meets Edgar Knecht: *keys to friendship*

Zwei Welten, zwei Flügel, zwei Virtuosen ihres Fachs: ein syrisch-deutscher Konzertabend – jetzt neu ab Oktober auf CD.

Bestell Nr OT 015-2, EAN: 0716073536307, zu bestellen im Handel, unter www.o-tonemusic.de oder telefonisch unter +49-641-9488932

Mittelmeer

Antakya

Bab al-Salameh

Bab al-Hawa ● Aleppo

● Idlib

Latakia

Orontes

● Hama

● Homs

LIBANON

Beirut ■

● Duma

**Damaskus**

Golanhöhen

Haifa ●

ISRAEL

● Daraa

WEST-
JORDAN-
LAND

JORDANIEN